U0524474

简明财务分析

数据背后的
商业模式与投资价值

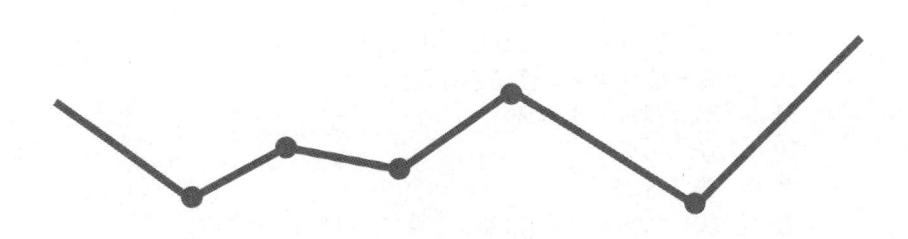

饶 钢 著

浙江工商大学出版社
ZHEJIANG GONGSHANG UNIVERSITY PRESS
·杭州·

图书在版编目(CIP)数据

简明财务分析:数据背后的商业模式与投资价值 / 饶钢著. -- 杭州：浙江工商大学出版社，2025.4.
ISBN 978-7-5178-6171-3

Ⅰ.F275

中国国家版本馆CIP数据核字第2024ZF8237号

简明财务分析:数据背后的商业模式与投资价值
JIANMING CAIWU FENXI: SHUJU BEIHOU DE SHANGYE MOSHI YU TOUZI JIAZHI

饶　钢著

策划编辑	郑　建
责任编辑	李兰存
责任校对	李远东
封面设计	袁　园
责任印制	屈　皓
出版发行	浙江工商大学出版社 （杭州市教工路198号　邮政编码310012） （E-mail:zjgsupress@163.com） （网址:http://www.zjgsupress.com） 电话:0571-88904980,88831806(传真)
排　版	杭州天一图文制作有限公司
印　刷	杭州钱江彩色印务有限公司
开　本	710mm×1000mm　1/16
印　张	16.5
字　数	281千
版 印 次	2025年4月第1版　2025年4月第1次印刷
书　号	ISBN 978-7-5178-6171-3
定　价	68.00元

版权所有　　侵权必究
如发现印装质量问题，影响阅读，请和营销发行中心联系调换
联系电话　0571-88904970

推荐序一

财务分析作为投资领域的核心技能之一，是一门既艺术又科学的学问。在这个信息爆炸的时代，财务分析是投资和商业决策中不可或缺的技能。然而，对于许多人来说，这个领域常常被复杂化，让人望而却步。对于非专业人士来说，理解财务报表、分析公司的财务状况往往显得极其复杂且棘手。本书以深度洞察和极其简明的方式揭示了财务数据背后的商业模式与投资价值。

本杰明·格雷厄姆曾说，在长期的运作中，市场是一个称重机，但在短期，它更像是一个投票机。这句名言提醒我们要从短期市场波动的迷雾中拨云见日，重视企业的长期财务健康和价值潜力。本书深度洞察了财务数据在商业模式和投资决策中的重要性，引导读者通过财务分析，全面了解企业的商业模式、现金流量和长期增长潜力，从而做出明智的投资决策。

正如本书作者所言，书中的财务分析不是财务报表分析，而是以具体场景为导向的投资分析。本书的每一页都蕴含着智慧和洞察力。本书不仅以极简的方式教读者如何阅读财务报表，还教读者理解企业实现真实价值所需的思维和方法。管理学大师彼得·德鲁克指出，做正确的事比正确地做事更重要。这一观点也适用于投资决策。本书着重让读者培养正确的判断力，理解财务数据和商业模式之间的关联，在投资决策中做出明智的选择。

经济学家凯恩斯和哈耶克代表不同的经济学派别，但他们

> **简明财务分析：**
> 数据背后的商业模式与投资价值

的投资名言包含了共同的主题。凯恩斯曾提出，市场的非理性会比你持续得更久。哈耶克认为，投资的智慧很大程度上在于我们知道自己不知道什么。这两句名言都指向了一个核心问题：市场的非理性和我们对信息的不完全掌握。本书通过精准的数据分析和对商业模式的揭示，试图在信息的海洋中找到清晰的投资方向。

  本书的作者具备丰富的财务分析经验，在书中以平实的语言和清晰的思路帮助读者洞悉财务报表的奥秘、理解企业的财务健康状况以及发掘企业可持续发展的潜力。与其他财务分析书籍不同的是，本书摒弃了复杂的理论和公式，聚焦于核心概念和重要指标，让读者能够快速有效地进行财务分析。此外，本书通过剖析不同行业、不同公司的商业逻辑，进一步揭示了如何识别企业成功的关键因素和竞争优势，并将其应用于投资和估值的决策中。

  本书不仅教读者如何读懂财务报表，还引导读者理解财务数据背后的故事和逻辑。通过案例分析和实操，读者将学会如何从财务报表中挖掘有价值的信息，从而做出明智的投资决策。无论是初学者还是有经验的投资者，无论是企业主还是财务职业人士，都能从中受益匪浅。读者阅读这本书，将不再因财务数据而困惑，相反能以简单的方式掌握财务分析的要领。相信本书将为读者提供不可或缺的财务分析参考，帮助读者在投资和商业决策中取得更好的成果。

卢文彬

上海国家会计学院院长

2023 年 8 月 2 日

推荐序二

作者在谈论会计和估值时，有一个令我非常羡慕的优势：作为科班出身的会计硕士，他的行文里藏着淡淡的自信；作为资深的董秘和财务总监，他心中储存了很多亲眼看过或亲耳听过的股市真实案例。

这让本书在涉及每一个财务概念时，都能轻松自如地先抛出一个生动有趣、引人入胜的真实案例，让读者几乎可以在每一小节里都有强烈的获得感。同时，作者坚持使用接地气、口语化的表述风格，让这种获得感变得更强烈，让即使没有什么财务基础的读者也能从中学会选择投资对象的流程和技巧。

对于投资者而言，这样深入浅出的财会知识和实战分析技巧的分享确实难得一见，推荐阅读。

唐 朝

知名投资人、畅销书作家

2023年8月8日

推荐序三

投资是放弃或牺牲今天的消费来换取未来收益的一种行为。因此,对未来的信心是投资的本质,如果你不相信未来,就不能进行投资。

那么,我们应该对未来的什么有信心?是对未来市场时机的把握和未来股价的预测能力有信心,还是对未来企业的基本面有信心? 这是每一个投资者必须审视的问题。

我认为,投资实际上是要建立一个比较简单的思维方式。你应当判断一件事情是否可以重复:如果能重复,你就去做;如果没能力或者没有条件重复,你就少做。

我们如果不能假设未来是对过去某些模式的重复,那么预测未来就是在掷骰子。我们首先要假设未来是对过去很多模式的重复,然后再去研究哪些模式是可重复的,这样,未来在大概率上是可以被预测的。从这一点看,股价未来的走势很难预测,其原因在于模式重复的不规律性。相较而言,企业发展的模式更有规律可循。

价值投资者的思维方式其实非常简单,他把股票看作公司的一部分,把自己看作公司的所有者。价值投资者挣的钱源于企业基本面变化带来的价值增长,这一点非常重要。价值投资的核心理念是"好股票=好公司+好价格",当然也有人把好公司进一步细化为"好行业+好公司",即"长坡厚雪"行业中的优秀公司。

我的老上级王国斌指出,在中国进行价值投资,寻找那些

简明财务分析：
数据背后的商业模式与投资价值

能干且幸运的有价值企业是一个好做法。想要找到这些能干且幸运的有价值企业，可以从宏观角度自上而下筛选，也可以自下而上"勤翻石头"。无论用何种方法，最终要落在对企业基本面的分析上，其核心是看这家企业有没有"护城河"，以及"护城河"有多宽。

财务分析是研究企业基本面的核心工具之一。巴菲特曾经说过，不是每个人都有机会到学校里学习财务知识，但是每个投资者都需要读懂财务报告。财务分析是每一个投资者的基本功，不管有没有学过会计知识，都绕不过。

财务分析是有学习门槛的，精通财务主要得益于长期实践经验的积累。对于绝大多数没有机会系统学习财务知识的投资者来说，他们迫切需要简单、实用、有效的学习途径。

本书的作者是多年从事企业财务管理和财务分析的专家，他没有将财务的专业分析工具直接搬到大家面前，而是将这些专业工具根据现实场景简化，为没有受过科班训练的普通投资者提供了一套简便的分析思路和分析工具，例如"七步法"、双循环、投入产出模型等。华尔街有句谚语：在盲人的国度里，有一只眼睛的人就是国王。我相信，如果能理解和使用这些工具，在财务分析上，你就已经打败了90%的竞争者。

一本教财务分析的书通常会给人枯燥乏味的感受，但本书的作者是讲故事的高手，他巧妙地将财务分析故事嵌入其中，把财务分析与商业模式结合起来，从财务视角理解企业发展的驱动力，为读者提供用财务思维理解企业基本面的新视角。

这本书的特点是可读性强，推荐给所有需要提升财务分析技能的朋友。

梁宇峰
东方证券研究所前所长、益盟股份首席战略官、益研究创始人
2023年10月

自序

缘起

2020年5月11日，凌志软件股份有限公司（简称"凌志软件"）在上海证券交易所科创板上市。从筹备到上市，这一过程历时6年6个月11天。上市钟声敲响的那一刻，我的职责也随之发生了变化。此前，我的工作重心在于推动公司上市，专注于各项审核流程。如今，公司成功上市，这些工作已成为过去。上市后的大半个月，公司很安静。直到有一天，一位同行朋友（他所在的公司在凌志软件上市几天后也上市了）打电话问我："一周内有几十家投资机构和券商分析师前来调研，公司应接不暇，这种情况是否正常？"我说："正常，正常，这是好事啊，公司应该多和市场交流。"我放下电话，寻思朋友那里是正常，我这里反倒不正常。既然人家不来，我就主动走出去吧。有金融圈朋友的帮助，我主动找上门，人家也不好拒绝，大多会跟我聊一聊。在随后的6个月里，我做了65场反向路演，拜访了很多投资机构，覆盖绝大部分设有计算机组的券商研究所。后来，我拿着一张计算机行业研究员[①]名单询问新认识的券商分析师："还有什么人是我没有见过的吗？"他惊讶道："我们这行人那么多，但你名单上的人可比我的全。"

在与二级市场主流机构投资者和券商分析师交流的过程中，

[①] 本书中的券商分析师、分析师、研究员、行业研究员都是特指在证券公司工作，为第三方提供上市公司基本面研究服务的行业研究员。

简明财务分析：
数据背后的商业模式与投资价值

我意识到我的思维方式与二级市场存在一定的差异，主要表现在我所讲的是基本面的故事，是企业的赚钱逻辑和竞争优势。从现场效果看，机构投资者和券商分析师听过后大多觉得很有意思，并对凌志软件有了新的理解。但是他们对凌志软件的投资价值仍然持保留态度，关键在于他们更关心市场对基本面边际变化的反应，更关心凌志软件能否契合某种市场主流叙事。至于很少有人主动来凌志软件调研的原因也很简单，上市公司太多了，券商分析师的精力十分有限。例如，1个计算机行业研究员能覆盖的公司也就20多家，而计算机行业有上百家上市公司，除了必须关注的龙头企业，剩下需要关注的名额极其有限。

我深切感受到了做企业或者做一级市场投资与做二级市场投资之间的思维差别。做企业或者做一级市场投资有一定的路径依赖，转换成本高，讲究做深、做透、做长。而做二级市场投资多数持"比较逻辑"，看的是企业"相对好"而非"绝对好"，更关注中短期边际变化，因为二级市场投资标的多、信息透明、流动性好、转换成本低，这家不好就换另一家。

2021年初，我离开了凌志软件。为了补充二级市场的知识，并将一级市场投资与二级市场投资相结合，我决定寻找新的机会。这也是董秘这一职业未来的进阶方向。正在我寻找机会之时，我受到了梁宇峰博士的邀请，到益研究做顾问，一起研究二级市场。益研究是梁宇峰博士在益盟股份有限公司创建的二级市场基本面研究团队，是一支由几十名研究员组成的研究队伍，为C端用户（C是英文单词"Consumer"的首字母缩写，C端指个人用户）提供基于价值投资理念的上市公司基本面研究服务。我自己研究会受限于个人经验和偏好，跟着益研究做研究，正好可以开拓视野。这是一个非常好的学习机会，益研究也正好需要我这样的专业人员进行知识补充，于是我们一拍即合。从2021年6月到2023年1月，我一共参与了超过200家上市公司的研究，深度分析了其中的30多家上市公司，并将对上市公司的研究与过往财务、投资和企业管理经验相结合，形成了自己的财务分析方法。本书就是这20个月工作的总结。

本书场景

本书的场景设定为二级市场投资。与一级市场投资相比，针对二级市场投资的财务分析存在信息和精力的双重约束。二级市场投资的财务分析信息主要来自上市公司公告信息和券商分析师的研究报告，在大部分情况下无法深入行业和企业内部。二级市场投资的特点是投资标的多，多数采用"比较逻辑"来分析，转换投资标的也较为方便，因而投资者不可能在一家公司投入过多精力和时间。20个月，我研究了超过200家公司。截至2023年3月，A股市场已经有5000多家上市公司。因此，针对二级市场投资的财务分析是在信息和精力的双重约束下，即在不充分的信息和较短的时间内，做出有一定质量的投资判断。

在二级市场投资场景中，财务分析有两个作用：一是帮助投资者进行投资决策；二是"防雷"。"防雷"是指发现企业是否有财务造假或者财务操纵现象，但这还不是本书的重点。本书"防雷"的重点是筛选出财务业绩不佳或者存在造假、存疑的企业，并远离它们。好在二级市场投资标的多，远离了这些企业，还有大把优质企业可以选择。本书的重点是利用财务数据做出投资决策，因而本书对财务分析的定义是：通过财务数据理解商业模式，寻找企业发展的驱动力，以此预测未来现金流，对企业进行估值，最终帮助投资者做出决策。本书中的财务分析不是传统的财务报表分析，而是以具体场景为导向的投资分析。

有用与有趣

在二级市场，我只是一个普通投资者，这与我的专业知识和技能无关。在我眼中，普通投资者是受到信息限制、没有专业研究团队支持、依赖个人分析作业的投资者。作为一个从事过投资分析、一级市场投资、长期在企业工作的老会计，我看过很多关于财务报表分析的书，也在商学院上过好几次关于财务报表分析的专业课。个人体会是：这些书和课程的内容都非常正确、非常系统，能给读者和学生带来很多收获，但都非常不好用。例如，专业的财务分析首先需要重塑财务报表，所有分析都建立在重塑后的财务报表和指标的基础上，但是重塑财务报表需要会计训练，存在能力壁垒。即使能力没问题，重塑财务报表费时费力，在二级市场落地不了，并且信息性价比不高，我个人感觉普通投资者没必要花这些时间和精力。实际情况是，普通投资者学习这些专业财务分析内容时往往对其赞叹有加，用的时候则抛之脑后。

我在进行财务分析的时候，会结合具体场景，化繁为简。瞄准几个重点，抓住几个关键数据，以现有财务报表体系能够直接获得的数据为基础，以理解商业模式为抓手，见招拆招，层层深入。以找到企业发展驱动力为目的，搭建对企业商业模式因果关系的理解框架。因为要分析的公司太多了，我通常要在几个小时内完成对一家上市

简明财务分析：
数据背后的商业模式与投资价值

公司的财务分析，如果有特别好或者特别有意思的案例，我会多花时间重点分析，多看资料、多提问题、多求证，但是具体的分析方法并没有差别。我希望把我简化的财务分析方法贡献出来，让普通投资者能够在有限的时间和精力下，做出质量更好的财务分析和估值决策。

本书共分为三篇。第一篇主要交代财务分析在投资分析中的地位，以及估值方法和财务分析的优势、劣势与边界。第二篇讲财务分析的方法和工具，提供简要的财务分析方法、实战经验和投入产出分析工具。第三篇是财务分析案例集，里面都是有趣、有用的财务分析案例，每个案例都能成为一种商业模式的模板，在财务分析实战中很有用。这三篇可以按顺序读，也可以先看案例再回头看经验，还可以随手翻看其中任何一章，大部分案例是独立的。

我不想写一本偏学术的财务分析书，这样的书已经有很多了。我经常推荐斯蒂芬·H.佩因曼教授的《财务报表分析与证券估值：原书第5版》和郭永清教授的《财务报表分析与股票估值》等书，这些书都是财务分析领域的经典之作，不差我这一本。我要写的是一本有趣的财务分析书，因此请读者原谅我在书中对案例的场景化叙事和口语化行文。

本书以第一人称的视角撰写，是在某个特定时间、特定信息环境下，我对某个企业商业模式的探究。读者可以把本书的大部分章节当成侦探故事来看，也可以当作与老友聊天，听我慢慢讲故事，和我一起对一些企业的商业模式发出灵魂之问——它们的生意到底是怎么做的？读者可以设想一个具体情境，和我一起怀着好奇心，带着疑问，穿过层层信息迷雾，找到一块块拼图，最后实现对企业的洞察。

感谢

首先要感谢好友梁宇峰博士，梁宇峰博士提供的研究条件是本书的成书基础。感谢和我一起开展研究工作的益研究研究员倪翔、丁雅静等。感谢王一普对本书结构方面的建议，在我觉得自己都讲清楚了的时候，朋友们反馈内容精彩但结构混乱，如果没有他们清晰的建议，我仍然陷于"知识诅咒"[①]之中不能自拔。感谢贾建军教授的专业意见，特别感动贾兄逐字逐句修订文稿。感谢我的同学、朋友试读本书初稿，他们都是业界大

---

① 知识诅咒，是指一旦我们知道了某样东西，就很难想象不知道它的时候会是什么样子。

自 序

咖，还能从百忙中抽出时间做我的第一批读者，他们的意见塑造了本书最后的模样。一并感谢王恒忠、苏洋、徐欣、柳士威、晏钊、常亮等。感谢我的博士生导师严弘教授及沈伟教授、胡捷教授对我的指导，感谢我太太的支持和爱犬胖胖的陪伴。最后，本人志大才疏，书中难免有欠妥之处，恳请读者批评指正。

饶钢

2023年3月9日于上海

目录

第一篇 财务分析与投资

第一章 财务分析与投资的关系 / 003
投资的本质 / 003
泡泡玛特的"三碗面" / 017
卓胜微的"过山车" / 023
时代天使的数字与故事 / 042

第二章 财务分析的尽头是估值 / 053
最方便与最正确的估值方法 / 053
最好用的动态估值法 / 062
警惕估值陷阱 / 071

第三章 投资中财务分析的边界 / 084
财务数据的非对称性 / 084
财务数据的有效性 / 091
会计的张力 / 093
向后看的会计与向前看的投资 / 098
财务分析的逻辑 / 102

简明财务分析：
数据背后的商业模式与投资价值

第二篇
财务分析的方法和工具

第四章　财务分析方法与范例 / 109
　　背景信息 / 109
　　"七步法"看财务报表 / 110
　　非财务信息"八问" / 140
　　同行对比 / 145
　　估值和结论 / 154

第五章　财务分析的要点和原则 / 162
　　我的经验 / 162
　　四个要点 / 164
　　八个原则 / 173
　　财务分析框架 / 185

第六章　投入产出分析工具 / 189
　　投入产出分析"三板斧" / 189
　　狂飙的京东方：固定资产投入
　　　产出分析 / 192
　　闻泰科技"蛇吞象"背后：WC
　　　投入产出分析 / 197

目录

第三篇　在实战中领悟财务分析

第七章　在财务数据中寻找驱动力 / 205

东方财富的市值为何能超越中信证券的市值？ / 205

中公教育为什么业绩"爆雷"？ / 209

片仔癀的核心竞争力在哪儿？ / 214

第八章　从财务数据看商业模式 / 220

理解ROE：一个财务分析的跨界案例比较 / 220

为什么好企业也会出现负的净资产？ / 230

从梦想到现实：自动驾驶的财务逻辑 / 235

后　记

第一篇

财务分析与投资

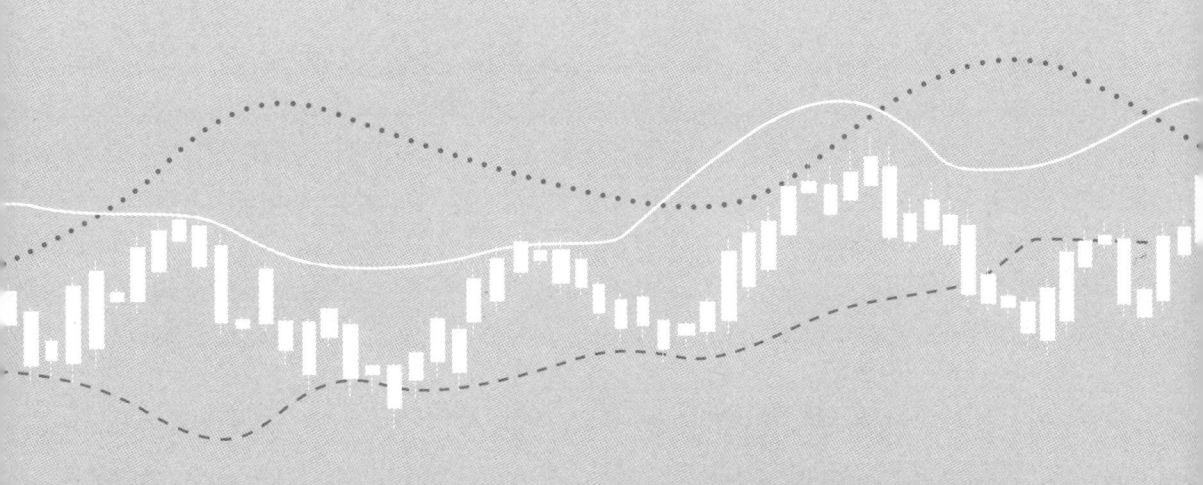

第一章　财务分析与投资的关系

本章导读

持价值投资信念的投资者认为买股票就是买企业，企业具有内在价值，企业价值最终决定价格。企业内在价值由企业将在未来创造的现金流决定，企业价值由企业基本面决定。财务分析是基本面分析的重要组成部分，从这个角度看，研究企业商业驱动力的财务分析是投资决策的基本工具。同时，投资是在市场上通过交易和价格实现的。在价值投资理念中，价值是价格的最终驱动因素，基本面是价格长期保持的原因。长期是由短期组成的，于短期而言，价格形成的因素有很多，基本面仅是其中之一，除了基本面还有市场面和心理面。因此我们在做财务分析和基本面分析时，一定牢记：基本面很基本，是必要条件，但非充分条件。如此，我们才不会时时陷入基本面分析无用的怀疑之中。

投资的本质

◎投资是面向未来的安排

价值投资大师、美国橡树资本管理有限公司（简称"橡树资本"）创始人霍华德·马克斯在其《周期》一书中指出，投资就是一种面向未来的安排。

投资时做好准备应对未来，今天布置好投资组合，希望接下来几年发生的事情让我们获利。

投资人的目标是合理布局资本，从未来的发展变化中获利。投资人希望市场上涨时自己投入的资本更多，而在市场下跌时自己投入的资本更少。持仓更多的是涨幅大或者跌幅小的资产，持仓更少的是涨幅小或者跌幅大的资产。

简明财务分析：
数据背后的商业模式与投资价值

投资人的工作是与资产价格打交道：一是评估现在的资产价格处于什么估值水平；二是判断未来资产价格如何变化；三是做出是否投资、何时投资以及投资多少的决策。资产价格主要受两方面影响：基本面和心理面。基本面大致可以简化为对企业未来收益和现金流的预测。[①]

简而言之，在霍华德·马克斯眼中，所谓投资，不过是今天做出安排，希望在未来某个时候获利，即现在布局，未来收获。换句话说，投资就是一种面向未来的安排。

通俗地说，投资活动就是今天把钱投出去，希望在未来的某个时候收回更多的钱。投资本质上是分析现在，预测未来。既然是未来，就存在不确定性，可能成功也可能失败。投资成功的标志是投资回收额达到或者超过期望值，这个期望由投资主体主观确定，可以是绝对数，例如达到某个特定收益率，也可以是相对数，例如跑赢同期某个市场指数。

投资标的有很多，从这里开始，本书提及的投资限定在以企业股权为标的的权益投资。

◎投资的"三碗面"

投资是在基本面、市场面和心理面三个层面上的活动。

基本面包括政治的、经济的、企业的；市场面是资产价格的表现；心理面包括参与社会经济活动的人的情绪和心理活动，以及参与者之间心理互动造成的群体心理情绪。

基本面、市场面、心理面是投资的"三碗面"，互相影响，互为因果，你中有我，我中有你，投资的初始行动和最终结果都在市场面完成。

在这种语境下，投资可以定义为生活在基本面、决策在心理面、行动在市场面的活动。

价值投资者，或者说基本面投资者，是以企业基本面为投资决策依据的投资者。他们认为企业的基本面决定企业的价值，企业的价值最终决定企业的价格。企业的价值可以通过估值确定，通常采用现金流折现法（Discounted Cash Flow，DCF），即通过预测企业未来的税后盈余，扣除达成该盈余的资本投入，得出自由现金流，再根据风险偏好，按照一定的贴现率，将企业未来的现金流折为现值（Present value，PV）。PV就是价值投资者心目中的企业价值代表。

---

① 马克斯.周期[M].刘建位,译.北京:中信出版社,2019.

通过DCF得出的企业价值，只取决于企业的预估现金流和投资者的风险认知，这两者都是基本面的内容，因此通过DCF得出的企业价值只与基本面有关，与市场面无关。

企业具有内在价值是一类投资者的信仰。无论哪一类投资者，投资目的都一样，即获得投资增值，在考虑时间价值的情况下，投资回收时的货币数量大于投资时的货币数量。投资发生与投资回收是货币计量形式的交易完成，交易基础是交易双方对标的价格达成一致，最终成交，并形成市场价格。

估值大师阿斯沃斯·达摩达兰将估计何种价格能够达成交易称为定价，将对企业价值的估计称为估值，他认为定价与估值的决定要素不同：一家公司的价值由其现金流大小、现金流的风险（不确定性）、预期增长水平和效率决定；一家公司的定格则取决于供求关系。

相比估值，定价基于企业的市场面或者市场面与基本面的结合。例如，我们常用的一种计算定价的相对比较法——市盈率法。在市盈率的计算要素中，一个是市场价格，另一个是基本面信息。只要我们在市场上找到一个类似投资标的的企业进行对比，就可以知道投资标的的基本面信息，之后就可以推断价格信息。

价值投资者或者基本面投资者对比企业估值与市场价格之间的差距，然后做出投资决策；交易型投资者则是根据定价做出投资决策。当然，很多投资者会同时使用这两种方法。

无论是估值还是定价，最终的投资行为都是由人做出的，因而估值和定价必然受到个体心理的影响。虽然估值仅与基本面信息相关，但是对基本面历史信息的判断和未来的预测，以及贴现率的确定都与个人心理状态与风险偏好相关。例如，是否对一些充满想象力的新事物过度乐观等，这些情绪最终会反映在估值和定价上。同时，个体心理也会受群体心理的影响，例如在牛市，羊群效应可能使个体对于未来的预期较为乐观。个体行为以及个体行为构成的市场面本身就是一种信号，具有反身性[1]，容易形成正反馈，表现为市场泡沫高涨与破灭的循环。

总之，在投资活动中，基本面、市场面和心理面交织在一起，互相影响，互为因果。作为价值投资者，仅仅从基本面进行估值也难免受到市场面与心理面的影响。

---

[1] 反身性，是指参与者的思想和他们所参与的事态都不具有完全独立性，两者之间不但相互作用，而且相互决定。

简明财务分析：
数据背后的商业模式与投资价值

◎ 投资者的谱系

通常我们认为，投资大概可以分为三类：价值投资、行为金融和金融工程（包括技术分析）。投资包括两类博弈：基本面博弈和市场博弈。

金融工程中的技术分析是指以历史量价数据作为依据预测未来，进行投资决策，也称技术分析方法，简单理解就是看K线图做决策。在投资的"三碗面"中，技术分析类投资者主要关注市场面的变化，他们相信过去的历史量价数据可以预测未来。技术分析类投资者参与的是市场博弈，有赢家就有输家，是一个零和游戏。

价值投资有很多定义，我倾向于将价值投资宽泛地定义为基本面投资，以基本面为决策依据。基本面投资者相信买股票就是买企业，股票是企业的一部分，股票价格最终由企业价值决定，企业价值则由企业未来的现金流决定，也就是由企业基本面决定，这个基本面既包括企业内部的经营情况，也包括企业所处的时代、政治、经济、行业环境等情况。

基本面投资者认为股票价格由企业价值决定，股票价格围绕企业价值波动。长期而言，企业基本面的变化会引起企业价值的变化。价值投资鼻祖本杰明·格雷厄姆指出，被错误定价的股票，无论是被高估还是低估，最终都会以某种神秘而无法解释的方式回归企业的内在价值。

基于这个信念，基本面投资者主要关注基本面，同时也要关心市场面，毕竟价值由基本面驱动，但是价值的实现需要靠市场面，交易价格是实现价值的唯一途径。

价值投资者参与的是基本面博弈，挣的是企业业绩增加使价值上升的钱，因而是一个非零和游戏。

行为金融则以分析人性心理为基础，无论是沃伦·巴菲特这样的价值投资者，还是像乔治·索罗斯这样的"狙击高手"，本质上都是行为金融的成功实践者。行为金融实际就是投资的心理面，心理面既会影响市场面也会影响基本面。市场面很容易理解，市场交易的背后都是人，都是由人的心理驱动，心理面在市场面的表现就是我们常说的市场情绪。

技术分析的极致是量化交易，更多时候我们将其称为金融工程。量化交易除了关注量价信息，也关注基本面信息和其他一切有用的信息。例如，文艺复兴科技有限责任公司的大奖章基金，它是过去数十年最优秀的量化基金。根据文艺复兴科技有限责任公司创始人詹姆斯·西蒙斯的传记《征服市场的人：西蒙斯传》，西蒙斯始终坚信量化投资一定有办法对价格建模。但是我们都知道，价格信息是否对未来具有预测性存在很大争议。那么，为什么文艺复兴科技有限责任公司的大奖章基金能够取得自1988年以来到2019年6月，年化费前收益率66%、费后收益率39%的惊人业绩？根本原理在于，价格背后是人的行为，而人的行为具有高度重复性。价格在很大程度上是人的行为的表现形式，通过海量数据的统计与分析，就能在概率层面对价格建立统计模型。本质上，西蒙斯是在对人性建模，用统计方法挣钱。从这一点看，金融工程的方法都是建立在人性重复性的基础上，建立在市场面表象的心理面基础上。量化与技术分析的分野在于，量化是大样本统计模型，而技术分析是小样本直觉模型。

基本面会受心理面的影响，认识基本面的主体也是人，基本面研究取决于研究主体的技能和经验。索罗斯在《超越金融：索罗斯的哲学》一书中，回忆他父亲在第一次世界大战中作为奥匈帝国战俘在俄罗斯帝国战俘营中的一个故事，他父亲领导了一个越狱小组，他们计划做一个木筏，顺着河道漂往大海。但是他父亲的地理知识不够，不知道西伯利亚地区所有的河都流向北冰洋。他们漂泊了几个星期才发现木筏朝着北极漂流，后来又用了几个月才穿过针叶林带回到了文明世界。索罗斯的父亲观察到了河水的流向，他的经验和知识告诉他欧洲的河是向西流，但是西伯利亚的河却是自南向北流。

同时，基本面研究也不可避免地受到人类心理特征的影响，例如我们对于熟悉的公司会产生非理性的信任感，信任感会驱使我们寻找正面证据，最终跌入证实陷阱，对企业基本面过于乐观。

因此，无论何种投资类型都会受心理面的影响。

现实中，纯粹采用价值投资和技术分析的投资者比较少，多数投资者既看基本面，也看市场面，还看心理面。如果我们把投资类型想象成一个连续的谱系，一端是纯粹价值投资，另一端是纯粹金融工程，中间的就是价值投资与金融工程方法不同比例的结合。例如，有的朋友通过基本面选择投资标的，不断做波段操作，即选股用的是价值投资，操作用的却是技术分析，整体上他采用的是两种方法。

在投资谱系中，除了极端金融工程、只看量价信息的技术分析，其他或多或少都需要进行基本面研究。

对于基本面投资者来说，首要问题就是投资标的的价值是多少？乔尔·蒂林哈斯特在《大钱细思：优秀投资者如何思考和决断》中指出，投资者的第一个问题就是问自已：投资标的价值几何？所有后续投资操作都建立在对企业价值的判断上。

基本面投资者的基本问题是企业现在的价值是多少？未来企业能否持续创造价值？

◎ 企业价值的计量

我的"投资世界观"的形成也是一波三折，目前我持有的是价值投资理念，即股票是企业的股权，是企业的一部分。巴菲特说，买股票就是买企业。企业盈利能力决定企业价值，企业价值决定股票价格。

道理很简单，操作很困难，这是因为两点：价值没有直接呈现和价值计算存在不确定性。

第一，价值没有直接呈现。

我们经常将价值挂在嘴上，不过越是常用的东西，我们可能越没有深入思考。汪丁丁教授在《行为经济学讲义：演化论的视角》中指出，他最认可的价值定义来源于小密尔（即约翰·穆勒）：价值是"被感受到的重要性"。

很厉害，对吧，再仔细一想又糊涂了。对价值本身的深入思考可能涉及经济学、心理学和哲学，这不是重点。重点在于，有没有一个客观的、科学的价值可以直接给予我们，价值有没有一个标准答案，显然没有。你打开金融软件，也许会看到股票分析里有价值分析，但点开来看，也没有关于价值几何的答案。

第二，价值计算存在不确定性。

价值虽然没有直接呈现，但可以计算。价值的计算方法分为两大类。

第一类是直接法，即根据企业基本面信息计算，也称绝对估值法。直接法只有一种——DCF。DCF来源于约翰·伯尔·威廉姆斯，他认为任何股票、债券或公司今天的价值取决于可以预期的资产存续期间，以合适的利率进行贴现的现金流入和流出。一些金融学教科书中将价值定义为该投资未来自由现金流的PV。

第二类是比较法，即把某一企业的基本面信息与市场类似的企业价格和基本面信息进行比较，例如市盈率法。比较法的特点是只用基本面信息与市场面信息，可以采用的方法很多，除了市盈率法，常用的还有市净率法（市值除以净资产）、市销率法（市值除以销售收入）等。

比较法的基础是金融一价定律，简单说就是一样的金融资产应该有一样的价格。比较法的优点是简单易操作；缺点是主观性较高，价值取决于对比标的、指标的选择等。

没有一模一样的企业，因此在对比标的、指标的选择上存在主观判断。基本面信息的选择也存在过去和未来之分，例如计算时是使用历史财务数据还是使用未来财务数据，历史财务数据虽然确定但价值是面向未来的，其说明未来价值的能力有限，而未来财务数据又取决于个体预测。因此综合来看，比较法简单好用，但是非常主观。

与DCF相比，比较法是一种经验法，并不具有严密的金融理论基础。比尔·米勒指出，在金融文献中，找不到以市盈率[①]或市值[②]与现金流之比定义的价值。

同时，比较法是建立在对比标的的市场价格上的，虽然基本面投资者认为价格是由价值决定的，但是价值并不总是等于价格，就像霍华德·马克斯说的，正确性不代表正确性会马上实现。因此，用别人的价格计算自己的价值本身就有问题。

我们再看绝对估值法。企业价值可以通过DCF得出，这是唯一利用基本面确定企业价值的科学方法，在任何一本金融教材中都可以找到关于DCF的计算方法，简单步骤如下：

（1）预测企业未来的收入和成本，得出预测净利润。

（2）预测达成未来净利润需要投入的营运资金（Working Capital，WC）需要量。

（3）预测达成未来净利润需要投入的固定资产和无形资产投资，即资本性支出（Capital Expenditure，CAPEX）。

（4）计算自由现金流，自由现金流=净利润+非现金支出成本费用（如折旧摊销）-WC增加额-CAPEX。（注：在实际操作中，通常将自由现金流预测分为两个阶段：第一个阶段是有限年份，如3年、5年或者10年，每一年度的自由现金流可以详细计算。第二阶段是第一阶段的最后一年，需要计算出一个永续价值，通常可以选用永续年金模型计算永续价值，或者采用卖出法计算，即假设最后一年企业股权整体卖出可以获得的净现金流。）

（5）根据金融理论选择折现率，通常采用资本资产定价模型（Capital Asset Pricing

[①] 市盈率=市值/利润，实际上是当年平均市值/上年净利润。市值是当期实际发生的，而利润是财务数据，滞后于当期市值。由于当期（当年）的利润要到第二年初才披露，计算时通常采用历史财务数据，比如上一个年度的财务数据。本例中，以泡泡玛特2020年的年平均市值1018.33亿元，除以2019年的净利润得出市盈率。这是资本市场的惯例，如果没有特别说明，市盈率都是按照这种方法计算的；如果是以市盈率TTM标注，则使用企业前4个季度的利润之和进行计算，被称为滚动市盈率。

[②] 市值数据由iFinD软件按即时汇率转换为人民币，全书同。

Model，CAPM）。

（6）用DCF计算企业未来净现金流的PV，PV合计就是企业价值。如果扣除债权的PV，剩下的就是股权的价值。

$$价值 = \sum_{t=1}^{n} \frac{CF_t}{(1+r)^t}$$

其中，n为资产年限，CF_t为t年的现金流，r为包含预计现金流风险的折现率。

DCF有两个层次：一是工具与方法，现金流计算、折现率选取等都属于常用的方法，学起来不难。二是预测，现金流折现的基础是未来现金流，未来现金流的基础是对企业未来财务情况的预测。未来毕竟没有到来，我们只有过去和现在的信息，因此预测存在巨大的不确定性，预测结果取决于预测主体的经验技巧、掌握的信息量、对未来的主观判断等。在不同预测主体和同一预测主体的不同假设下，预测结果会呈现出一个区间而非一个确定的点。

DCF有着坚实的科学基础。记得我读会计硕士的时候，DCF是由香港中文大学教授黄德尊讲的，他花了一个多小时在黑板上推导出了DCF的公式。当时，我这个"数学渣"听得晕头转向，觉得黄教授讲这些干什么，告诉我公式不就得了。后来，我慢慢领悟到黄教授是想让我们明白，DCF不是一个断言而是数学模型，具备严密的科学基础。

DCF是严密的。我大学毕业后在机械工业部第四设计研究院做可行性研究报告的经济评价部分，核心就是用DCF计算企业（项目）价值。经过多年的实践，我慢慢发现DCF程序严密，看上去很科学，但是其中参数众多，多数参数是预测性和主观判断数据，例如未来收入、成本等。当参数多到一定程度时，我可以用这套严密的方法拟合出任何想要的结果，当然这也有一定的限度，不过各种参数调来调去很常见。通过调整参数最终得出一个符合要求或者自己直觉判断的企业价值，这样的结果是客观的吗？

DCF是一个计算过程很客观，但是参数选择非常主观，使结果也很主观的价值计量方法。

换句话说，即使面对完全相同的信息环境，不同的个体因经验、技巧以及对未来不确定性的把握，会得出不同的企业价值。再加上实际存在的严重的信息差异，通过DCF得出的企业价值不可能是客观、唯一的价值计量。

◎ 价值与价格

采用基本面数据计算企业价值的唯一方法——DCF，得出的企业价值也具有高度主观性，那么问题来了，企业价值到底是多少？

我们无法直接观察到价值，这是常识。我们唯一的观察渠道来自市场，基本面投资者相信，基本面决定价值，价值决定价格，价格由交易活动呈现，表现在市场面上。

2013年诺贝尔经济学奖授予美国经济学家尤金·法玛、拉尔斯·彼得·汉森和罗伯特·希勒，表彰他们在资产定价理论上的贡献。有趣的是，法玛和希勒的学术观点对立，他们对市场的理解处于对立的两极。法玛最著名的理论是有效市场假说，这是现代金融理论的基石之一。希勒的《非理性繁荣》举世闻名。

市场由一群人的行为构成，市场模式就是一群人的行为模式。

有效市场假说包括两个部分：一是我们无法跑赢大盘，即天下没有免费的午餐。通俗解读就是，基金经理精心选出的股票组合也无法跑赢黑猩猩随机选出的股票组合，这个理论催生出了指数基金的投资方法。二是价格是"合理的"，股票的价格只和它的基本面以及未来现金流相关，与市场行为无关。

有效市场假说暗示价格已经包含了形成价格的信息，根据包含的信息不同，可以分为完全（强）有效市场、半强有效市场和弱有效市场。在完全有效市场假设下，价格包含了形成价格的全部信息，此时试图通过分析信息获得超过市场平均收益的超额收益是不可能的。换句话说，在完全有效市场下，所有基于信息分析试图战胜市场的努力都是徒劳的。半强有效市场和弱有效市场假设以此类推，通常认为在弱有效市场下，基于历史交易信息的技术分析是无效的，而在半强有效市场下，通常认为基于历史信息的基本面分析是失效的。通常，实证研究认为证券市场处于半强有效市场与弱有效市场之间。

有效市场假说的基础是市场的参与个体是理性人，他们的行为模式可以通过理论预测。当然，我们只要观察自己和周围的普通人，就知道理性人这个假设是多么不靠谱，同时我们也知道，普通人身上或多或少都有理性人的影子。

价格中是否包含了形成价格的全部信息？"投资圈"有个术语叫"Pricein"，指的是新的信息是否已经被价格所反映。有效市场假说的本质是将公开信息纳入证券价格，它是理解金融世界的一种模型。根据常识，我们知道价格反映信息有一个过程，因而完全有效、即时性的Pricein是不存在的。正如巴菲特所说，如果市场是完全有效的，那他现在只能沿街乞讨。

与法玛观点完全相反的希勒指出:"从行为分析的角度进一步研究有效市场模型,这种延伸从某种程度上说改进了该模型。授课时,如果我可以把有效市场模型解释为极端状况下的特例,再讲授更符合现实的模型,我想课堂内容会变得更加丰富。"因此,希勒认为完全有效市场是一种极端特例,在这种特例下,价格与市场面无关,完全取决于由企业基本面决定的现金流。此时,价格等于价值,但记住这是极端特例。在不极端的情况下,价格受多种因素影响,其中就包括价值,而价值本身具有主观性。除了基本面,市场的心理、情绪都会对价格产生复杂的影响。短期内,我们通常会发现市场面和心理面对价格的影响远大于基本面。

理性人的假设为我们思考人的行为提供了思维框架,但同时我们也认识到,模型并不等于现实世界本身。由于不完全的信息、有限的资源和脑力,普通人并不总能完全理性地决策。理性人是一种特例而非常态,认识到这一点,对于理解理性人假设,提升普通人的决策水平是非常有帮助的。

在由一群人组成的市场中,个体的非理性在群体中是被加强了还是互相抵消了?抵消的原理在于只要存在套利机会,聪明的投资者就可以利用这些机会赚钱,将市场中的非理性机会"烫平"。只要观察市场行为,你就可以得出自己的结论。希勒有一篇著名论文《股价过度波动能根据其后的股利变化进行解释吗?》,论文中说群体实际是强化了个体的非理性行为,而个体的非理性套利则会将市场拉回理性。股价是一个预测值,是市场对企业未来所有股息红利的预期PV,这是基本的价值逻辑。但由于情绪等非理性因素,股价将围绕这个价值中枢上下波动,套利机会和聪明投资者的存在不会使价格离价值太远,犹如向上扔出的小球终会落回地面,因为有重力存在,价值就是价格的地心引力。希勒研究1871—1979年这100多年间的股价和股票红利信息,观察实际支付的股票红利,并将其贴现计算价值。2016年希勒在《非理性繁荣》(第3版)一书中更新了之前所绘的图(如图1-1所示)。

希勒的学生、上海交通大学教授朱宁指出,希勒制作的这张图,很大程度上是他获得诺贝尔经济学奖的原因,这张图实际表达了现实世界中价值与价格的关系。从统计层面看,确实存在价值中枢,价格则围绕价值波动,波动幅度惊人,只有很少的时刻,价格等于价值。

让我们再次领会希勒在评价有效市场假说时所说的,有效市场假说应该被视为一种目标,而不是一个既定事实。①牛津大学赛德商学院首任院长约翰·凯和英国中央银行前行长默文·金在《极端不确定性》一书中指出,如果市场是有效的,巴菲特和西蒙斯是不可能投资成功的,他们累积的巨大财富证明了这一点。②巴菲特指出了人们是怎样错误理解有效市场假说的:有些人观察到市场经常是有效的,但这些人错误地认为市场是一直有效的,这两个命题像白天和黑夜一样差得很远。

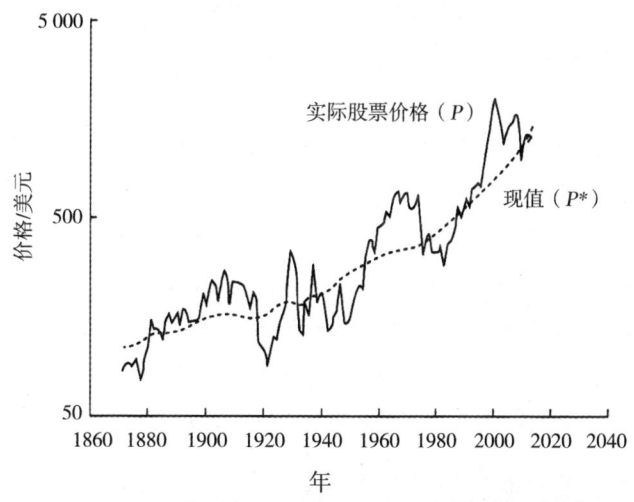

图1-1 希勒关于股票红利PV和股价关系的研究

2017年诺贝尔经济学奖得主理查德·塞勒教授指出,投资者确实知道股价不合理,并且这种价格会继续存在,甚至会变得更加不合理。经济学家费希尔·布莱克认为,我们或许可以这样定义一个有效市场,即价格与价值的比值在2倍以内,价格在价值的0.5到2倍之间,在这个范围内可以认为90%的市场是有效的。经历了后来的各种市场崩溃以后,塞勒教授指出,如果布莱克还活着,他可能将价格与价值之比改为3倍以内。塞勒教授的结论是,价格通常是错误的,有时还错得很离谱,如果简单相信价格是合理的,这真是太不理性了。③

梁宇峰博士指出,股票市场从来不是教科书上说的完全有效市场,如果是完全有效

---

① 希勒.非理性繁荣[M].李心丹,等译.3版.北京:中国人民大学出版社,2016.
② 凯,金.极端不确定性[M].傅诚刚,译.北京:中信出版社,2022.
③ 塞勒."错误"的行为[M].王晋,译.2版.北京:中信出版社,2018.

市场，那么股价就能准确反映基本面，这显然和我们观察到的事实相差十万八千里。

如果你相信价值投资，并且坚信价格总会向价值回归。那么，你同时需要记住凯恩斯的名言：市场非理性的时间会很长，而且总会比你能撑住的时间更长。

1996年，希勒教授在给美联储做报告时，他做出了非常著名的对金融危机的预测。后来，艾伦·格林斯潘在报告中用了著名的"非理性繁荣"一词。问题是，直到报告面世4年以后股市才崩溃，在这4年中股市一直强劲上升。塞勒教授指出，希勒的警告是对还是错？他发出警告4年后股市才到达峰值，如果有人在1996年听取了希勒教授的建议而大肆押注市场下跌，那么在有机会获利之前他早就破产了。[①]

看起来，我们总需要在纯粹的信念上做一些校正，这才是中庸之道。在由人组成的市场中，基本面价值是核心要素，价格长期向价值回归，而在这个长期过程中，价格总是不理性的。除了基本面，我们还需要考虑人的心理和人们之间的互动。股价是交易的结果，需要有人买卖才能成交，才能有价格。通常卖出的人认为此时价格处于高位，于是选择脱手；而买入的人则认为此时价格处于低位，于是选择买入——买卖双方对价格的看法一定不一致，否则不可能达成交易。交易双方的观点不一致，可能是因为他们对价值的看法不同，也可能是因为他们受到市场中其他人看法的影响。

◎ **市场面与选美理论**

我们从一个现象讲起。2021年是猪周期下行的一年，截至9月30日，全国批发猪肉平均价格降幅达58.52%。养猪成本远超猪价，卖500克亏500克。

2021年10月，多家生猪养殖企业发布前三季度业绩预告，仿佛开了场"比惨大会"。当时，新希望六和股份有限公司预计前三季度亏损59.95亿—63.95亿元人民币，江西正邦科技股份有限公司预计第三季度亏损55.20亿—65.20亿元人民币，天邦食品股份有限公司第三季度预亏20.50亿—22.50亿元人民币。连养猪龙头牧原食品股份有限公司（简称"牧原股份"）也不能幸免，当时预告第三季度亏5.00亿—10.00亿元人民币。就在2020年，牧原股份可是大赚了274.51亿元人民币。2021年尽管周期反转，牧原股份上半年还赚了62.48亿元人民币，但是到了第三季度也扛不住猪价下跌。

猪周期又到了猪价远低于养猪成本、养殖赔钱、杀母猪去产能的惨烈阶段。

---

① 塞勒."错误"的行为[M].王晋,译.2版.北京:中信出版社,2018.

不过与养猪严重亏损形成鲜明对照的是，我们观察到了一个有趣的现象：牧原股份股价从2021年7月28日的最低收盘价40.91元人民币/股，到10月22日收盘价57.03元人民币/股，上涨了39.40%。

我们再来观察另外一个显著周期行业，2021年航运极端景气。2021年10月9日，中远海运控股股份有限公司（简称"中远海控"）公布前三季度财务预报，预计公司2021年第三季度实现归母净利润304.90亿元人民币。公司2021年前三季度归母净利润约675.88亿元人民币，与上一年度同期相比增长约1650.92%，但是股价却从2021年7月7日最高收盘价25.05元人民币/股到10月22日收盘价15.80元人民币/股，下跌了36.93%。

为何现实世界的经营状况（基本面）与股价（市场面）出现了明显的背离现象？

如果你和我一样有这种错愕感，那么你一定也是一个价值投资者或者基本面投资者。

在基本面投资视角下，投资者坚信企业的基本面是其价值的核心决定因素。基本面决定企业价值，市场价格是企业价值的表现形式，因而价格围绕价值波动。长期而言，价格总要回归价值。

不过凯恩斯也提醒我们："市场维持非理性的时间足以使你我破产。"

所谓市场非理性，就是指价格与价值严重背离，产生这种背离的主要原因来自市场参与者的心理因素（心理面）。

基本面是基础，决定了企业的"真实"价值。市场面是表象，市场价格是企业价值的市场面呈现。心理面决定了个体及群体（市场）对于基本面的反应，这种反应构成了市场面，而市场面又会影响投资者心理，形成心理面和市场面的双向反馈。

哈耶克在《通往奴役之路》一书中说："观念的转变和人类意志的力量，塑造了今天的世界。"人类的行为系统与自然系统不同，人类对于自然系统的认知，即自然科学不会改变自然界的运行。而人的认识、理念会影响人的行为，人的行为会改变社会系统的运作，社会系统运作反过来又会影响人的观念，周而复始，互相影响，索罗斯说的反身性原理就是这个意思。股票市场是典型的社会系统，反身性效应显著。

假设企业基本面是一种事实，不同个体对于这种事实的感受有所差别。这种差别表现在交易市场上就会形成对同一企业基本面不同的价值判断，以及对同一基本面事实的不同估值，从而产生对同一事实的反向操作，买入或者卖出，最终形成交易。这些交易本身又影响心理面，个体心理除了受基本面影响，同时也受集体的市场行为（市场情绪）的影响。

毕竟只有到市场上交易，才能实现投资目的——获利。因而从个体角度看，我们有双重预测：第一，预测企业基本面的未来变化；第二，预测企业基本面变化导致的市场面变化。也就是说，除了猜测企业未来会怎样，还要猜测市场对于基本面的反应如何。

市场对于基本面的反应，凯恩斯称为"选美"。

凯恩斯认为，投资者玩的是一种类似"选美"比赛的游戏。在"选美"比赛中，投资者的任务不是选出自己心目中最美的人，而是猜谁会成为冠军。

冠军属于得票最多的美女，因此重要的是大家怎么选。对于投资者而言，需要考虑的并不是自己觉得哪个候选人最美，这是基本面，而是哪个候选人能够得到最多的选票，即市场对基本面的反应。对于一个聪明的投资者来说，他需要考虑这个问题的第二层、第三层甚至更高的层级。他需要去想，如果每个人都在考虑同一个问题，那么最后他们最有可能选择谁。凯恩斯说："我相信，一些人会进行四阶、五阶甚至更高阶的推测。"

凯恩斯的"选美"假说是对市场的推测。塞勒教授在《金融时报》上做过一个竞猜实验，请参与者在0到100之间选一个数字，使这个数字尽可能地接近其他参赛者所选数字平均值的2/3，谁选择的数字最接近，谁就能获胜。

我们来试试。假定所有参与者的数量是个大样本随机数，那么所选数字的平均值应该是50，50的2/3大约是33。那么参与者应该选33吗？且慢，所有参与者都在猜测其他人选择的数字是多少。既然如此，就有了第2层，33的2/3大约是22。以此类推，15、10……最后是0。

最终结果是0，这在经济学上叫纳什①均衡。纳什均衡指的是当其他人都猜到同一个数字时，没有人愿意再改变自己的答案，此时将会达到纳什均衡。假定最后的数字是3，那么就会有人猜其他人猜的都是3，平均值也是3，因此他会猜2。如果其他人都猜2，那么他应该猜1……有且只有当所有参与者猜的都是0时，才没有人愿意改变主意。

那么0就是正确的吗？塞勒教授提醒我们，我知道你知道我知道你知道……的理性推理版本的基础假设是每一个参与者都是理性人。但是我们知道所有参与者不可能都是理性人，有人可能只想到了第一层，有些人会想到第二层，只有经济学家才会将其推到

---

① 关于约翰·纳什的生平，可以观看电影《美丽心灵》。

纳什均衡。那么，你猜的数字是多少呢？汪丁丁指出，市场均衡大致在3阶左右。也就是说，你既不能彻底不理性，也不能太理性。

牧原股份与中远海控它们所属的行业都是强周期行业，当周期景气达到顶峰时，未来就是一路向下。而在最悲观的时候，反转往往就在不远处。

2021年6—7月，猪价跌近成本线，我觉得谷底快来了，于是牧原股份开始进入我的布局视野。但是我没想到9月下旬，在猪价最悲观的时候，股价就已经开始调头向上，说明市场对于牧原股份的周期特征已经形成了相当清楚的认识，他们的预测比我多了几阶。当然，如果猪价继续在底部，继续亏损，就会有人怀疑自己的判断而退出，形成价格波动，这也是有可能的。

泡泡玛特的"三碗面"

◎ 泡泡玛特的"过山车"

北京泡泡玛特文化创意有限公司是一家经营知识产权（Intellectual Property，IP）的潮流玩具（简称"潮玩"）公司。这里有两个关键词：潮玩、IP。

潮玩就是个摆件，其核心商业逻辑是客户的收藏需求。按照产品、服务和体验来分，潮玩属于体验经济，满足客户的精神需要，往往与社群粉丝经济相联系，属于非功能的感性消费。

在成长过程中，每个人都有一些自己喜爱的小收藏，这些小收藏基本都有着鲜明的时代特征，如邮票、干脆面中的"水浒108将"游戏卡、需要自己动手的模型玩具，还有很多影视周边衍生品。

大部分潮玩的IP来自影视动漫，称为内容潮玩，例如皮卡丘、米老鼠等。目前全世界流行的潮玩形象大部分是内容潮玩，少部分是独立形象潮玩。两者的区别在于内容潮玩有背景故事，多数是影视动漫的周边衍生品，形象潮玩是由设计师设计的独立IP。

泡泡玛特做的是形象潮玩，设计师设计的形象玩具既没有故事内涵，也不像乐高或者模型玩具需要自己动手组装，只是好看，消费者也很喜欢。

当我第一次听说泡泡玛特的时候，脑海中的第一个念头是这个行业的门槛似乎不高，泡泡玛特应该是个小生意吧。直到看了泡泡玛特的财务业绩（如表1-1所示），我深感意外。

简明财务分析：
数据背后的商业模式与投资价值

表1-1 泡泡玛特的财务业绩情况

单位：亿元人民币

类目	2014	2015	2016	2017	2018	2019	2020	2021	2022
收入/亿元人民币	0.17	0.45	0.88	1.80	5.15	16.83	25.13	44.91	23.59
净利润/亿元人民币	−0.03	−0.15	−0.29	0.08	1.00	4.51	5.24	8.54	3.33

注：统计时间截至2022年上半年。

2016年7月，泡泡玛特推出了首款盲盒潮玩产品"Molly星座系列"，一经上市，迅速风靡中国潮玩市场。可爱的Molly与盲盒结合，给消费者带来了巨大的新奇感。

盲盒是泡泡玛特创始人王宁根据日本福袋研发的新玩法，虽然现在大家对这个形式见怪不怪，但在当时的中国，盲盒还是一个新奇的玩意儿。盲盒里面是一系列形象潮玩，从外包装看不出里面的内容，盲盒里有常见的固定款潮玩，也有稀有的隐藏款潮玩，隐藏款潮玩极为稀少，抽中概率很低。因此，每次开盲盒都能给消费者带来一种抽奖的体验。泡泡玛特的盲盒把买不到的稀缺产品变为有可能买到的稀缺产品，引来无数粉丝。

泡泡玛特作为中国盲盒的先驱者，引领了中国盲盒风潮，抢占了国内潮玩市场先机。泡泡玛特成了第一个吃螃蟹的人，一个全新的市场——盲盒潮玩被激活了。

2017—2021年，泡泡玛特的业务量突飞猛进，收入从1.80亿元人民币增长到44.91亿元人民币，增长了23.95倍。净利润从0.08亿元人民币涨到了8.54亿元人民币，增长了105.75倍。我们再来看市场对泡泡玛特的看法，市场看法可以用市值表示。泡泡玛特的市值变化如表1-2所示。

表1-2 泡泡玛特的市值变化

单位：亿元人民币

类目	2017	2018	2019	2020	2021	2022
市值/亿元人民币	0.34	0.43	8.33	1018.33	559.55	222.13

注：统计时间截至2022年9月。

2016年，泡泡玛特在新三板挂牌，2019年摘牌。在这段时间内，由于交易量很小，泡泡玛特的市值仅具有象征意义。2020年，泡泡玛特在中国香港上市，市值冲上千亿港元。泡泡玛特2019年的净利润只有4.51亿元人民币，市盈率超过200倍。然而，泡泡玛特2021年的净利润再创新高，达到了8.54亿元人民币。随后，泡泡玛特的市值如过山车般下滑，2022年1—9月的平均市值只有222亿元人民币，相比2020年，市值下跌近80.00%。

◎ **泡泡玛特的基本面、市场面与心理面**

如果说财务数据反映了基本面，市值反映了市场面，那么泡泡玛特的这"两碗面"存在巨大的背离。我们先来简单分析一下泡泡玛特的"三碗面"。

（1）2021年年初的"三碗面"。

①基本面：过去业绩呈三位数增长，未来发展不可限量。

②市场面：私募市场一股难求，港股上市后市值高达千亿港元。

③心理面：锚定效应、错失恐惧症和乐观自信到天际的市场情绪。

（2）2022年中的"三碗面"。

①基本面：业绩增速下滑，平台故事梦碎，政策管制，但泡泡玛特的生意依旧火爆。

②市场面：市值下跌近80.00%，泡沫破灭期的反身性正反馈。

③心理面：市场整体情绪较为悲观。一样的泡泡玛特，不一样的市场情绪，看出来的未来能一样吗？

我们从两个时期来看泡泡玛特的"三碗面"，第一个时期从2020年12月港股上市到2021年年初，第二个时期是2022年9月。

从市场面看，泡泡玛特自2021年12月11日上市后市值一路走高，到2021年2月市值最高达到1472.00亿港元[①]，随后一路下滑。2022年9月，泡泡玛特的市值只剩220.00亿港元，下跌约85.00%。

从基本面看，2020年泡泡玛特的收入和净利润分别是25.13亿元人民币和5.24亿元人民币；2021年的收入和净利润分别是44.91亿元人民币和8.54亿元人民币；2022年上半年的收入和净利润分别是23.59亿元人民币和3.33亿元人民币。券商分析师当时预测2022年全年泡泡玛特的收入和净利润分别是58.84亿元人民币和8.11亿元人民币。

---

① 根据同花顺行情序列数据，2021年2月17日，泡泡玛特日均最高市值为1472亿港元。

简明财务分析：
数据背后的商业模式与投资价值

我好奇的是：

第一，为何泡泡玛特刚上市就有这么高的市值？2020年泡泡玛特净利润5.24亿元人民币、最高市值1472.00亿港元，市盈率超过200倍，即使当时券商分析师预测2022年泡泡玛特能有8.11亿元人民币净利润，最高1472.00亿港元的市值也有170倍的市盈率①。

第二，为何短短一年多，泡泡玛特的市值却跌到222.13亿元人民币？基本面似乎并没有这么大的变化，2022年的利润虽然不如券商分析师预测的高，但估计也有8.00亿元人民币，市盈率从200倍回到25倍。

财务分析关键的一点就是不要有后见之明。我们需要回到当时的场景，根据当时的信息分析到底发生了什么。

2020年12月，泡泡玛特在港股上市，上市即受到市场追捧，开盘当日市值945.00亿港元，随后股价一路上扬，2021年2月市值最高达1472.00亿港元。

在基本面上往回看，2017—2019年，泡泡玛特的收入和净利润持续3位数高增长。

向未来看，泡泡玛特描绘了两个故事。

第一个故事是关于潮玩全产业链的，形成了从IP孵化、设计、生产到线上、线下销售的商业闭环。第二个故事是关于潮玩平台的，泡泡玛特宣称未来潮玩全产业链将是一个开放的平台，大家都可以到这个平台上玩，都可以在这个平台上将自己的IP变现。

第一个故事已经被泡泡玛特过去3年的业绩所证实，第二个故事让市场联想到网络平台的巨大权力，想象空间巨大无比。

再看市场面，泡泡玛特的股票交易火爆，市场先给出了200倍以上的市盈率。

市场面火爆的根源在于心理面，大家对基本面的未来有着乐观的预期。

泡泡玛特的故事完美诠释了马云对于新事物、新行业的观点，很多人输就输在，对于新兴事物，第一看不见，第二看不起，第三看不懂，第四来不及。

2019年年底，泡泡玛特拒绝了腾讯的投资，因为创始人王宁不接受腾讯提出的一票否决权的条款。原因很简单，此时的泡泡玛特前途一片光明，已经不缺钱了。泡泡玛特2018年的收入和净利润还只有5.15亿元人民币和1.00亿元人民币，而2019年的收入有

---

① 在某些情况下，市盈率也可以用预期利润进行计算。本例中，后个市盈率是由当前市值除以证券分析师分析报告中的预期利润得出的预测市盈率。预测市盈率表示当前市值在未来预期利润下的市盈率表现，与前文所提及的市盈率、滚动市盈率一样，都是资本市场常用的表述方式。

16.83亿元人民币，净利润高达4.51亿元人民币。

正当腾讯犹疑之际，正心谷资本和华兴资本按25.00亿美元估值（38倍市盈率），最终投入了约1亿美元。正心谷资本早在2018年就开始接触泡泡玛特了，最开始正心谷资本还担心泡泡玛特对Molly系列产品过于依赖。不过2019年形势一片大好，泡泡玛特做到了227.19%的收入增长和353.29%的净利润增长，火爆的市场让正心谷资本不再犹豫，终于在2019年年底"上了车"，而犹豫治理条款的腾讯则失去了机会。

据报道，2020年，几乎所有的大型中后期基金、阿里巴巴，乃至李泽楷的家族办公室，都争取过投资泡泡玛特的机会，但都没有成功。

实际上，除了2019年年底正心谷资本和华兴资本的1亿美元，泡泡玛特在过去3年里都没有融资。创始人王宁反而在不断地回购股份，2020年年底泡泡玛特在港股上市时，王宁手中的股份高达56.33%，与靠风险投资（Venture Capital，VC）资金支持发展起来的其他新经济公司的创始人股权被大量稀释的情形形成鲜明的对比。

不过，王宁刚开始创业时却不是这样的。从2010年在中关村开第一家店，2012年拿到第一笔风险投资资金，王宁为了融资千辛万苦，直到2017年登陆新三板前才勉强凑到3000万元人民币融资。投资者都是"非主流"，主流的投资者看不上王宁线下模式的生意。

即使到了2018年，泡泡玛特的净利润已经达到1亿元人民币，主流投资机构仍然对泡泡玛特的商业模式充满疑问：为什么会有人对拆盲盒上瘾？为什么潮玩会有这么大的市场？为什么泡泡玛特能够取得让人惊讶的成绩？

即使2018年泡泡玛特的生意大有起色，持有18%股份的A轮投资者金鹰商贸却在2019年年初以15倍的市盈率清仓退出。这充分说明，此时在投资者眼中，泡泡玛特的商业模式仍然是个谜。

仅仅一年后，盲盒潮玩市场的火爆程度和泡泡玛特业绩的高速增长最终战胜了投资者的疑虑，泡泡玛特成了投资圈疯狂追逐的香饽饽。不过，此时的他们和腾讯一样，已经失去了"上车"的机会，进入了"来不及"的懊悔阶段。

2020年12月11日，泡泡玛特在港股上市，此时的投资者有三种心理状态。

一是FOMO（Fear of Missing Out）效应。由于之前主流投资人集体错过了这样的暴富机会，媒体宣扬加深了投资者当中的FOMO效应，投资者唯恐自己再次错过这样的机会。

二是锚定效应。投资者的预期被锚定在泡泡玛特过去3年业绩3位数的增长上,直接线性外推,认为未来就是打个对折还有60%以上的增长,这也是当时证券分析师给出的未来5年泡泡玛特的预期复合增长率。按照这种增长率,即使用DCF也能得出1000亿港元以上的市值。

三是对新兴事物的盲目乐观情绪。纵观金融历史,泡沫大多产生于新兴事物,郁金香、网络股概莫能外。突然流行起来的盲盒潮玩也是新兴事物,此时人们过于乐观和自信也可以理解。

约翰·凯和默文·金在《极端不确定性》中写道:"富有感染力的叙事通常会在一些现实事件真实地改变了经济基本面后感染金融市场。因为叙事的传播必然是循序渐进的,那些最先采纳的人可能会赚取丰足利润,而后来者不断跟风,时评者对速度和规模以及其将带来的经济发展夸夸其谈。众所周知,人们倾向于对一项新科技的短期影响过度吹捧,而对其长期影响轻描淡写。"

2021年3月26日,泡泡玛特公布2020年的业绩,2020年的收入为25.13亿元人民币,净利润为5.24亿元人民币,净利润率为20.83%。业绩还不错,但是市场反应很不好,股价随后连续下跌。原因在于,之前投资者对于泡泡玛特持有的乐观估计最终表现为业绩的高增长。尽管2020年泡泡玛特的收入较上年增长49.31%,净利润较上年增长16.05%,但收入和净利润都是2位数增长,与之前大家锚定3位数增长相差甚远。

此时,投资者从狂热的乐观情绪中冷静下来,再次审视泡泡玛特,发现有诸多因素妨碍泡泡玛特保持3位数增长。

一是形象IP的竞争力并不强。泡泡玛特的IP是形象IP,玩家难以与人物产生共情。相较而言,迪士尼、漫威等内容IP会因为人物在动漫或电影中的形象和背景故事让消费者产生更多的共鸣,提升消费者黏性。内容IP比形象IP的壁垒更深,能跨越的时间维度更长。维基百科IP畅销榜显示,全球最有价值的前30个IP中,形象IP只有Hello Kitty(凯蒂猫),其他都是内容IP。形象IP由于没有故事支持,生命周期较短,需要不断推出新IP,而新IP被市场认可、接受需要较长的培育期。同时,泡泡玛特当家花旦Molly的授权到2026年就结束了,新IP成长缓慢,这些似乎印证了形象IP具有"天花板"。

二是赛道拥挤。形象IP门槛并不高,盲盒玩法也容易复制。看到泡泡玛特的成功,仿效者蜂拥而至,竞争加剧。尽管泡泡玛特具有良好的先发优势,拥有最大的粉丝社群,但是增长因受到竞争格局变差的影响而放缓,也在情理之中。

三是政策风向改变。之前盲盒还只是个小生意,没人注意。但当盲盒流行时,大家就要掂量下盲盒是否符合ESG①。随着政策收紧,盲盒这种赚人性钱的生意空间也在收窄,政策导向在很大程度上改变了市场预期。

约翰·凯和默文·金指出,叙事的崩塌比它的传播更为迅速。

到了2022年,泡泡玛特的业绩证实它的高速增长不能持续,投资者的心理面发生了极大变化,从极度乐观走向了另外一个极端——极度悲观。因此,泡泡玛特的市值从1000.00亿港元跌破200.00亿港元也就很容易理解了。

阿斯沃斯·达摩达兰在《故事与估值》一书中给出了一个估值公式:

估值=故事+数字

更好的估值=动人的故事+漂亮的数字

平心而论,泡泡玛特是一家好公司,它把潮玩做到近50亿元人民币的收入,超过8亿元人民币的净利润,虽然与乐高全球2022年646亿丹麦克朗的收入相差较远,但在中国市场,泡泡玛特的销售额已经超过乐高,这非常了不起。

但是从估值角度看,没有了高增长和平台故事,凭借8亿元人民币的净利润,投资者能给多少估值?如果按30倍市盈率计算,不就是240亿元人民币吗?

卓胜微的"过山车"

◎射频龙头的市值风云

接着泡泡玛特的故事,我们再分析一下江苏卓胜微电子股份有限公司(简称"卓胜微"),来进一步理解投资在基本面、市场面和心理面的交织与互动。这次我们从故事、数字与估值的视角来分析。

卓胜微的案例灵感源自泡泡玛特。2022年9月,在一次课程上,我用泡泡玛特的案

---

① ESG(Environmental, Social and Governance),即环境、社会和公司治理。

简明财务分析：
数据背后的商业模式与投资价值

例讲述了投资的"三碗面"，课后一位学员发消息给我，她说她所在的公司（卓胜微）的故事像极了泡泡玛特，她感同身受。

2021年11月，益研究的研究员对这家公司做过深度研究，我听过研究报告，但印象不深，因为研究报告中有很多技术细节和术语，所以我没听懂。这并不奇怪，卓胜微本就是一家集成电路行业的公司，主要产品是射频前端分立器件和模组。半导体集成电路行业技术门槛高，没有一定的基础理解起来比较困难，而且会使用很多缩写，例如 LNA[①]、PA[②]、DiFEM[③]等，听起来就很陌生，听不懂就会营造出一种距离感和神秘感。

不过，研究报告中有一个内容我听懂了，卓胜微主要是做智能手机里面的射频功能零件的。因此，当时我认为2021年下半年有个趋势很明显，全球智能手机出货量经过多年高增长后，增速开始放缓，这是大环境使然。

智能手机产业链上的公司或多或少都进入了下降通道，同时资本市场的"芯片浪潮"也有了退潮迹象。由于二者叠加带来的影响，这个时候投资手机芯片公司可能对基本面投资者来说并不友好。当时，我对卓胜微的印象也只有这些。

后来，我找出了卓胜微的市值数据，发现它的市值仿佛坐上了过山车，如图1-2所示。2019年6月18日卓胜微上市，市值为50.82亿元人民币。2021年6月30日，卓胜微的市值涨到1792.89亿元人民币，上涨了35.16倍，同期卓胜微的前复权均价从9.67元人民币/股涨到了329.61元人民币/股。随后，股价一路下滑，到2021年11月26日，也就是益研究的研究员做报告的那一天，卓胜微的市值下滑至1217.56亿元人民币。到了2022年9月30日，其市值只剩下471.88亿元人民币，前复权均价90.21元人民币/股。如果投资者在2019年买入、持有卓胜微的股票，而后在2021年卖出，就能挣两年的大钱、快钱。反之，如果投资者没能在2021年卖出，而是一直持有卓胜微的股票，那真感觉像是大梦一场。

[①] Low Noise Amplifier(低噪声放大器)。
[②] Power Amplifier(功率放大器)。
[③] Diversity Receiver Module(分集接收模组)。

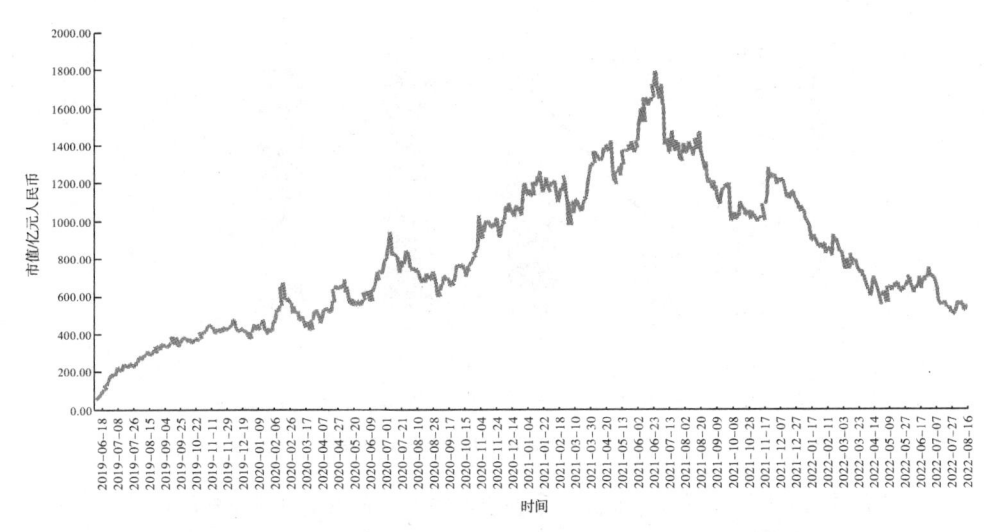

图1-2 2019年6月18日—2022年8月18日卓胜微市值的变化情况

卓胜微的基本面确实在上市3年内发生了翻天覆地的变化。如图1-3所示，2014年，卓胜微只是一家不盈利的小公司，收入只有0.44亿元人民币。2015—2018年，卓胜微的业绩快速增长，2018年的收入为5.60亿元人民币，净利润为1.62亿元人民币，达到了上市条件。上市后，卓胜微业绩加速增长，到2021年，卓胜微的收入增长至46.34亿元人民币，净利润增长至21.35亿元人民币。

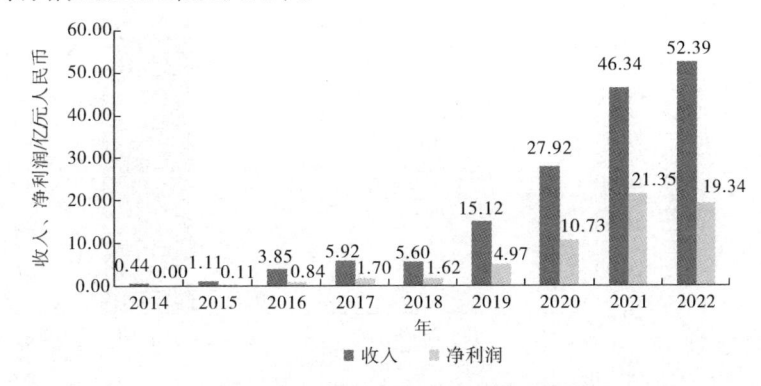

图1-3 2014—2022年卓胜微的财务业绩情况

早期，基本面业绩的高速增长可以驱动市值以更高的速度增长。在2021年兑现了靓丽业绩后，卓胜微的基本面更好了，但为何市场面却开始掉头向下，如图1-4所示。基本面的增长率这一个维度已经可以说明问题。

简明财务分析:
数据背后的商业模式与投资价值

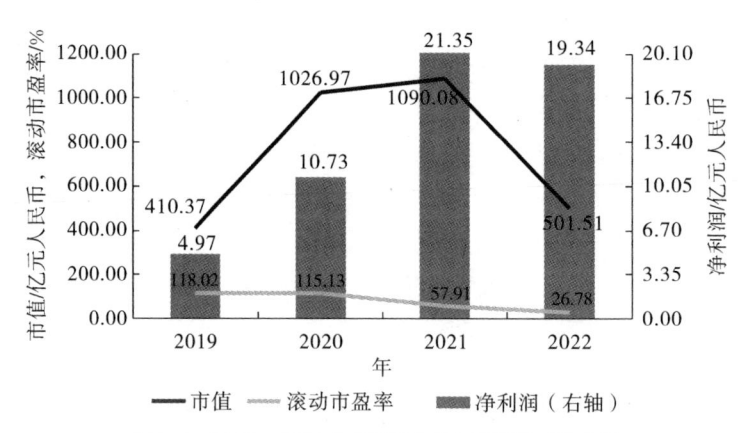

图 1-4　2019—2022 年卓胜微市值与利润的对比情况

卓胜微是一家年轻的公司,也是一家在当时的时代背景下高速发展的公司。高增长是这类公司的核心特点,也是投资者给它们打上的标签和对它们的期待。具体而言,对卓胜微的期待建立在某产业链的自主可控及其坚实的财务数据之上。

2019 年 6 月,卓胜微在创业板上市。上市前 3 年(2017—2019 年),净利润年复合增长率为 80.87%,上市 3 年(2019—2021 年),净利润年复合增长率为 136.21%,达到了 3 位数的增长率,如图 1-5 所示。

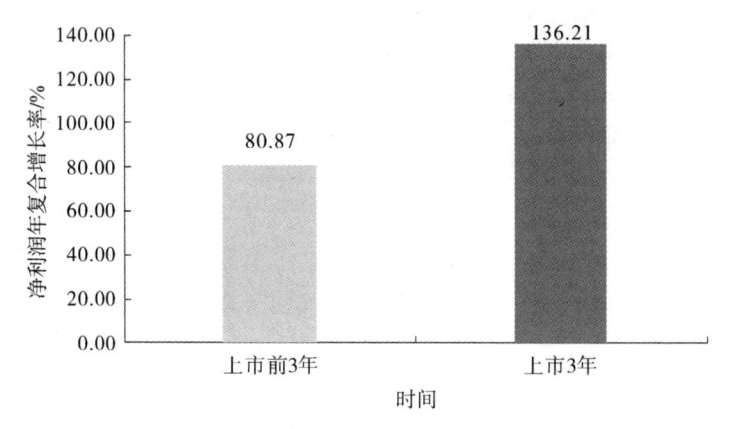

图 1-5　卓胜微的净利润年复合增长率

在保持净利润年复合增长率呈 3 位数增长的同时,2015—2021 年卓胜微的毛利率、净利润率表现也相当不错,如表 1-3 所示。2021 年,卓胜微的毛利率和净利润率在绝对数量已经比较大的情况下，仍然达到了历史最高水平。从这个侧面看，卓胜微的增长质量也是不错的。

表1-3　2015—2021年卓胜微的毛利率、净利润率

类目	2015年	2016年	2017年	2018年	2019年	2020年
毛利率/%	56.76	62.08	55.91	51.79	52.45	52.83
利润率/%	9.91	21.82	28.72	28.93	32.87	38.43

上面这些靓丽的基本面业绩都是历史数据，更重要的是通过基本面看未来——卓胜微的未来能否像过去那样保持高增长？

"覆巢之下，安有完卵"，卓胜微的产品主要是用在智能手机上的。因此，智能手机行业的不景气必然会波及卓胜微的基本面。

2022年8月，卓胜微公布半年报。报告显示，2022年上半年卓胜微的收入为22.35亿元人民币，较上年同期下降5.26%；净利润为7.52亿元人民币，较上年同期下降25.84%，如图1-6所示。

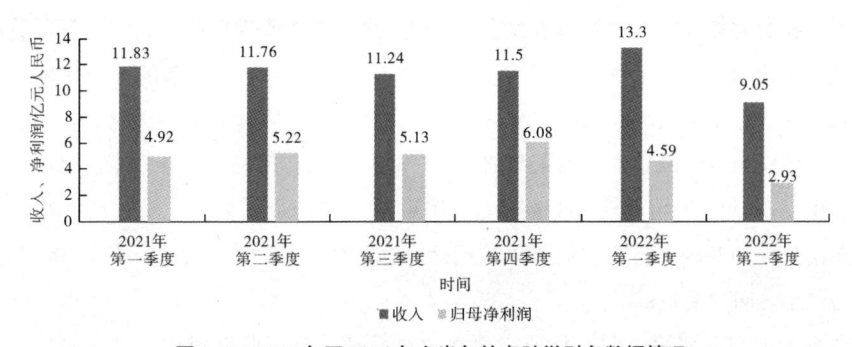

图1-6　2021年至2022年上半年的卓胜微财务数据情况

实际上，从卓胜微的季度财务数据看，涨不动的苗头在业绩极其红火的2021年就已经显现了，这就可以解释那些紧密观察卓胜微增长情况的投资者为何会在芯片退潮大行情下动摇和离场。2021年下半年，卓胜微市场面开始走向下行行情。进入2022年，一季报直接让投资者高增长的预期破灭了。此后卓胜微的高增长不再，其股价回归便也在情理之中了。

简明财务分析：
数据背后的商业模式与投资价值

2022年9月，券商分析师预测2022年卓胜微的收入平均数和净利润平均数分别为52.39亿元人民币和19.34亿元人民币，这是一致预期数据。所谓一致预期，是指在某个时间点，券商分析师对某只股票或上市公司的未来财务指标的预测数据，经过汇总和加权平均后形成的市场共识数据。

表1-4为2015—2022年卓胜微的收入增长率和净利润增长率，假如用一致预期作为卓胜微2022年的预测数，那么卓胜微2022年的净利润增长率为-9.43%，连续增长的势头终于停止了。根据2022年9月的一致预期，卓胜微未来3年的年复合增长率[①]只有12%。

表1-4　2015—2022年卓胜微的收入增长率和净利润增长率[②]

类目	2015年	2016年	2017年	2018年	2019年	2020年	2021年	2022年
收入增长率/%	152.27	246.85	53.77	-5.41	170.00	84.66	65.97	13.06
净利润增长率/%	157.14	663.64	102.38	-4.71	206.79	115.90	98.97	-9.43

注：统计时间截至2022年9月。

这时就出现了一个非常实际的问题：1家呈3位数或者近3位数增长的高成长型公司和1家预期年复合增长率只有12%的公司，其市场估值能一样吗？

因此我们就能理解，尽管卓胜微上市3年以来基本面表现非常好，但是证券分析师对卓胜微未来几年基本面的预期不佳，这必然导致投资者对卓胜微的价值判断有所调整。除了卓胜微本身的因素，2022年A股市场整体下行，芯片行业泡沫瓦解。市场环境加上心理效应与卓胜微基本面因素形成共振，最终反映在市场面，导致卓胜微的市值从超过1700.00亿元人民币回到500.00亿元人民币左右。

在增长率的基础上，我们还可以按照达摩达兰的估值公式（估值=故事+数字），从故事与数字之间的关系来解读。

在企业生命周期的早期，估值主要靠故事驱动。到了业绩释放，进入稳定增长期时，估值驱动就会由故事逐步切换到数字。陈杰老师常说，这个切换是"杀"估值的过程，要特别小心。

[①] 年复合增长率是一项投资在特定时期内的年度增长率,计算公式为:(现有价值/基础价值)^(1/n)-1。n等于有关时期内的年数。

[②] 本书表中的数据统计时间截至2021年,2021年之后的数据为预测数据。

从卓胜微的市值与滚动市盈率（如图1-7所示）的关系来看，我们可以体会到达摩达兰所说的估值驱动的切换。

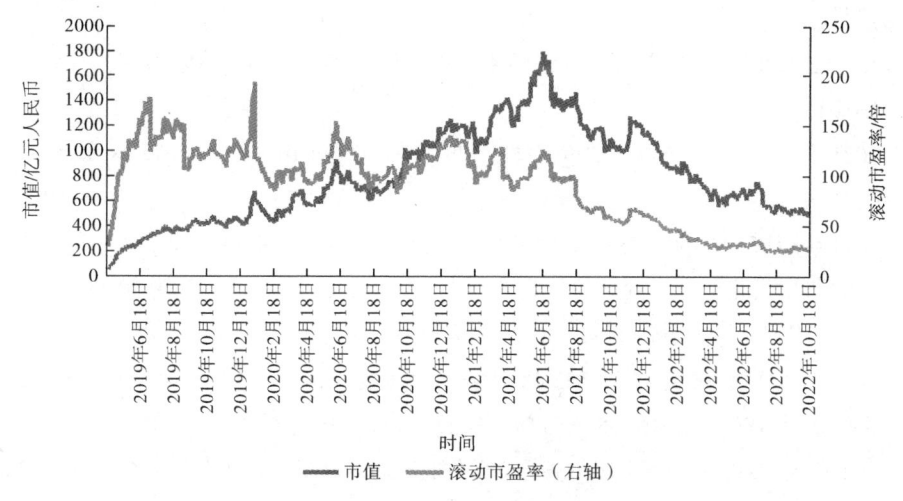

图1-7 卓胜微的市值与滚动市盈率

在2020年年中之前，卓胜微的市值在大多数时间里主要由超过100倍的高市盈率驱动。2020年2月，卓胜微的滚动市盈率达到了令人咋舌的197倍，此时的高市盈率主要依靠故事，也就是投资者对卓胜微未来的展望和想象。

2020年年中到2021年年中，卓胜微的基本面大好，业绩持续增长。投资者的关注焦点开始从故事切换到数字。此时，卓胜微的市盈率虽然有所下降，但是在极高的净利润增长及3位数净利润增长率的驱动下，市场热情又将市盈率推上了127倍的高位，反过来，高净利润和高市盈率又将市值推到了2021年6月30日的最高点1792.89亿元人民币。

2021年年中到2022年9月，大环境和市场潮流逐渐发生了变化，投资者的心理也跟着发生了重大变化，从看故事迅速向看数字切换，卓胜微未来预期增速的大幅下调导致市盈率快速下降。2022年上半年，卓胜微的基本面数字不理想，高增长梦破碎，双重打击之下，市值也持续下滑。2022年9月30日，卓胜微的滚动市盈率回到了25倍，市值471.88亿元人民币，只有2021年最高点时的26.32%。

◎ 当时的我们能找到线索吗

看了卓胜微过山车般的市值后，我一直在琢磨，有没有可能在卓胜微的故事发生时就找到有关故事结局的线索？

线索是有的——分析师的一致预期，也就是分析师在当时对卓胜微未来3年盈余做出的预测。

让我们坐上时空穿梭机，回到两个场景之中，观察当时可以看到的信息。

场景1：

2021年6月30日，卓胜微的市值高达1792.89亿元人民币，创下新高，滚动市盈率为128倍。

2021年3月31日—4月23日，卓胜微分别公布了2020年财报和2021年第一季度财报。

2020年财报显示，卓胜微的年收入为27.92亿元人民币，净利润为10.73亿元人民币，较上年分别上涨84.66%和115.90%，净利润增长率连续2年呈现3位数增长。

2020年，卓胜微的毛利率为52.83%，净利润率为38.43%，均比上年有所上升。2020年，卓胜微的净资产收益率（Return On Equity，ROE）达到了创纪录的49.18%。

从业务结构看，卓胜微是靠射频分立器件起家的，射频模组业务是后来拓展的。2020年射频模组取得零的突破，下半年开始批量出货，当年实现销售收入2.78亿元人民币，毛利率比射频分立器件的还高，达到67.24%，占2020年全年收入的9.94%。2021年一季度，射频模组占比继续提升。

2021年第一季度，卓胜微的收入、净利润同比都取得了3位数增长，如表1-5所示。

表1-5 2021年卓胜微的第一季报财报情况

类目	2020年第一季度	2021年第一季度	增长率/%
收入/元人民币	450905491.09	1183045790.33	162.37
归属于上市公司股东的净利润/元人民币	151806101.18	492361573.40	224.34
归属于上市公司股东的扣除非经常性损益的净利润/元人民币	148180493.03	506806507.67	242.02

2020年，卓胜微完成了30.05亿元人民币的定向增发，自建滤波器产线，开始从原来的Fabless模式逐步转向Fab-Lite模式①。此后，卓胜微形成从研发设计、晶圆制造、封装测试到销售的完整生态链。卓胜微称，此模式将全面提升公司内部的协同能力，加

---

① Fab-Lite模式是指轻晶圆厂的集成电路企业经营模式，即在晶圆制造、封装及测试环节采用自行建厂和委外加工相结合的方式。

强对产业链各环节的自主控制力度，从新产品技术、工艺开发、产业链协同、产品交付等角度全面提升竞争力。分析师认为，这些能力的形成将极大提升卓胜微的能力，发展第二曲线，符合市场期待。

如果只看上述信息，那么卓胜微未来仍有呈3位数增长的可能。按照彼得·林奇的PEG估值法[①]来看，卓胜微仍有投资价值。PEG估值法是林奇发明的针对增长类股票的一种估值方法。其中，PEG等于1是预期报酬率[②]为10.00%时的假设，如果预期增长率大于10.00%，PEG的安全分界线就会小于1，例如12.00%的预期报酬率，PEG的安全分界线从1降到0.69。林奇是一位价值投资者，他认为PEG等于或者小于1的公司都具有投资价值。

佩因曼在《财务报表分析与证券估值》（第5版）一书中指出，如果PEG小于1，说明市场低估了企业未来的收益增长情况；如果PEG大于1，则说明市场对企业未来的增长过于乐观。

如此，128倍的市盈率是不是也还可以？

如果你和我一样点头了，那么我们就需要进一步思考一个问题：卓胜微未来能否保持3位数的利润增长率？如果你是这个行业的专家，或者具备足够的专业知识，那么你可以根据行业空间、竞争格局、企业情况做出预测。但是我显然不懂芯片半导体，不是这个行业的专家，那么又该如何进行判断？

我认为，对于我这样不具备行业专业知识的投资者来说，还有一个途径可以了解或者校正自己对未来增长的判断——看证券分析师的一致预期。证券分析师通常会对行业、企业、技术、竞争格局等进行深度研究，并且运用专业知识做出预测。与普通投资者相比，证券分析师与上市公司关系密切，可能还能了解部分企业的内部信息。因此，我们合理推断证券分析师的预测是基于足够多的知识和信息做出的。

另外，普通投资者也很容易获取证券分析师的一致预期，我个人是通过Choice数据[③]获取的。

Choice数据的数据库里储存了过往的一致预期数据，我们可以用函数将其调出来，这

---

① PEG指的是市盈增长比率，PEG估值法是用公司的市盈率除以盈利增长速度，即PEG=PE/（盈利增长率×100）。

② 预期报酬率，就是估计未来收益率的各种可能结果，然后用它们出现的概率对这些估计值做加权平均。与预期收益率、收益率的预期值、期望收益率、期望报酬率、报酬率的预期值和期望报酬率的含义相同。

③ 东方财富旗下的金融数据平台。

样就可以回到当时场景，看看当时证券分析师对卓胜微未来3年的盈余如何预测。

在Choice数据中，卓胜微的一致预期数据如图1-8所示。2021年6月30日，卓胜微的一致预期为：2022年净利润27.27亿元人民币（FY[①]2），2023年净利润35.25亿元人民币（FY3）。

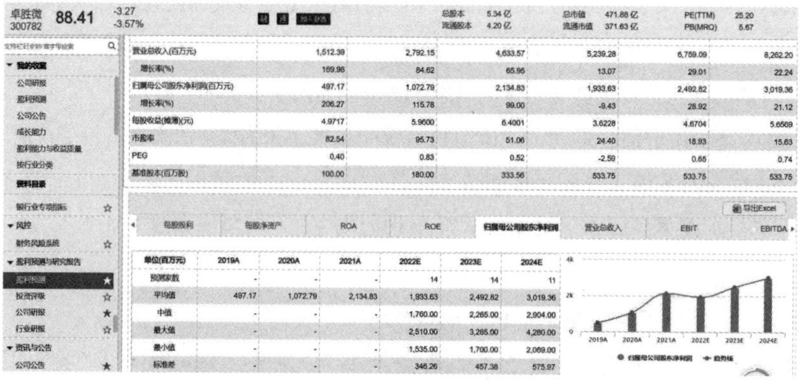

图1-8　在Choice数据中，卓胜微的一致预期数据

2020年，卓胜微的实际净利润为10.73亿元人民币，由此我们计算出未来3年卓胜微的预测复合增长率。

未来3年预测复合增长率=［(35.25/10.73)$^{(1/3)}$−1］×100%=48.66%

此时，PEG=128/（49%×100）=2.61

如果你是一个基本面投资者，预期报酬为10.00%，并且将PEG等于1作为安全分界线，那么当PEG为2.61时就应当鸣警钟了。当然，如果采用交易策略，就不是看估值了，只需要判断是否会有后来者以更高的价格买单即可。

实际上，如果我们用一致预期数据作为增长率测算基础，就能够直观地对比市盈率与预期增长率之间的关系。

如图1-9所示，通过证券分析师对卓胜微的3年预期复合增长率×100与滚动市盈率的对比，我们可以看到，卓胜微未来3年的增长率一致预期数据始终不是很高。在开始阶段，证券分析师低估了卓胜微的成长，但是在中后段，尽管证券分析师都在说买入，

[①] FY指Fiscal year,财政年度。

但是落到盈余预测的数字上,计算出来的增长率还是比较保守的。毕竟盈余预测是建立在一系列业务市场假设分解的基础上。从这个角度看,我们是否可以用证券分析师的盈余预测来帮助我们进行判断?大家可以思考。

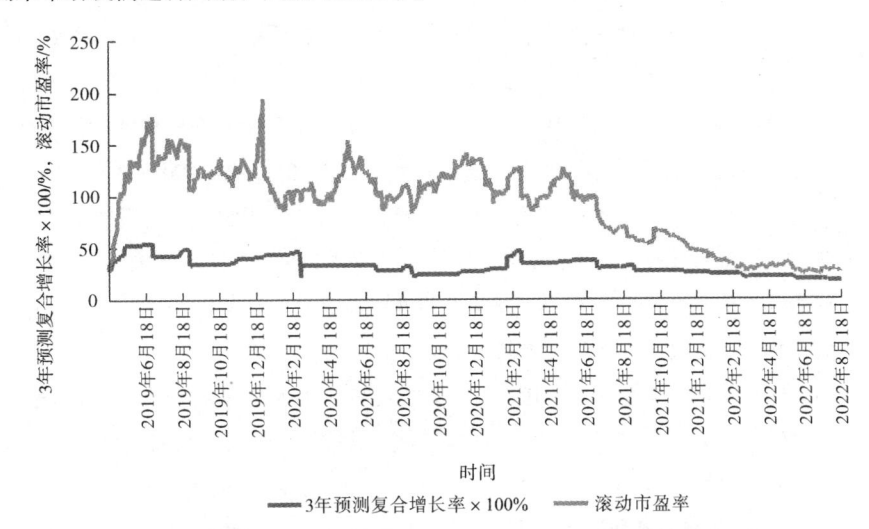

图1-9 卓胜微的3年预测复合增长率×100%与滚动市盈率的对比情况

我们还可以用林奇的PEG估值法,从估值的角度看。这里我做了变形处理,大体估值过程是,预测第3年的净利润,以PEG=1为PE倍数计算售值(终值),增长率采用当期一致预期数据计算的年化预期增长率,并将终值和期间预测利润的30.00%作为分红按折现率折成PV作为估值,这里折现率取13.00%。据此,我们可以计算估值与总市值的关系。

估值与总市值的关系是否有预示效果,读者可以自行判断。

场景2:

2021年11月26日,我听了益研究的研究员关于卓胜微的研究报告,与6月30日相比,主要信息多了半年报和三季报,其数据都是向好的,三季报中的收入、净利润比上年同期都有3位数增长。

尽管2021年11月26日,卓胜微的市值为1218.00亿元人民币,比6月30日高点跌了1/3,但是事后看来,这确实形成了心理锚点。

最终益研究的研究员给出买入评级,推荐理由如下:

简明财务分析：
数据背后的商业模式与投资价值

（1）市场快速增长。当时，智能手机5G化仍处于早期，技术变革带来射频前端市场空间的大幅增长。

（2）公司竞争力不断加强。与2019年上市时产品线仅包括分立器件不同，目前公司已经开始向下游客户大量出货模组产品，当时预测滤波器产线也将在2022年实现量产，公司产品、技术能力上逐步向全球一流厂商看齐。

（3）第二增长曲线已经打开。2020年以来，公司逐步推出模组产品，模组市场空间是传统分立器件的2倍。目前，模组收入仅占比30%（2021年Q3，比2020年的10%增长3倍），未来数年模组业务将持续带动公司的收入、利润增长。

（4）第三增长曲线值得期待。相对智能手机，未来物联网、VR/AR技术、车联网均深度依赖射频前端企业。随着公司在智能手机领域的经验不断丰富，未来有望随下游客户的增长打开更大市场空间。

（5）短期业绩未达到市场乐观预期，公司股价当时充分回调，估值趋于合理。

（6）当时预计公司2021—2024年的收入增速分别为98.00%、44.00%、23.00%、24.00%，归属净利润分别为22.00亿元人民币、31.00亿元人民币、37.00亿元人民币、44.00亿元人民币，对应增速分别为107.00%、37.00%、20.00%、21.00%，对应PE分别为47X、34X、28X、24X。考虑到射频前端未来在物联网、汽车端空间持续增长，公司未来可横向拓展领域较多，对公司给予2024年50倍估值，目标2200.00亿元人民币，对应现价111.00%上行空间，目前位置推荐评级。

最终结论是当时预测卓胜微2024年净利润为44.00亿元人民币，2024年给50倍PE，目标市值为2200.00亿元人民币。

同期，2021年11月26日，分析师一致预期2024年的净利润为38.15亿元人民币。

我们用这两个数据来算一下卓胜微未来3年年复合增长率，由于当时已经是2021年11月26日，2021年全年业绩明朗，分析师的预测数与实际数相差不大。因此，我们用2021年实际数代替。

上述2个预测利润对应的未来3年年复合增长率为27.00%、21.00%。

此时，滚动市盈率为64.68倍，PEG分别为2.44、3.10。

益研究的研究员预测卓胜微2024年净利润为44.00亿元人民币，未来3年的增长率也只有27.00%，而他给出2024年的PE倍数仍然是50，这似乎存在内在矛盾。因为，他从自己的估计情况来看，超高增长时期要过去了，除非下一个阶段又会回到更高的增长率。可能性当然是有，关键看概率有多大。

我写这个案例的当下是2022年国庆。截至2022年9月30日，这一天分析师的一致预期2024年净利润为30.19亿元人民币，最低的给出了20.69亿元人民币的预测，按照这个一致预期，未来3年的净利润复合增长率为12.00%。

因此，看到2021年11月26日—2022年9月30日的市值和滚动市盈率变化，我不觉得惊讶，预期增长率下来了，PE也得下来。

看起来，绝大多数企业都躲不过生命周期，总是在超高速、高速、中速，最后到低速的增长率变化周期中。特别是经过高速增长后，企业体量已经达到一定规模，增速下滑似乎是大多数企业的宿命。除非有特别的第二曲线实现二次增长，否则在高速增长后总会迎来增长率下降的时期。这个时期，按照达摩达兰的"故事+数字"驱动逻辑，主要估值驱动因素从故事向数字切换，市场将以更加平和的心态看待这家公司，此时能给多少估值？

我喜欢用梁宇峰博士提出的动态估值法，它是DCF的变形。取22倍的PE和13.00%的折现率，卓胜微的估值为483.22亿元人民币。

估值是一个区间，不是点估值，我在中性基础上，分别考虑乐观情景和悲观情景。乐观情景PE=32，悲观情景PE=17，预期风险偏好不变贴现率都取13.00%，得到卓胜微的估值区间为378.07亿—691.96亿元人民币。2022年9月30日收盘时，卓胜微的市值为471.88亿元人民币，9月份平均市值为501.51亿元人民币（如表1-6所示）。

表1-6　2022年10月1日卓胜微动态估值表

类目	悲观	中性	乐观
立足于2024年第3财年，长期增长率估计	中等	中高	高
护城河	一定	一定	较深
3年后动态估值PE/倍	17.00	22.00	32.00
贴现率调整			
技术变革和技术颠覆的可能性/分	0.50	0.50	0.50
行业进入新威胁、行业供求关系/分	0.50	0.50	0.50
行业周期波动、可预测性/分	0.50	0.50	0.50

续表

类目	悲观	中性	乐观
政策抑制/分	2.00	2.00	2.00
得分	3.50	3.50	3.50
贴现率/%	13.00	13.00	13.00
动态估值/亿元人民币	378.07	482.70	691.96
市值/亿元人民币（截至9月平均数）	501.51	501.51	501.51

注：行业稳定性和竞争格局稳定性贴现率＝国债收益率（目前约为3.00%）＋（6.00-得分）×4.00%。
（1）技术或商业模式变革或颠覆的可能性（可能性几乎不存在——1.00分；有一定可能性——0.50分；有很大可能性——0分）。
（2）行业新进入威胁、行业供求关系（新进入者和新增产能的可能性小——1.00分；存在新进入者和新增产能的较大可能性——0.50分；行业已经出现强势新进入者或显著的产能扩张——0分）。
（3）行业周期波动、可预测性（波动很小、可预测性强——1.00分；有较大波动，有可预测性中等——0.50分；波动很大，可预测性差——0分）。
（4）有政策压力的可能性（可能性极小或影响很小——2.00分；有一定可能性且影响较大——1.00分；可能性较大且影响很大——0分）。
上面四项分数相加为最终得分。
估值日期为2022年10月1日。

◎ 数字与故事

估值大师达摩达兰说："没有故事的估值没有灵魂。"

达摩达兰是知名的估值专家，他非常明确地将估值与定价分开。在他看来，估值由企业现金流、现金流的不确定性以及估值人的风险偏好决定。在我看来，这就是基本面和心理面，和市场面没什么关系。而我们常说的相对估值法，也就是平均市净率、市销率等，一头是市场价格，另一头是企业基本面要素。达摩达兰认为，我们所说的相对法，其实不是估值而是定价，仅仅是参照市场的定价行为。因此，在达摩达兰的语境中，估值就是DCF。DCF分为两部分：一部分是未来自由现金流的预测，另一部分是折现率取值。现金流折现公式如下：

$$V=\sum_{t=1}^{n}\frac{CF_t}{(1+r)^t}$$

其中，V=企业的评估值，n=资产（企业）的寿命，CF_t=资产（企业）在 t 时刻产生的现金流，r=反映预期现金流的折现率。

DCF，这不都是数字吗？有故事什么事情？

达摩达兰也承认他自己更擅长处理数字，他认为早在中学时代，人们就被分为故事讲述者和数字处理者，一旦被归为某类，未来就会自我认同并保持这种偏好，这两者可以用文科生和理科生进行类比。达摩达兰承认他是数字处理者，所以后来在商学院讲估值时仍然更看重数字，同时也更迎合同类者（数字处理者）的需求。不过，他从多年教学和估值实战中得到一个重要教训，没有故事作为支撑的估值既无灵魂又不可信。所以经过多年估值教学和实战后，达摩达兰开始尝试在估值中融入故事。

达摩达兰在估值界声名赫赫，出过很多书，不过这些书都是教科书式的，教大家具体怎样做DCF。他的估值系列著作中有一本《故事与估值》，达摩达兰在这本书中提出了一个估值公式：

估值=故事+数字

意思是估值受两个因素驱动：一个是故事，另一个是数字，并且在企业生命周期的不同阶段，估值和数字驱动估值的力量比重是不同的。在企业发展早期，业务刚刚开展，数字还比较单薄，此时估值主要由故事驱动，等到企业发展到一定阶段，数字变得越来越重要，估值主要由企业数字来决定，企业数字以货币为单位就是会计数据。

为何故事在估值中那么重要？

诺贝尔经济学奖得主丹尼尔·卡尼曼一语道破天机：没有人会因为一个数字而做出决定，他们需要一个故事。

人类天生喜欢故事。《人类简史：从动物到上帝》的作者尤瓦尔·赫拉利认为，在智人从一种不起眼的动物到地球主宰者的漫长演化史中，发生了3次关键性的革命：认知革命、农业革命和科学革命，其中认知革命是基础。赫拉利指出，对智人最好的描述是，他是会讲故事的动物。只有智人能够表达那些从来没有看过、碰过、听过的事物，能够理解和相信没有发生在眼前的虚构事物，这是人类大规模合作的基础。

故事就是事情的来龙去脉、因果关系。数字描绘状态，故事则解释状态是怎样形成和演变的。

就本质而言，投资就是现在布局、未来收获。由于未来尚未到来，决策就需要通过预

> **简明财务分析：**
> 数据背后的商业模式与投资价值

测来判断，如何操作才能使未来收回的货币量比现在投进去的多。判断的方法各异，其中巧妙也各有不同。基本面投资者相信，企业具有内在价值，价值终将决定未来的价格，因此要对现在和未来的价值做出判断，也就是估值。

预测未来不是凭空想象。我们首先要理解过去，理解是怎样的驱动力和偶然让企业进入现在这个状态。然后在此基础上展望未来，预测驱动要素可能发生怎样的变化，预测企业将走向哪里。

因此，对企业的灵魂三问便是：是谁？从哪里来？未来又会到哪里去？

故事可以由企业讲给投资者听，也可以由分析师讲给投资者听，最重要的是投资者自己讲给自己听。

通过故事，我们理解数字背后的因果关联，理解企业发展的核心驱动力，这些才是我们做出投资的原因。

◎ 卓胜微的故事

我来讲讲我理解的卓胜微的故事，但在此之前，先说明几点。

首先，这仅仅是我讲的卓胜微的故事，这点请特别留意。同一个故事由不同的人讲述会有所不同，这也是投资的魅力所在。

其次，故事是关于商业驱动力的，不是企业介绍，我只讲我理解的与商业驱动力、估值有关的部分，尽量精简，如果希望了解细节，需要读者去查看资料。

最后，集成电路是我并不熟悉的领域，我仅仅花了几个小时，看了两篇深度研究报告和几篇相关文章，很难说搞懂了，理解错误的可能性很大。

以下就是我理解的卓胜微的故事。

（1）卓胜微是干什么的？

卓胜微是做射频前端产品的。例如，手机中实现无线电信号发送和接收功能的部件，这一组部件包括天线、射频前端和射频芯片。其中射频前端主要负责将接收和发射的射频信号进行放大和滤波。射频前端就是天线和射频芯片中间的许多半导体器件，如果单个布置就是分立器件，如果数个器件集成在一起就是模组。

据我浅薄的半导体知识，射频前端是模拟电路，与数字电路相比，模拟半导体更依靠经验积累，厂商常用垂直整合制造（Integrated Device Manufacture，IDM）模式，集设计、生产于一体，便于经验积累和传承。但是卓胜微采用的是数字电路常见的Fabless模式，直到2020年才开始自建工厂。

（2）市场空间有多大？

射频分立器件主要有四大类：滤波器、PA、射频开关、LNA。

平安证券研报称，卓胜微的主打产品为射频开关和LNA，2020年累计占全球市场份额的8.00%，位居第三。听着很厉害，对吧。

不过看一下图1-10，真相就出来了。

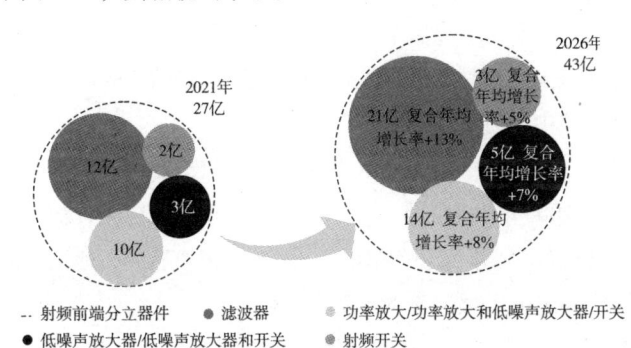

图1-10 2021年和2026年全球射频前端分立器件市场规模预测（单位：美元）

（资料来源：平安证券研究所和Yole。）

据Yole资料，射频前端2021年的市场规模为27亿美元，预计到2026年增加到43亿美元，复合年均增长率为10%。

市场总体不错，不过看细分，最大的是滤波器，其次是PA，射频开关和LNA的市场最小，只占11.11%，市场规模从2021年的5亿美元到2026年的8亿美元。而我们记得2020年卓胜微的收入为27.92亿元人民币，其中射频开关和LNA分立器件的收入为24.62亿元人民币。

卓胜微确实在射频开关和LNA细分市场取得了优势。不过，空间就这么大，未来在哪里？

（3）竞争格局怎么样？

尽管卓胜微在射频开关和LNA细分市场取得了突破，但是在射频前端市场上，国际四大厂商仍处于绝对统治地位，占了大约80%—85%的市场份额。以卓胜微和唯捷创芯为代表的中国射频企业大约占10%。射频行业四大巨头是Skyworks（思佳迅）、Qorvo（威讯联合）、博通和村田。

射频前端四大厂商有以下几个共同点：

①制造滤波器或者PA的能力强大。这并不使人意外，毕竟这两个细分市场才是射频前端的核心。

②采用IDM模式，看起来模拟器件的路最后都要走向IDM模式。

③历史悠久，曾经多次并购重组，模拟器件经验的传承很重要。

④苹果的核心供应商——客户很关键。

（4）成长经历。

既然射频前端市场竞争激烈，已经形成了四强垄断的竞争格局。那么，卓胜微是怎样从强敌环伺的竞争环境中脱颖而出的呢？

卓胜微是典型的高技术企业，三个创始人都是名校毕业的、有海外留学经历，并在射频大厂工作多年，2006年出来创业。一开始并没有搞射频前端，而是选择了一个独特的业务——数字电视芯片。这个行业热闹过一阵，但很快遇冷，他们在困境中转型射频前端行业中最低端、最小的市场：射频开关和LNA。

在益研究的研究员看来，新生的卓胜微之所以能够胜出，有两个主要原因：第一，当时，4G带来智能手机的大热，射频前端产品供不应求，连三星这样的大厂都出现了短缺，给了新供应商机会。第二，卓胜微的团队在工艺制程上有创新，并在2014—2015年打入三星供应链，这证明了卓胜微团队的技术实力。随后，卓胜微在2016—2017年进入国内主流智能手机供应链，随着近年国内智能手机行业的高速成长，其业绩也水涨船高。卓胜微的发展历程如图1-11所示。

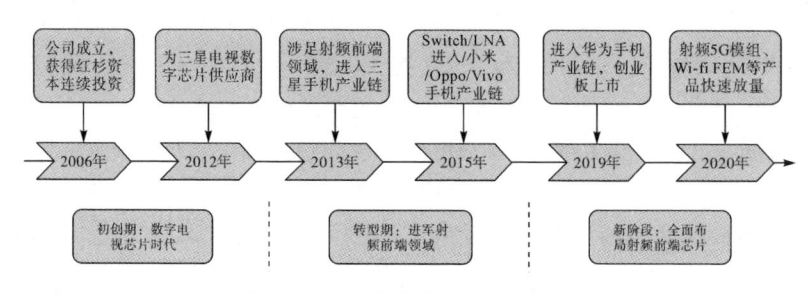

图1-11 卓胜微的发展历程

卓胜微从较低端、较小的射频开关和LNA细分市场切入，这一策略被平安证券研究报告称为非常聪明的"农村包围城市"策略。模拟器件业务往往采用IDM模式，而卓胜微却在早期另辟蹊径走Fabless模式，轻资产运营，其结果是毛利率、净利润率都很高。

当然，射频前端四大厂商都采用IDM模式，很可能本身就是行业规律，一旦要进入更高阶的滤波器和PA市场，Fabless模式的优势就可能变成劣势。

（5）布局当下。

智能手机市场的高速增长成就了卓胜微，但"成也萧何，败也萧何"。受智能手机市场整体下滑的大环境影响，2022年卓胜微的业绩也出现了下滑，这并非其自身的原因。

公司和研究员们都强调了射频前端市场的发展趋势，主要有两点：

一是模组化。到了5G时代，通信频段增加，需要的射频前端器件数量增加，这对行业玩家是好事，单机射频前端价值量获得了较大提升。同时，一块芯片上要放的器件也增加了，空间窘迫，把分散的器件集在一起模组化就成了射频前端产品发展的方向。

二是得滤波器者得天下。2021年，益研究的研究员推测，2023年滤波器占射频前端市场份额将达到66%，如果做模组而不做滤波器，势必在产品技术性能和成本两方面都处于竞争劣势。从全球滤波器市场占比情况来看，滤波器市场份额均被国际头部厂商垄断。从业务模式看，滤波器门槛更高，Fabless模式似乎有困难。

结合以上两点，我们就能理解，卓胜微何以从2020年开始大力发展模组业务，并在2020年开始自建滤波器生产设施，从Fabless向Fab-lite转变。

滤波器大致分为两类：SAW和BAW。BAW更高端，未来市场更广阔，技术主要掌握在美国厂家手中，目前卓胜微能做的是SAW滤波器。

2021年之前卓胜微基本是轻资产运行，2021年开始大举进行CAPEX投入，从Fabless模式向Fab-lite模式转型。

（6）展望未来。

由前面故事，我们大致了解了卓胜微从哪里来，做了什么，但是我们更关心的是卓胜微未来到哪里去。

有这么几点需要考虑：

①卓胜微过去的成功犹如热刀切黄油。然而，现在黄油已经切完了，"农村"已经占领了，后面都是"硬茬子"，需要直面强大对手的竞争。

②过去Fabless模式很成功，利润率很高，负债率很低。不过这已成为过去，要想啃

硬骨头，切入主流市场，那么自建产能转向IDM模式似乎是大势所趋。但是这会导致成本上升，原来的高利润率似乎难以维持。

③尽管面临各种竞争，卓胜微已具备竞争实力，技术队伍已经建立起来了，业界口碑、技术实力也都得到了验证，这些都是卓胜微能够在未来直面竞争的本钱。

由此可以理解，为何券商分析师一方面大谈卓胜微的能力和机遇，另一方面在未来盈利预测上持相对保守、谨慎的态度。

个人觉得，卓胜微的收入会继续增加，不过增长率放缓是大概率事件。

卓胜微的故事讲完了，现在你对数字和估值的理解是不是又深入了一步？

达摩达兰说，你投的不是数字，而是数字背后的故事。

当然，上述内容的着眼点在估值方法，卓胜微仅仅是借用案例，和本书中的其他案例一样，不构成投资建议，请读者留意。

时代天使的数字与故事

◎ 数字是我们手中的"线"

上一节，我们聊到了估值公式：估值=故事+数字，这是一个非常好用的二元思维框架。估值既要有故事又要有数字，没有人会只因为数字而进行投资，但人们会相信故事，没有故事的数字就没有灵魂。这一节，我们来聊一聊数字与故事的另一个侧面。

卡尼曼说，没有人会因为数字做出决定，他们需要故事。

达摩达兰说，你投的不是数字，而是数字背后的故事。

故事能够为我们提供数字背后的商业驱动力，昭示激动人心的未来，让我们洞察暗藏其中的因果，其中包括预测未来。如果没有故事，我们恐怕很难理解数字的意义，也就无法做出投资决策。因此，达摩达兰说，没有故事的数字没有灵魂。

然而，没有数字的故事就像断了线的风筝，随风飞舞，最后消失无踪。数字就是那根握在我们手中的"线"，可以将飞扬的风筝与大地联系在一起。没有数字的故事，就如断了线的风筝。

达摩达兰认为，大多数人对数字和故事有着自己的偏好，可以分为故事讲述者和数字处理者。擅长讲述故事的人大多是人文专业出身，而擅长处理数字的人往往是工程技术出身。我们做一个小测试看看你是哪一类人。

有一次，我的会计微信群里的一位朋友在群里发了一个他看到的故事。

这个故事引起了我的兴趣。

> 洛克菲勒认真观察罐盖的焊接质量，并仔细研究焊接剂的滴速与滴量。他发现，当时每焊接好一个罐盖，焊接剂要滴落39滴，而经过周密计算，结果实际只要38滴焊接剂就可以将罐盖完全焊接好。经过反复测试，最后洛克菲勒终于研制出"38滴型"焊接机，每只罐盖比原先节约了1滴焊接剂，一年下来为公司节约了5亿美元的开支。

读完这段话你有什么感想？

如果你没有发现问题，说明你可能是达摩达兰认为的故事讲述者，你更加留意故事，富有想象力。那么，你以后需要多留意数字了。

如果你发现问题了，大概你和我一样是数字处理者，我们对于美好的故事有一种本能的怀疑，怀疑故事讲述的内容是否真实。所以，我们时刻会用数字这根"线"拉一拉，看看天上飞的"风筝"是不是还在我们的掌控之中。

常言道，怀疑主义者得到正确的结果，乐观主义者取得成功。数字处理者虽然能避开很多陷阱，但往往也会错过很多激动人心的故事。所以，我们最好让自己身上的这两种特质互相靠拢。

石油大王洛克菲勒的故事很励志，不过我一看就觉得不对劲。故事中说每次节约1滴焊接剂，一年就可以为公司节约5亿美元。那么问题来了，公司1年生产多少只罐子？如果是1亿只，那么1滴焊接剂的成本就是5美元；如果是5亿只罐子，1滴焊接剂的成本就是1美元。要知道洛克菲勒创立标准石油公司是在1870年，那个时代的美元可比现在值钱多了，焊接剂的成本如此高昂是不合理的。或者还有一种可能，那就是公司每年生产的罐子数量远远超过5亿只。我在网上搜索后发现，故事中说的罐子实际指的是原油桶，而原油的生产数量肯定不会有5亿桶这么多，洛克菲勒的标准石油公司1年也就生产3600万桶原油，所以公司1年节约5亿美元的数字一定有问题。

搜索之后，我发现"38滴型"焊接机的故事有31万条记录，流传甚广。这些故事讲述的内容都差不多，节约的费用却各不相同。

会计微信群里也有人质疑，于是这位朋友立刻查了一下。

简明财务分析：
数据背后的商业模式与投资价值

他发现这个故事的中文出处是《洛克菲勒自传》。在这本书中，洛克菲勒的公司1年节约的数字是2.5万美元而非5亿美元。

如果按照标准石油公司年产3600万桶原油，1桶原油35加仑①，需要装进7只罐子，并且还有一半原油会加工成煤油来算，1年需要1.26亿只罐子，用2.5万美元除以1.26亿只罐子就可以得出1滴焊接剂的成本约为0.02美分。当然，真实的数字可能并不是这样，不过最起码这个故事已经值得信任了，因为0.02美分的数字与我们的常识相符。故事总是激动人心的，而数字却可以让我们脚踏实地。

记得有一次，我去参加企业路演，一个老板上来就给我们每个人发了一本诗集，并说他的公司在这个行业是国内的龙头、世界的翘楚，下一个诺贝尔奖非他莫属……刚开始，我还激动地拿出手机查了一下他公司的会计数据，结果发现这家公司前一年的收入只有3000万元人民币。

因此，在投资和进行财务分析时，我们既要听故事，又要看数字，还要让故事与数字互相验证，一样都不能少。

如果只关注数字，我们可能会因为数字往往代表的是过去和结果而非驱动力和因果关系，最终错失大好机遇。反过来，一味关注激动人心的故事，可能会被故事蒙蔽。

2021年8月，我研究过另一家公司——上海时代天使医疗器械有限公司（简称"时代天使"），下面是这家公司的故事与数字。

◎时代天使的故事

默文·金在观察了1999年的互联网泡沫，以及阅读了美国硅谷商业计划书以后指出：一个令人信服的故事可以改变一切。

几年前，刚上高中的儿子提出他和我一样有龅牙，想要正畸（矫正畸形）。我说："没问题，只要你能接受同学可能会嘲笑你的'钢牙'。"儿子说："有的同学做的是隐形牙套，看不出来，很厉害。"

医生诊断之后说可以做隐形牙套，进口隐形牙套的价格是6万元人民币，国产的只需要3万元人民币。我问两者之间的差别。医生说："从效果上看差别不大，但是舒适性上有区别。你家孩子大了，自主性强，也许可以接受国产的。"后来，儿子用了3万元人

---

① 19世纪生产的是用于照明的5加仑小罐煤油，后来石油统一单位桶是35加仑。

民币的国产牙套。两年之后，牙不龅了，人也帅了不少，看来这钱花得还是值得的。

有一次，益研请来了牙科专家介绍牙医这个行业，专家顺便谈到了隐形牙套这个产业，旁听后我大受启发。

从效果上讲，传统钢丝牙套治疗错颌畸形效果更好。患者从美观角度考虑选择隐形牙套可以理解，但是为什么牙医也愿意采用隐形牙套取代传统钢丝牙套？

既然这是门生意，那我们就从供应和需求两个方面来看。

先看需求端。

龅牙、痔疮和颈椎病一样，都是人类进化的副产品。成年人有28—32颗牙齿，这是数万年进化的结果，我们遥远的祖先也有这么多颗牙齿。

问题是，牙齿的进化显然跟不上人类文明的发展。随着火的使用，人类开始吃熟食，咬合力逐步退化，人类头骨的下半部分也越来越窄。可是牙齿还是这么多，结果就是牙齿长不下了，长不下自然就会乱长，于是就导致了龅牙。

牙齿不整齐会影响什么？美观。所以，治疗龅牙是生活富足的结果。人们有钱了，自然会更关心美。专业的说法叫"颜值管理"，牙不齐只能去牙科正畸。

"铁齿钢牙"的传统矫正方法，要经历2年左右可能被别人嘲笑的尴尬期，无形中抬高了变美的门槛。但是如果牙套是隐形的，变美的门槛就降下来了。

以上是隐形牙套需求端的逻辑。

再看供应端。

正畸虽然有美容属性，但却属于医疗领域，需要由牙医执行。根据医疗专家介绍，从效果上看，使用传统钢丝牙套正畸效果更好，那牙医为什么还要选择隐形牙套？

牙医分为全科牙医和正畸牙医。全科牙医可以诊疗正畸以外的其他牙科病患，正畸牙医的工作类似美容，是为提高人们颜值服务的。正畸需要更长时间的专业训练，通常需要10年以上的训练才能获得行医资格，所以正畸牙医数量很少。

使用传统钢丝牙套正畸，完全依赖正畸牙医本人的手艺，钢丝牙套的定期调整也得正畸牙医亲力亲为，很难让助手操作。

正畸牙医少，正畸效果靠正畸牙医个人的技术，钢丝牙套的定期调整还需正畸牙医亲自上手，这三条结合起来就产生了两个问题：

第一，大部分全科牙医做不了正畸。但是正畸的价格弹性高，是个好生意。

第二，牙科诊所在传统正畸业务上挣不到钱。虽然正畸牙医的议价能力很强，正畸价格很贵，但是效率很难提升，牙科诊所的利润也难以提升。

隐形牙套由美国艾利科技公司（简称"艾利科技"，旗下产品叫隐适美）于20世纪末发明，经过数十年的发展，逐步被牙医认可。牙医认可该技术的核心驱动力有以下两个原因：

第一，隐形牙套让全科牙医也可以进入正畸业务。既然能多挣钱，全科牙医当然欢迎。

第二，有了隐形牙套，一个正畸牙医可以多带几个徒弟，效率大幅提高，因此正畸牙医也很欢迎。

此外，牙科诊所也同样欢迎隐形牙套，因为隐形牙套能为牙科机构贡献利润。

那么，实际的市场空间有多大？

我学习了海通国际证券集团有限公司（简称"海通国际"）的研究报告[1][2]。2020年，中国错颌畸形发病率高达74.00%，这意味着每4个中国人中就有3个人有龅牙，我就是其中之一。不过选择就诊的只有310万人，就诊率只有约0.30%，其中使用隐形牙套的只有11.00%。相比之下，美国的就诊率约1.76%，隐形牙套渗透率约32.00%。

参考美国的发展历程，随着人们生活水平的提高，错颌畸形就诊率和隐形牙套渗透率都会逐步提升。有了这些数据，券商分析师认为，未来中国隐形牙套正畸市场将呈现年均28.90%的增长。到2030年，中国的隐形牙套正畸案例将达到380.00万例，从31.00万例到380.00万例，将增长10倍多。

据此，券商分析师预测中国隐形牙套正畸市场会从2020年的15.00亿美元增长到2030年的119.00亿美元，年复合增长率约23.00%。

全球隐形牙套的龙头是艾利科技，经过多年的发展，2021年8月，艾利科技的市值达到了550.00亿美元，比2000年互联网泡沫破灭后每股最低不到2.00美元时，涨了200多倍。

2010年，艾利科技进入中国市场，目前占据了国内隐形牙套行业的龙头位置，占领

---

[1] 海通国际.时代天使Angelalign(6699 HK)首次覆盖:你笑起来真好看[P/OL].(2021-06-16)[2023-06-07].https://pdf.dfcfw.com/pdf/H3_AP202106171498408432_1.

[2] 海通国际.时代天使Angelalign(6699 HK)2022年中报点评:22H1业绩承压,积极布局海外业务（2022年8月28日）.

了高端市场。另外一家中国公司时代天使,市场份额略低于艾利科技,这两家公司占了中国隐形牙套市场80.00%以上的份额。市场占有率听着挺高,但实际上这两家龙头企业2020年的实际治疗案例都只有13万例出头,离行业天花板还很远。

2021年6月,时代天使在香港上市。

这个赛道听起来有点像医美,属于人们生活富裕后的消费升级。既然供应端和需求端都有强劲的驱动力,想必未来增长可期。

后来,我和朋友吃饭聊起时代天使,朋友同意我在上文所提到的供需逻辑,他点评道:"隐形牙套的顾客属于牙科的'爱美客'。"接着他问了个问题:"隐形牙套的市场空间是不错,供需逻辑也说得通。很多厂家也看明白了市场需求,纷纷加入竞争。券商分析师预测,未来国内隐形牙套的市场还是会保持双寡头格局。届时,时代天使靠什么保持竞争优势?"

我在阅读研究报告时留意到一些关键词,例如3D打印,指的是每个人佩戴的隐形牙套各不相同,只能通过3D打印制作。3D打印材料很有讲究,艾利科技当年就是在材料上进行创新,并申请了专利。我当时推测,时代天使的竞争优势大概也是材料研发或者材料专利壁垒,也可能是3D打印技术。

这一顿饭后过了两天,朋友给我打电话说,他研究了时代天使,认为时代天使的核心竞争力不是材料和3D打印。因为时代天使的材料是外购的(尽管时代天使也参与了合作研发),3D打印机更是租赁的,说明这些都不是关键。我好奇地问:"那关键是什么?"朋友说:"这是一家披着牙科外衣的大数据公司。"

我听后十分惊奇,这引起了我的兴趣。于是我又看了一遍时代天使的相关资料,我觉得朋友说得有道理。

隐形牙套的业务是这样开展的:患者到牙科诊所就诊,牙医使用数字扫描设备取得患者的口腔数据,将数据上传至方案商系统(例如隐适美和时代天使)并建模,在方案商的辅助下确定方案。通过展示可视图像和治疗方案,医生和患者达成共识,最终患者下单。方案商会按方案通过3D打印技术制作隐形牙套,患者使用并定期随访。在这个过程中,方案商实际隐藏在牙医背后,患者决策、下单只与医生和牙科诊所相关。

传统正畸医生全靠自己的技艺,方案在他的脑子里,他使用自己的双手进行操作。隐形牙套的矫治方案商实际上替代了传统正畸医生的技艺,为没有经验和操作能力的牙医提供了专业帮助。

简明财务分析：
数据背后的商业模式与投资价值

从上面的流程变化看，我们可以直击隐形牙套生意的本质——规模化。

传统正畸医生靠的是个人技艺。按照哲学家迈克尔·波兰尼的意会认知理论，技艺是不能通过规则文本传递的。举个例子，学习游泳时，即使老师能教会你很多游泳的规则、知识和技巧，但老师的游泳技艺没办法通过语言传递给你。你不可能在岸上学会游泳，必须下水实践才能学会。

从技艺的角度看，正畸是个人手艺，这一点对医生和患者来说都没有问题，唯一的问题是效率难以提高。医生的时间就这么多，在有限的时间里能亲手处理的案例有限。隐形牙套的生意本质就是将正畸医生的个人技艺变成一种可以规模化复制的标准工业品。

由于每个人的牙齿情况不同，统一的标准化产品不适用。但如果每个人都需要定制，就难以实现规模化。随着数字技术、3D打印技术和材料技术的发展，最终迎来了解决规模化问题的曙光。3D打印技术和材料技术解决了个性化产品批量制造的问题，但这只是基础，还需要一套数字系统替代传统正畸医生的个人技艺。这套数字系统的前端是数据采集，主要利用数字口腔扫描设备生成患者口腔的3D数据，根据这些数据再利用计算机软件分析建模，输出治疗方案和打印数据。

海通国际的分析师指出，数字化技术在牙科领域的进一步应用，改变了传统就医场景，口腔扫描技术逐渐取代硅藻泥取模的传统形式将成为趋势。牙科医生可以为患者进行口腔扫描，在较短时间内通过三维建模视图呈现患者当前的齿列图像，并同时呈现模拟的矫治后齿列情况，大幅提升医患沟通效率。

这样的前端数字化技术十分受医生欢迎。因为数字化能够帮助医生扩展业务，提高沟通效率。但这只是前端，关键还要看治疗效果，毕竟医生将方案设计的主导权交给了计算机系统，特别是非专业正畸医生，更加依赖隐形牙套矫治方案系统的有效性。

时代天使的首席执行官（Chief Executive Officer，CEO）接受采访时指出，计算机是智能医疗最大的实现载体。通过大数据积累、医学规则和人工智能（Artificial Intelligence，AI）的结合，时代天使为单个患者进行一个完整、复杂的正畸方案设计仅需半小时，这就是计算机根据大数据不断深度学习之后的结果，提高了人的效率。

这段话道出了隐形牙套矫治计算机系统的核心——数据量要足够。算法很重要，懂医学也很重要，但是这些还不足以生产出好模型。好模型需要不断训练数据，让数据不断进化。

有一次听行业专家介绍自动驾驶，专家展示了一张图，内容是自动驾驶厂商的实验里程，特斯拉的实验里程比其他竞争对手的高出好几个数量级。专家指出，自动驾驶需要给算法不断提供数据，这样机器学习才能不断优化算法模型，最终向真正的自动驾驶趋近。所以，不用看具体数据，只要看数量级，就可以知道谁更厉害。

在判断一个生意是否优质时有一个视角，就是看这个生意在规模越来越大时，其竞争力是变强了还是变弱了。如果有网络效应①，具有自我强化的特征，那就是好生意。

在隐形牙套矫治中，数据是核心，更多的数据就会产生更好的模型和治疗方案，客户对治疗方案满意后还会产生更多的数据，如此往复，循环向上。这个积累的过程漫长而艰难，类似指数增长的前半段，而艾利科技已经经历了几十年。

时代天使从2003年起步，几次差点"死"掉。创业十几年后，2015年还不得不将公司控制权卖给资本。与指数增长特征一样，前期的漫长与后期的腾飞是对应的。所以，我们现在就很好理解为什么艾利科技能成为隐形牙套行业的全球霸主，并在中国市场也牢牢掌握了高端市场。

与艾利科技相比，时代天使要小得多，但它深耕中国市场，声称拥有世界最大的300万例亚洲人种案例数据库。在十几年的实践中，时代天使至少经历了6次治疗循环②的数据积累，这才是它最宝贵的核心竞争力。一旦数据领先，每年的治疗案例又会优化数据模型，最终形成网络效应，在时代天使的规模变大时，竞争力自然就变强了。后来的竞争者似乎并没有数据积累的捷径，大家都要经历这个过程。

分析到这里，时代天使称得上是一家好公司，那它值不值得买入呢？朋友说："下不去手，因为太贵了！"时代天使当时（2021年6月18日当天）的市值是666.54亿港元。2020年净利润1.51亿元人民币，静态PE将近400倍。2021年上半年增长不错，半年产生0.96亿元人民币净利润，滚动市盈率也有将近300倍。下不去手啊！

◎时代天使的数字

2022年国庆假期，一个朋友问我："现在可以入手时代天使了吗？"他还记得2021年我讲过的这个故事。

之前我也在第一财经的《价值三人行》和梁宇峰博士做过一期有关时代天使的节目，我们的观点一致，都认为时代天使确实有一个好故事，未来增长空间大，能有10倍

---

① 网络效应是指产品价值随购买这种产品及其兼容产品的消费者的数量增加而增加。
② 隐形牙套治疗周期长达数年，产品资料迭代周期较长，因而需要较多的资料循环才能累计数据。

的发展空间。时代天使的竞争格局不错，在国内市场与艾利科技保持着双寡头格局，时代天使具有先发优势和不错的"护城河"，未来基本面看好。价值投资的逻辑就是，要么选择好公司，要么选择好价格。时代天使似乎是好公司，不过价格对投资者来说不太友好，属于典型的好公司、坏价格。

如图1-12所示，如果从基本面投资者的角度看，好公司、坏价格对应的策略应当是跟踪观察。经过对时代天使的观察，发现它是典型的需要继续跟踪的公司。

	好公司	其他公司	坏公司
好价格	投资机会！	跟踪观察？ 交易机会？	放弃？
坏价格	跟踪观察！	跟踪观察？	放弃！

图1-12 特定投资者视角、非持有状态的决策情境

2021年8月10日，时代天使收盘价为405.11港元/股（约合372.52元人民币/股），市值为691.84亿港元/股（约合636.18亿元人民币/股），滚动市盈率为386.41倍。

2022年10月7日，时代天使收盘价为78.33港元/股（约合64.39元人民币/股），市值为131.63亿港元/股（约合107亿元人民币/股），滚动市盈率为37.65倍。市值下跌82.95%，砍到脚面了。

意外吗？一点也不。

在企业的生命周期中，估值驱动力的重点不同。早期，主要由故事驱动，激动人心的未来才是关键。此时，实际业绩数字并不那么重要。随着企业的高速成长，故事驱动力逐步下降，投资者开始看重实际业绩的实现，也就是开始看数字。此时，往往会经历一个故事和数字切换的过程。最后到企业平稳发展阶段，该落地的故事已经落地，光晕散尽，真相显露。回到现实，踏踏实实增长、老老实实赚钱才是硬道理。

时代天使从2021年6月16日上市到2022年10月5日，完美演绎了故事与数字的切换。

实际上，以时代天使为案例就是想说明，即使是好公司，某些阶段的价格也会高得离谱，使得这些好公司在基本面投资者眼中失去投资价值。

当时，益研究的研究员综合券商分析师提供的资料给出了一个长期预测。基本假设是未来10年，时代天使还有10倍增长空间，服务案例从2020年的13.8万例增长到2030年的133万例。听起来激动人心，但看看数字就冷静了。如果实现10年10倍增长，时代天使2030年净利润要涨到13.5亿元人民币。即便用这个利润衡量，2021年8月10日，市值为691.84亿港元，折合636.18亿元人民币，市盈率仍然有47.12倍。而这10年的净利润复合增长率是24.89%。此时，PEG仍然有1.72，在2021年8月看牙科隐形正畸产业，未来波澜壮阔，发展了10年以后，是不是已经变成稳重的成熟行业？

2018—2024年时代天使财务业绩如表1-7所示。2021年，时代天使实际完成的净利润为2.86亿元人民币，超过市场预期。不过由于疫情反复，2022年上半年净利润仅完成0.74亿元人民币。券商分析师普遍下调了未来盈利预期，2022—2024年预测数据采用的是海通国际2022年8月28日的研究报告数据。

表1-7　2018—2024年时代天使财务业绩

类目	2018年	2019年	2020年	2021年	2022年	2023年	2024年
收入/亿元人民币	4.88	6.46	8.17	12.72	12.54	15.49	19.61
净利润/亿元人民币	0.60	0.69	1.51	2.86	2.07	2.60	3.35
净利润增长率/%		15.19	118.91	89.69	-27.58	25.60	28.85

2019—2021年，时代天使确实取得了高速增长，净利润复合增速达到68.49%，不过这是在基数比较小，具有先发优势的情况下取得的。受到疫情影响，以及后来者导致的竞争加剧，时代天使增速放缓，按照海通国际的研究报告，2022—2024年时代天使的净利润复合增速只有5.43%。

2022年10月7日，时代天使的市值为131.63亿港元，折合人民币107.00亿元人民币，按照2020年预计净利润为2.07亿元人民币计算，市盈率为52倍。

我该如何回答前面那位朋友的问题，现在可以入手时代天使了吗？

记得凯恩斯说过，当事实改变的时候，他也会随之改变想法。你又会怎样做呢？

简明财务分析：
数据背后的商业模式与投资价值

本章小结

* 持价值投资信念的投资者认为买股票就是买企业，企业具有内在价值，价值最终决定价格。企业内在价值由企业未来可以创造的现金流决定，企业价值由企业基本面决定。财务分析是基本面分析的重要组成部分。基本面很重要，但只是必要条件。

* 投资是面向未来的安排。投资的"三碗面"——基本面、心理面、市场面，互相影响，互为因果。投资的初始行动和最终结果都是在市场面完成的。投资可以定义为生活在基本面、决策在心理面、行动在市场面的活动。

* 估值=数字+故事。数字来源于历史，财务数据是结果。故事是对数字背后商业活动的解读，对历史数据形成的因果关系的理解，以及对企业未来发展的期望。数字往往代表着理性和务实，而故事往往饱含冲动和希望。故事与数字的二元框架是我们理解投资的"三碗面"的有力工具。没有故事的数字没有灵魂，没有数字的故事如断线的风筝。

第二章　财务分析的尽头是估值

本章导读

不忘初心，方得始终。价值投资者的基本信念是，买股票就是买企业，企业具有内在价值，企业未来能产生的现金流决定企业的内在价值，内在价值最终决定价格。因而，估算企业的内在价值，是价值投资决策的核心。财务分析通过理解企业的商业模式、行业空间、竞争格局、"护城河"，从而展望企业未来，估计企业的未来现金流，最终目的是估算企业的内在价值，为投资决策服务。对于价值投资者而言，财务分析的尽头是估值。本书的核心是通过财务分析，理解企业的商业驱动力和企业的商业模型，估值方法并不是我们的重点。但是估值是财务分析的终极目标，因为价值投资的基本逻辑就是企业的内在价值最终决定价格。本着以终为始的方法论，我们来聊聊估值方法，同时提供一种简便实用的估值手段——动态估值。

最方便与最正确的估值方法

想要了解估值理论，我会推荐两本书。一本是佩因曼的《财务报表分析与证券估值：原书第5版》，这本书不但讲述了估值理论，还讲解了高阶财务报表分析的方法。专业人士对这本书的评价很好，不过这本书很厚，读起来难度不小。第二本是斯蒂芬·A.罗斯等著的《公司理财：原书第13版》。要理解时间价值、折现率、投资组合理论、资本资产定价模型等知识，这本书是非常好的入门读物。关于估值理论，我已经把坑挖好，你们可以自行填坑，接下来只说实用知识。

估值，指估计价值或者计算价值。

简明财务分析：
数据背后的商业模式与投资价值

价值是什么？小密尔说得好，价值是人们对于重要性的感受，是人们在看待事物的时候，认为这些事物对于自己的重要性排序。价值是内在的，看不见，摸不着，非常主观。每个人在面对相同的标的物时，重要性感受和价值感都会不一样。价值不是外显的，需要我们去估计、计量，这就是估值。

我们在这里谈论的价值是狭义的价值，是在投资场景下的资本价值，计量该价值的本质就是对未来的现金流进行折现。

在投资场景中，价值仅仅代表资本的增值，资本增值最核心的指标只有一个——资本增长率，因而所有价值投资或者投资价值最终的关键绩效指标（Key Performance Indicator，KPI）只有一个——资本增长率，其他一切都服务于它。为了达成或者预测能否达成资本增长率，最终所有基本面分析都指向了一个指标——盈利或者现金流的增长率，最终得出资本增长率。

在进行估值时，人的直觉往往起决定作用。学者巴尔·罗森伯格指出，股票折现股利现金流的时间周期是如此之长，以至于直觉在估价时起到主要作用。人的一个重要特点是凭借直觉行事，即不以理性计算为依据，而是以某一个时点碰巧观察到的结果为依据[①]。

为了校正直觉，理性估值的方法不可或缺。在投资场景下，估值有两种方法：一种是从交易入手的相对估值法，另一种是从价值本质入手的绝对估值法。

先看相对估值法。

我们从伊曼纽尔·德曼在《失灵：为什么看来可靠的模型最终都会失效》一书中提到的一价定律[②]说起。德曼毕业于哥伦比亚大学，获理论物理学博士学位。他在结束贝尔实验室的任职后，1985年起先后加入著名的投资银行高盛集团和所罗门兄弟公司。德曼在金融产品创新领域颇有建树，是高盛数量金融业务创始人，参与创作了业界广泛采用的布莱克–德曼–托伊利率模型和德曼–卡尼局部波动率模型。

德曼的著作很多已经被翻译成中文，其中，《宽客人生：从物理学家到数量金融大师的传奇》是他的自传。在他的另一本重要著作《失灵：为什么看起来可靠的模型最终

---

① 伯恩斯坦.投资新革命[M].高小红,迟云,钟雄鹰,译.珍藏版.北京:机械工业出版社,2010.

② 一价定律认为在资本市场中,相同的证券(也就是具有完全相同的支付结构的证券)必须具有相同的价格,否则聪明的投资者将通过低价买入高价卖出获取丰厚的利润。

都会失效》中，德曼认为所有的模型都会失效。如果是别人说模型会失效，我们可能还会有所怀疑，但是德曼是量化金融的祖师爷，就是做模型出身的，他说模型最终都会失效，恐怕有些道理。德曼在书中指出，人类认识世界有三种范式：理论、模型和直觉。理论描绘"是什么"，即内外世界的统一和本质。模型描绘"像什么"，是一种类比、隐喻和交流方式，不是真实物体本身，因而很容易失效。直觉最高级，但是获得直觉并不容易。德曼认为认识世界的最高境界是直觉，不过直觉不容易获得。相较于直觉，理论是对事物的本质性描述，理论的形态是定理。例如，物理定理只要在适用范围内都是有效的。最常用但经常不靠谱的是模型，因此我们使用的时候需要特别警惕。

因过度信任模型而失败的例子，最典型的是20世纪90年代的美国长期资本管理公司的案例。成立于1994年的美国长期资本管理公司由华尔街最会赚钱的明星债券交易员和最优秀的金融学家组成，号称每平方英寸智商密度高于地球上任何其他地方。美国长期资本管理公司研究团队由两位诺贝尔经济学奖得主——布莱克—斯科尔斯期权定价模型的发明者罗伯特·C.默顿和迈伦·斯科尔斯领衔，他们通过建立复杂的数学模型进行收敛交易，在头几年大获全胜。仅用3年时间，该公司资产净值增长数倍。不过好景不长，1998年俄罗斯债券违约，超出了他们模型风险管理的范围，造成巨额亏损，不得不由美联储出面组织安排，将其接管，合伙人净身出户。当然，美国长期资本管理公司失败的原因很复杂，模型失效只是其中之一。

理解了模型的局限性，我们再回过头来看，金融领域都有哪些理论？

德曼说，金融领域的定律只有一个——一价定律。原因很简单，一样的东西应该有一样的价格。用金融语言说就是，具有相同风险和收益特征的金融资产应该有一样的价格。

例如，在美国市场有一种现象，新发行的国库券比老国库券价格高。新发行的10年期国库券与已经发行并存续了10年的20年期国库券在风险收益特征上是一致的，但是不知为什么市场更喜欢新国库券。新国库券的买家多，流动性好，价格也高，价格高投资收益就低。老国库券无人问津，流动性差，价格低，反而收益高。此时，如果有人可以买入老国库券，同时做空新国库券，在到期日两者价格必然收敛，投资者就可以从中做无风险套利。美国长期资本管理公司的业务模式就是利用一价定律的收敛交易，在市场上寻找类似产品，做多低估的，同时做空高估的，赌的是这些类似资产最终按照一价定律价格趋同。

理解了一价定律再来理解相对估值法就简单了。例如，我们常用的相对估值指标市

简明财务分析:
数据背后的商业模式与投资价值

盈率,市盈率等于每股市价除以每股盈利,还等于总市值除以净利润。如果市场上有一家A公司的股票在交易,其股票价格和财务指标利润都可以观察到,同时市场上还有另外一家与A公司类似的B公司,只要我们知道了它的利润,就可以用A公司的市盈率指标来估计它的股票价格。股票权益资产背后是公司,公司之间不完全一样,需要进行特征调整,不过底层逻辑相同:一样的东西应该有一样的价格。

相对估值法估计的是价格,并不是价值,只不过我们在进行估值时会认为价格和价值是一致的。因此,对于无法观察价值的金融资产,我们可以寻找类似特征的金融资产的价格作为价值的替代品。

相对估值法有各种指标,除了市盈率还有市销率、市净率、市现率等。这些公式的分子都是可比参照物的市场价格,分母都是可比参照物的某一个基本面特征,如净利润、收入、净资产、自由现金流等。然后我们再去观察要估值标的对应的基本面特征,就可以进行相对估值了。具体的操作方法有很多,可以使用历史财务数据或预期财务数据,不同类型的商业模式公司可以选用不同的指标。其中,市盈率用得最多,而金融企业一般用市净率,没利润的行业则用市销率,折旧影响大的行业一般用市现率,对比指标的时候,也经常与该公司自己的历史指标对比。最后还要提醒自己,相对估值法估计的是价格,我们假设价格与价值一致。

相对估值法是最方便的估值方法。

再看绝对估值法。

1993年,巴菲特在致股东信中指出,约翰·伯尔·威廉姆斯在20世纪40年代提出的投资价值理论已包含计算价值的公式,任何股票、债券或企业的价值都将取决于其未来年度剩余年限的现金流入与流出,以一个适当的利率加以折现后所得的期望值。

价值的本质是标的资产未来净现金流的期望PV。投资的本质是希望今天投入的资产未来能收回更多。这里有两个要点:一是未来净现金流是投资回收,投入是现金流出,回收是现金流入。二是时间价值,未来的钱与现在的钱不一样(资本具有增值属性,资本有利息,随时间增值;现在的钱是确定的,而未来期望回收的钱具有不确定性)。用折现率来衡量时间价值,简单来讲就是未来的钱要打个折才能与现在的钱比较。折现率可以用利率来理解,也可以用期望报酬率来理解。

绝对估值法就是将未来回收的钱以一定的折现率折为PV。计算公式如下:

如果只有一个期间:$PV=C_1/(1+r)$;

如果有多个期间：$PV=C_1/(1+r)+C_2/(1+r)^2+C_3/(1+r)^3\cdots$

举个例子，我打算出售1套房子，有2个买家报价，第1个买家出200.00万元人民币，现在付钱。第2个买家出220.00万元人民币，1年后付钱。我应该怎样选择？

假定我进行投资的期望收益率为15.00%，那么未来付钱的PV等于未来1年我收到的现金除以1，加我的期望投资回报率。PV=220.00/（1+15.00%）=191.30（万元人民币）。显然，我应该选择第1个买家，现在就拿到200.00万元人民币，然后去投资，按照我的期望回报率，到1年以后，现金应该这样计算：200.00×（1+15.00%）=230.00（万元人民币）。

还是这套房子，如果有第3个客户报价，他希望分3年付款，每年付80.00万元人民币，3年付款240.00万元人民币。

PV=80.00/（1.00+15.00%）+80.00/（1.00+15.00%）²+80.00/（1.00+15.00%）³=182.66（万元人民币）

我们经常还用一个概念叫净现值（Net Present Value，NPV），NPV就是未来回收现金的PV与我投入的现金的差额，代表用PV衡量的投资利润。NPV等于0时的折现率就是投资的内部报酬率（Internal Rate of Return，IRR）。

$$NPV=\sum_{t=1}^{n}\frac{NCF_t}{(1+k)^t}-C_o$$

其中，NCF_t为第t年的净现金流量；n为固定资产使用年限；k为折现率；C_o为一次性初始投资额。

所有现金流折现的底层逻辑都是一样的，万变不离其宗。

听起来挺简单，但是往往理论中最简单的东西在现实中会变成最复杂的，现金流折现也是如此，这种复杂表现在以下几个方面：

第一，权益资产的未来现金流预测复杂。债券现金流由债券条款规定，除了发生违约，其余情况下未来现金流是确定的，比较容易计算。相比之下，权益资产，例如股票，企业的股权和未来现金流都取决于企业经营，存在巨大的不确定性。怎样预测未来现金流就成了难题，特别是现金流折现往往要求10年左右的现金流预测，这给进行长期预测增加了难度。

第二，折现率取值看似简单实则复杂。我们常用资本资产定价模型来计算折现率，

简明财务分析：
数据背后的商业模式与投资价值

CPAM只有3个参数：无风险利率、市场回报率、上市公司的贝塔值。无风险利率一般取长期国债利率，市场回报率一般可以取市场指数回报率，上市公司的贝塔值可以从许多金融软件中获取。套用公式计算，即可得出折现率，这似乎很容易。但是，折现率的内涵十分复杂，其本质是期望报酬率，类似价值，它也无法直接观察到。折现率轻微变动会给未来较远期间的PV带来重大影响。

第三，永续值难以确定却影响大。如果持企业永续经营的假设，企业没有终止日，未来远期的现金流就成了影响PV的关键因素，而我们都知道远期的预测更加不靠谱。传统方法需要预测10年左右的现金流，此外，还须计算永续价值。永续价值一般用戈登增长模型，计算公式为：永续值=下一期净现金流/（折现率–永续增长率），再用永续值除以 $(1+r)^n$，折为PV。看起来很简单，但是每一个数字都很难确定，且微小的调整就会产生重大影响。而在现实中，对于这种级别的微小调整，估值者往往凭直觉做出判断。

综上，对于权益资产估值，我们有更简单的相对估值法，也有更精确的DCF。不过，两种方法的缺陷也是一目了然。相对估值法更简单、更方便，但也相对不精准，想进一步精确，就需要有大师般的洞察力。现金流折现更精准，但也更复杂，一来需要企业长期预测，二来需要会计功底。

说说我的经验与体会。1989年，我大学毕业后被分配到原机械工业部第四设计研究院技术经济研究所，主要做项目经济评价工作，采用的规范是《建设项目经济评价方法与参数》，基本方法是自由现金流折现。从那时开始，我就用现金流折现方法计算企业估值。10年间，我做了上百个现金流折现项目，甚至还开发过经济评价软件，使用的核心模型就是自由现金流折现。我于1997年通过考试成为注册资产评估师。在资产评估中，现金流折现是评估规则规定的三种基本方法之一，其他两种是市场法，也就是相对估值法及重置成本法。评估规则要求评估报告需要同时采用两种方法估值，并进行比较，现金流折现模型是我常用的方法之一。后来我到风险投资机构做投资经理，也需要用现金流折现模型做预测和估值。再后来我到企业管财务和投资，也经常把现金流折现模型拿出来练手。可以说，我是现金流折现方法的"老法师"。不过，我以前做现金流折现，往往是出于工作需要，作为投资经理或者咨询顾问写报告时使用。尽管我一直说，现金流折现是最正确的估值方法，但是在进行个人投资时，无论是一级市场投资，还是二级市场股票分析，我从来没有用过现金流折现方法，这看上去是典型的知行不一致。那么，我为什么用，又为什么不用？

为什么用。主要是机构运作的要求，无论是咨询机构还是投资机构，机构决策程序决定了需要可以用于沟通的估值方法，而现金流折现是财务预测模型，财务预测模型往往是机构决策中用于沟通的关键载体。因而，在机构决策场景下，经常使用现金流折现法。

为什么不用。做过财务预测模型和现金流折现的朋友都会有这样的体会，假设因素非常多，多到可以不断调整各种假设，例如未来的销售数量、价格、成本、折现率等，最终会向一个大家直觉中想要的估值靠拢，这也是我在设计院做估值时的操作——不断调整直到得出一个大家都满意的结果。从这个角度讲，如果说会计是艺术，那么只能说资产评估是魔法。经常有朋友问我，我这家公司值多少钱，是不是要找一个资产评估公司来评估一下？我笑道，我做评估师那会，接了项目，第一件事就是搞清楚客户想要评多少。当然评估师也有职业操守、职业准则，估值通常在一个经专业判断的合理范围内。由于现金流折现的这些特点，我真的在做一个投资决策，特别是不需要同其他人商量的二级市场的个人投资时，我从来也没用过现金流折现方法，因为效率不高。

估值大师达摩达兰是现金流折现方法的忠实拥护者。我们用他在《故事与估值》一书中的一个估值案例来进一步解释我为什么不用。

表2-1和表2-2是2014年6月达摩达兰做的优步现金流预测和优步DCF估值。

表2-1 优步现金流预测

年份	总体市场/百万美元	市场份额占比/%	收入/百万美元	息税前利润(1-t)/百万美元	再投资/百万美元	公司自由现金流/百万美元
1	106000	3.63	796	37	94	(57)
2	112360	5.22	1173	85	81	4
3	119102	6.41	1528	147	71	76
4	126248	7.31	1846	219	64	156
5	133823	7.98	2137	301	58	243
6	141852	8.49	2408	390	54	336
7	150363	8.87	2666	487	52	435
8	159385	9.15	2916	591	50	541
9	168948	9.36	3163	701	49	652
10	179085	10.00	3582	860	84	776
终止年	183562	10.00	3671	881	88	793

注：息税前利润（1-t）=（收入×营业利润率）×（1-税率）。

简明财务分析：
数据背后的商业模式与投资价值

表2-2 优步DCF估值表

类目	估值
终值/百万美元	14418
PV(最终价值)/百万美元	5175
PV(未来10年的现金流)/百万美元	1375
营业资产价值/百万美元	6550
失败概率/%	10
失败后的公司价值/百万美元	
营业资产价值的校正值/百万美元	5895(估值时风险投资者将优步的价值定为170亿美元)

达摩达兰的估值方法是现金流折现中的自由DCF，基本步骤有以下几个：

（1）预测未来息税前利润；

（2）预测维持未来现金流的再投资数额（达摩达兰再投资公式：最终再投资率=稳定增长率/投资资本回报率）；

（3）计算自由现金流（自由现金流=未来息税前利润−再投资）；

（4）将未来数年（达摩达兰取10年）的每年自由现金流折现，折现率取资本成本；

（5）计算永续价值［持续经营公司的最终价值$_n$=预期现金流$_{n+1}$/（稳定增长所需的资本成本−增长率）］；

（6）考虑公司失败概率对PV再打一个折。

在做具体计算之前，达摩达兰先分析了行业和公司，并做出了一系列假设（如表2-3所示）。

表2-3 优步现金流预测假设

类目	基准年	1—5年	6—10年	10年后	关联的故事情节
总体市场	1000亿美元	年复合增长率为6.00%		增长率为2.50%	城市专车服务+新用户
市场份额	1.50%	1.50%→10.00%		10.00%	本地网络优势
收益分成	20.00%	保持在20.00%		20.00%	保持原有的收益分成
营业利润率	3.33%	3.33%→40.00%		40.00%	强有力的竞争地位
再投资		营收资本比为5.00%		再投资率=10%	低资本密集度模式
资本成本率		12.00%→8.00%		8.00%	超过了90%的美国公司
失败概率		失败概率为10%(失败指股权价值跌至0下)			新兴公司

有了步骤和假设，计算很简单。例如，计算息税前利润，首先看市场有多大，预测优步能占多少份额，两者结合是预测收入。按照优步的商业模式，公司与司机分成，公司拿20.00%，得出收入，估计营业利润率，根据所得税率倒推息税前利润，再根据再投资与营业收入的关系计算再投资数，息税前利润减再投资等于自由现金流。永续价值根据公式计算，达摩达兰假设稳定增长期资本成本和增长率分别为8.00%和2.50%。

观察估值表，10年自由现金流PV为1375百万美元，而永续值（终值）为5175百万美元，永续值占大头，而我们心里很清楚，对于优步这样的新兴产业，10年后假设永续增长2.50%和资本成本8.00%，本身就是预估，而这个预估又占了估值数字的大头（78.95%）。

再看每年的自由现金流估计，达摩达兰需要预估一系列数据，市场空间有多大、优步能占的份额、优步公司与司机分成比例、营业利润率、所得税率、维持利润的再投资额等，这些数据的预估实际上非常困难。如果是一家运行稳定的企业，我们可以从历史数据中找到上述数据的历史值作为基准，再思考调整，这也是惯常思路。两三年内的预估还有一定的准确性，因为任何行业企业发展都有惯性，突发巨变的可能性较小。但是，3年以后的数据呢？还能这样推测吗？你又能信任这样的推测吗？

当然，达摩达兰这样做有他的道理，因为企业发展的故事总在天上飘，把故事中的假设落实成具体的数字有助于回头思考企业故事的合理性，从这个角度也说明现金流折现的过程很重要，特别是那些假设的数字很重要，但是结果就不要太在意了。

此外，我在个人二级市场投资中不用现金流折现的另一个原因是，信息不足。首先，产品结构不同，成本结构和利润会发生很大的变化。其次，产品量价信息非常关键，以制造企业为例，数量往往与供应能力和产能相关，而产品价格则与需求和市场竞争格局相关，驱动因素是不一样的；又比如成本结构，材料成本与消耗数量和价格两个因素相关，驱动因素也不同。最后，企业内部对于未来3年左右都有规划可以依据，相比之下，二级市场的信息披露并不充分。例如，产品分类和量价信息大部分没有，产品结构分类往往达不到分析要求，产品收入和成本量价信息无法拆分。这导致我们在上市公司财务分析中，往往只能获得整体收入、毛利率和净利润这些信息。利用这些信息做长期预测，基本就和达摩达兰预测优步类似。你说是预测也好，你说是瞎猜也没错。

所以，现金流折现的这种方法的意义往往在于观察和考验财务预测模型的各种假设，特别是可以观察各种假设组合之下的场景。如果数据足够完整，这种方法对于理解和判断企业的未来很有帮助，这也是在机构投资中财务模型用得比较多的原因。

对信息不完整的二级市场进行财务分析，使用基于10年左右长期预测和未来稳定永续增长模型计算终值的现金流折现方法，得到的估值结果往往意义不大，这是我在二级市场投资中不用现金流折现方法的原因。

最好用的动态估值法

在我看来，最方便的估值方法是相对估值法，最正确的估值方法是DCF，这两者的缺点也十分明显。前者过于简单，得出的结果可能宽泛随意，没有锚，飘忽不定。后者过于复杂，需投入的时间和精力多，使用的预测过多，而且这些预测还取决于信心，导致其结果与投入精力不匹配。

我们如果把相对估值法与DCF看作一个估值方法连续体的两端，最佳方法便是在中间找一点，既要简单方便，又要合理精确，还要理论正确。你可能会说哪有这样的好事？但它是存在的，就是梁宇峰博士的动态估值法。

基于价值投资理念，投资决策的前提条件是对上市公司进行估值，一般采用两种方法：相对估值法和DCF。不过切记此时估算的其实是价格，对于价值投资者而言，价格和价值之间有差距才有投资机会。

DCF的基础是盈余预测。普通投资者做盈余预测是困难的，我在前文已解释过具体原因。

2022年，梁宇峰博士为解决这些问题，提出面向普通投资者的"四维评级"和动态估值法。四维评级是通过对成长空间、竞争格局、护城河和经营绩效四个维度进行评价，聚焦于收益增长和实现收益增长的可能性。动态估值法是DCF的一种变形，核心是预测目标公司未来3年的净利润（FY1—FY3），先根据四维评级结论评估目标增长率与护城河得出主观PE（经验法），然后以该PE与FY3（或者FY1—FY3加权）相乘得出永续价值，再将3年盈利与永续价值折现，折现率采用经验系数法。

动态估值法与DCF的区别在于永续价值采用卖出假设，采用3年预期盈利和市盈率估计，优点是较短期的盈余预测较其他永续价值估值方法假设较弱，3年盈余预测的可靠性较10年左右长期预测可靠性更高。

梁宇峰博士的动态估值法是普通投资者进行估值时可采用的有效方法。相较于用上一年度实际盈余进行估值而失于粗糙的相对估值法，和因在信息基础上存在缺陷而难以实施的DCF，动态估值法是一种可行实用的、折中的估值法。

在操作中，动态估值法需要输入上市公司未来3年的盈余预测数据。作为普通投资者，有3种方法取得盈余预测数据：主观估计、趋势外推和证券分析师预测。主观估计有技能和信息要求，趋势外推可能仅适用于部分稳定增长型公司。证券分析师预测是可以直接获得的单一数据，主流金融数据供应商都有提供，可以即取即用，普通投资者就可以按照动态估值框架得出一个估值标杆。这是我目前了解到的，唯一能让普通投资者也能实现有一定精度估值的实用方法。

下面教大家如何使用动态估值法。

首先，了解动态估值法的公式和基本参数。

估值＝未来第3年的有效盈利预测×估值倍数/（1.00+贴现率）^{3}+未来3年的利润之和×30.00%。

估值由两部分组成：第一部分是出售价值折现，由3个参数组成：未来第3年的有效盈利预测、估值倍数和贴现率，在公式中表现为未来第3年的有效盈利预测×估值倍数/（1.00+贴现率）^{3}。第二部分是预计股利分红现金流入，在公式中表现为未来3年的利润之和×30.00%，这部分数额占比小，因此简约计算不再折现。

第一部分出售价值的PV所涉及的3个参数计算方式如下。

（1）未来第3年的预测净利润。

未来第3年的有效盈利预测是指未来第3年的预测归母净利润，可以自己估算，也可以按照历史数据跑一个时间序列模型，还可以采用证券分析师的预测数据。此时，有两种特殊情况需要注意：第一，具有周期特点的公司需要对第3年预测数据做平滑处理，简化可采用3年平均数。第二，具有CAPEX和WC高投入特点的公司往往需要股权融资，稀释股本会造成估值下降，需要考虑给予一定折扣。由于只考虑3年，除非明确有重大资本支出，这个因素可以简化考虑。

（2）估值倍数。

估值倍数就是PE，由梁宇峰博士的动态估值PE参数（如表2-4所示）得出，经验参数表包括两个维度：第一个是站在第3年这个时间点上，望向未来4—10年的利润增长率和增长空间；第二个维度是护城河，指实现第一维度增长率的可能性。

表2-4 梁宇峰博士的动态估值PE参数

第4—10年	极深护城河1	较深护城河0.8	一定护城河0.65	没有护城河0.5
超高增长潜力	50.00	40.00	32.50	25.00
高增长潜力	40.00	32.00	26.00	20.00
中高增长潜力	30.00	24.00	19.50	15.00
中等增长潜力	25.00	20.00	16.25	12.50
中低增长潜力	20.00	16.00	13.00	10.00
低增长潜力	15.00	12.00	9.75	7.50
零增长增长潜力	12.00	9.60	7.80	6.00
小幅负增长增长潜力	10.00	8.00	6.50	5.00

判断增长潜力的方法如下：

①公司或业务单元（BU）的利润口径；②基于预测期的基数（4年后的盈利预测），未来6年呈现以下情况。

a.超高增长潜力：25.00%以上复合增长，4倍以上空间；

b.高增长潜力：20.00%—25.00%以上复合增长，3—4倍空间；

c.中高增长潜力：15.00%—20.00%复合增长，2.5—3倍空间；

d.中等增长潜力：10.00%—15.00%复合增长，2—2.5倍空间；

e.中低增长潜力：5.00%—10.00%复合增长，1.5—2倍空间；

f.低增长潜力：5.00%以下复合增长，1.5倍以下空间；

g.零增长：没有增长；

h.负增长：-5.00%左右的复合增长，30.00%左右的负增长空间。

（3）贴现率。

贴现率=国债收益率（2022年12月末，10年期国债收益率为2.84%，可按3.00%进行计算）+（6.00-得分）×4.00%。

得分为以下4项相加：

①技术或商业模式变革或颠覆的可能性（可能性几乎不存在——1.00分，有一定可能性——0.50分，有很大可能性——0分）。

②行业新进入威胁、行业供求关系（出现新进入者和产能扩张的可能性小——1.00

分，出现新进入者和产能扩张的可能性较大——0.50分，行业已经出现强势新进入者或明显的产能扩张——0分）。

③行业周期波动、可预测性（波动很小、可预测性强——1.00分，较大波动、可预测性中等——0.50分，波动很大、可预测性差——0分）。

④政策抑制的可能性（可能性极小或影响很小——2.00分；有一定可能性且影响较大——1.00分；可能性较大且影响很大——0分）。

其次，如何进行运态估值的核心假设。

（1）股利折现模型。

如果熟悉现金流折现的金融理论，你马上就会发现，动态估值法的基础是股利折现模型。动态估值是以投资者视角观察，买入股票后，未来期望现金回收的PV包括持有期间的股息和持有结束出售股票的现金价值，这两部分在进行动态估值时，持有期间设定为3年，持有期股息按照预期净利润的30.00%进行估计。由于数额影响不大，这部分股息就不再折现。持有期3年结束后，在市场出售回收现金，出售值由第3年的预测（归母）净利润和估值倍数确定，估值倍数由2个基本参数增长空间和护城河以经验值确定，出售值用贴现率折合为PV。贴现率采用经验公式。

（2）经验法则。

简而言之，动态估值是基于股利折现模型的经验法。其中的经验包括两部分：一是在3年之上，再望向未来4—10年，预测企业增长率和护城河，在既定增长率和护城河情境下估值倍数；二是预测不确定性情景下的预期回报率作为折现率。

我们要清楚经验法则是个人在特定情境下，对于回报和风险偏好的理性选择。动态估值的经验参数是梁宇峰博士的风险偏好，而不是你自己的风险偏好，你的风险偏好可能与梁宇峰博士的不同。但是，可以将其作为参照点，在评估差异之后再进行调整或者直接使用。

我们通过对梁宇峰博士的简单描述获得梁宇峰博士风险偏好画像。梁宇峰博士是复旦大学金融学博士，曾经长期担任东方证券研究所所长，是一位长期坚持价值投资理念的证券专家，将自己二十多年的价值投资经验总结成动态估值方法和经验参数。他的著作有《长期的力量：如何构建可持续的价值投资盈利体系》等，并长期担任第一财经《价值投资》节目主持人。

(3) 3年预测期。

在动态估值法中除了梁宇峰博士的经验值,还有很多点可以思考,例如为何是3年,不是1年,不是5年?首先1年就是PE估值法,为何3年?我的理解如下。

第一,3年预测是基于现实的选择。

根据我在企业工作的经验,3年计划还比较靠谱,5年以上的规划可信度大为降低,因为远期谁也说不准。

举个例子,布鲁斯·格林沃尔德被誉为格雷厄姆的传人,是价值投资学术和实践领域的权威,他提出的竞争优势理论发展了迈克尔·波特的五力模型。我之前看了格林沃尔德的《竞争优势:透视企业护城河》一书,这本书也是价值投资者分析护城河的必读书籍之一。书中以苹果公司为例进行了竞争优势分析,分析了2003年以前苹果公司的竞争格局。格林沃尔德认为,在苹果公司涉足的几个个人计算机领域的细分市场中,CPU不如英特尔,软件不如微软,个人计算机整机运营效率远低于戴尔。虽然苹果公司在iPod的业务领域不错,但是竞争优势也不明显。格林沃尔德指出,苹果公司无法在任何一个个人计算机行业细分市场中处于领先地位,没有竞争优势的细分行业的协同效应也是令人怀疑的。格林沃尔德说:"无论史蒂夫·乔布斯在苹果公司的运营上多么有头脑,这场竞赛的结局是不可避免的:苹果公司不太可能成为赢家。"[1]最后,关于苹果公司竞争优势分析的结论是,苹果公司四处出击却一无所获。在截至2003年9月的财年里,苹果公司的销售额比1995年下跌超过40%,而且营业利润近乎为零。尽管苹果公司有史蒂夫·乔布斯的绝世才华与设计精美的产品,但在面对微软与英特尔的优势时还是显得力不从心。在个人计算机行业中,苹果公司看似无路可走。

苹果公司之后的辉煌我们都很清楚。在2003年之后,苹果公司很快走出了低谷,凭借不被看好的iPod业务,业绩高速成长,在2007年推出了iPhone之后,一骑绝尘,成为这个时代最伟大的公司之一。

从2000年到2011年,苹果公司的收入和净利润分别增长了12.6倍和31.4倍,年复合增长率分别是27%和37%。

震惊之余,我去看了《竞争优势:透视护城河》中文版的出版日期,是2021年,而英文版出版于2005年。格林沃尔德统计的数据只到2003年财年,这也是苹果公司20年来最

---

[1] 格林沃尔德,卡恩.竞争优势:透视企业护城河[M].林安霁,樊帅,译.北京:机械工业出版社,2021.

差的时候。让我很惊讶的是，此书出版之后的十余年间格林沃尔德没有对其做过大规模的修订。在我看来，这是因为他认为当时的分析并没有什么错误。在当时的情景之下，应用细分市场竞争优势分析框架，得出苹果公司在个人计算机领域没有前途是合理的。此外，我们也能看到，即使像格林沃尔德这样的大师，在处理历史信息展望未来的时候，也不可能预测创新。因为创新，例如iPhone，只有被创造出来以后才能为大家所认识。从这一点上讲，我们对于企业的有效预测不能太长，因为最终影响兴衰的关键要素是企业创新，可能是目标公司的创新，也可能是其他企业的创新。

外部人士难以从历史资料里找到未来创新的线索，那么内部人员呢，一样的。苹果公司崛起主要以iPhone开启了智能手机时代为标志，这是乔布斯深谋远虑的结果吗？实际上，他曾经竭力反对苹果公司进入移动电话领域。2004年，苹果公司的研究人员就想出了iPhone的主意。当他们向乔布斯推销新想法将热门产品iPod装进手机时，乔布斯的反应是："我们为什么要这么做？这是我听到的最愚蠢的想法。"一方面，乔布斯担心这种新产品会导致左右互搏，蚕食苹果公司蓬勃发展的iPod业务。另一方面，他本人很不喜欢移动电话，特别是当时移动电话的话语权掌握在强势运营商手里。资料显示，无论在人前人后，乔布斯都多次声称苹果公司不会开展手机业务。据说后来是手机团队向乔布斯保证，不会将苹果公司变成一家手机公司，苹果公司仍然是一家计算机公司，只不过在现有产品列表上加上手机。经过6个月的讨论，乔布斯才勉强同意展开尝试，让两个不同的团队进行同一项试验，以测试他们是否应该为iPod增加电话功能，或者将苹果计算机变成一个两倍于手机大小的微型平板。①后来的结果我们都知道，几乎每个人都离不开智能手机。所以，影响企业命运的创新，企业内部人员也预测不了。

因此，动态估值的3年预测期刚刚好，在延续历史的假设之下，3年具有显著的惯性特点，不远的未来与过去总是有很多地方相似。再远，创新可能就要起关键作用了，而创新是财务分析这种历史资料研究无法展望的。

马克思认为，人们自己创造自己的历史，但是他们并不是随心所欲地创造，并不是在他们自己选定的条件下创造，而是在直接碰到的、既定的、从过去承继下来的条件下创造。

第二，3年预测是技术选择。

只要做现金流折现估值，都需对企业的未来进行预测，长期预测需要投资者自己来

---

① 格兰特.重新思考[M].张晓萌,曹理达,付静仪,译.北京:中信出版社,2022.

估计,在信息不完整、颗粒度不够的情境中,这种预测是困难的。如果是短期预测,企业的业务具有惯性,趋势外推的时间序列模型往往在经营稳定的企业预测中有效。

另外还有一种方法是使用证券分析师的预测数据。目前在A股市场,一半的上市公司都有证券分析师覆盖。3年期的盈利预测可以方便取得,金融服务软件中都会将证券分析师的预测汇总,如果有多个证券分析师对同一家公司做出预测,金融服务商还会对多个预测进行加权平均处理,这个数据成为一致预期。所以,你只要打开金融服务软件,几秒钟就可以获得证券分析师提供的3年盈利预测数据。如果你无法判断自己的预测与证券分析师的预测之间的优劣,或者对自己的预测没有足够的信心,我的建议是使用证券分析师的预测。

(4)适用类型和提醒。

动态估值法聚焦于增长和增长可能性,因而有明确的适用范围。公司类型按彼得·林奇的六大股票分类,分别为缓慢增长型、稳定增长型、快速增长型、周期型、困境反转型、隐蔽资产型;按增长情况可以分为两大类:增长型和非增长型。动态估值法适用于增长型,不适用于非增长型的周期型、困境反转型、隐蔽资产型3种类型公司。如果一定要用,周期型公司需要将第3年利润替换为整个周期的平均利润,而困境反转型公司和隐蔽资产型公司不适用动态估值。

需要读者留意的是,估值是相当主观的活动,因而不可能有一种可以得出"正确"数字的估值方法,所有估值方法都是帮助你思考。好的估值方法能够将估值过程适当结构化,让你在估值过程中能反复思考几个关键要素,动态估值法就是一种适当的结构估值工具。

最后,我用一个实际案例来演示动态估值的作业过程。

卓越新能[①]是一家科创板上市公司,也是国内生物柴油龙头。它的主营业务是以废油脂(地沟油)为原料生产生物柴油和化学品衍生,其生物柴油全部外销,其核心驱动力是欧洲减排法规强制在柴油中添加生物柴油。卓越新能赖以生存和发展的基点是欧洲环保减排法规。欧洲生物柴油市场广阔,卓越新能的现有产能和未来增加产能与需求规模相差很大,预计在中期仍具有较大增长空间。2022年9月,我当时预测卓越新能的未来利润将保

---

① 卓越新能详细资料可参见作者公众号"饶教授说资本"发表的《地沟油的生意经,生物柴油的过去、现在和未来》一文。

持中高水平增速（15%—20%）。一方面，卓越新能在生物柴油生产上有悠久历史，工艺能力国内领先，不存在技术壁垒。生产装置投资也不属于高投入，可以判断属于成本效率竞争模式；另一方面，国内地沟油收集呈现零散状态，保证原材料是国内生物柴油的重要竞争力。卓越新能作为行业龙头，发展多年已经形成稳定的地沟油供应网络，这是卓越新能的核心竞争力之一。因此，我认为卓越新能具有一定的护城河。动态估值中一定护城河的定义是，相较于竞争对手，在品牌、渠道、规模经济、客户黏性、双边平台效应等一个或者某几个领域内，具有一定的竞争优势，但这种竞争优势容易随着竞争加剧而受到影响。最终，动态估值参数：中高增速，一定护城河，动态估值PE取20倍。

未来3年盈利预测采用证券分析师一致预期，理由是在拆分卓越新能产品量价时发现信息不足，同时生物柴油的价格和地沟油的价格的估计也存在知识壁垒，因而决定放弃自己的预测转而采用分析师一致预期作为3年预测。

将历史数据和预测数据填入表2-5中。卓越新能过去3年归母净利润年复合增速为14.86%，未来3年预测利润复合增速为38.90%。参照之下，我认为动态估值未来增速为中高级别（15.00%—20.00%）。

表2-5 卓越新能营收数据表

类目	2016年	2017年	2018年	2019年	2020年	2021年	2022年F	2023年F	2024年F
收入/亿元人民币	4.66	8.73	10.18	12.95	15.98	30.83	42.93	67.59	82.62
归母净利润/亿元人民币	0.50	0.65	1.34	2.16	2.42	3.45	5.14	6.18	7.57
收入增长率/%	4.25	87.34	16.61	27.21	23.40	92.93	39.24	57.45	22.24
净利润增长率/%	525.00	30.00	106.15	61.19	12.04	42.56	48.94	20.29	22.43

注：估值日期为2022年9月28日。

卓越新能动态估值如表2-6所示：

(1) 技术或商业模式变革或颠覆的可能性，有一定可能性——0.50分。

(2) 行业新进入威胁、行业供求关系，存在新进入者和新增产能的较大可能性——0.50分。

(3) 行业周期波动、可预测性，有较大波动、可预测性中等——0.50分。

(4) 有政策压力的可能性，可能性极小或影响很小——2.00分。

简明财务分析：
数据背后的商业模式与投资价值

贴现率综合得分为3.50分，代入贴现率经验公式，动态估值贴现率为13.00%。

表2-6　卓越新能动态估值

类目	悲观	中性	乐观
立足于FY3-2024年,长期增长率水平估计	中等	中高	高
护城河水平估计	一定	一定	一定
动态估值PE	16.00	20.00	26.00
贴现率调整			
技术变革和技术颠覆的可能性	0.50	0.50	0.50
行业新进入威胁、行业供求关系	0.50	0.50	0.50
行业周期波动、可预测性	0.50	0.50	0.50
政策抑制或打压的可能性	2.00	2.00	2.00
贴现率评分	3.50	3.50	3.50
贴现率/%	13.00	13.00	13.00
动态估值/亿元人民币	91.47	111.56	143.91
市场价值（2022年9月均值）	87.86	87.86	87.86
总市值/估值-1/%	-3.94	-20.53	-38.95

注：估值日期为2022年9月28日。

根据上述参数选择，2022年9月卓越新能动态估值为111.56亿元人民币，2022年9月月均市值为87.86亿元人民币，有21.00%的低估。考虑到估值不是点估值而是区域估值，在基本（中性）估计基础上，双向扩展悲观与乐观估计。悲观情境下，对增长率水平的估计降到"中等"；乐观情境下，对增长率水平的估计提升到"高"。我评估卓越新能的护城河不太会有变化，主要变量在增长率。因而悲观情境下PE调整为16.00，而乐观情境下PE调整为26.00。贴现率为13.00%符合我的风险预期感受，不再调整，因而悲观情境下动态估值为91.47亿元人民币，乐观情境下动态估值为143.91亿元人民币。卓越新能2022年9月动态估值范围为91.47亿—143.91亿元人民币。

操作是很简单，复杂的是增长率与护城河取值。这是一个理性到感性的飞跃，因为所有理性分析、财务分析、资料研读、商业模式理解、找到驱动力等，这一切都像数学公式那样必然的，让你得出对卓越新能未来增长率和护城河的判断。这个判断是洞察的综合，是你在研究过程中形成的洞察和领悟。

警惕估值陷阱

◎ 估值的真相

估值大师达摩达兰认为，我们在估值中一定要了解的真相有3个：一是所有的估值结果都存在偏见；二是大多数估值都是错误的；三是越简单越好。

1976年版电影《中途岛》中有个细节，破译日军密码的传奇情报员被询问他到底能破译出多少内容。他耸耸肩膀答道："10%。"10个字里面只能破解一个字，这跟瞎猜差不多。传奇情报员笑道："我们把这称作'分析'。"

当然，本书讲的历史财务分析都是实打实的东西，不过财务分析的终极目的是预测和估值。历史财务分析对未来预测和估值，也就和当年美军情报员的分析是一个等级。因此，达摩达兰说大多数估值，哪怕是合理的估值，也都是错误的，这是预测和估值的局限性。正如林奇所说，一个投资者需要在信息不完整的情况下做出决策。在这种情况下预测和估值的错误不可避免。要认识到这一点，不要被估值得出的数字锚定，而是通过估值的过程，获得对投资决策的直觉才是关键。

除了过去信息不完整、未来不确定以外，造成预测和估值错误还有一个重要原因，那就是我们的偏见。达摩达兰认为，从开始就几乎不可能毫无偏见地评估一家公司。通常，在将数据输入模型和矩阵之前，你已经对一家公司或一只股票有了自己的看法。因此，你的结论常常反映你的偏见。[1]

行为心理学家认为人类的认知偏见大约有99种，这些认知偏见是人类认识的系统偏差。只要是人，在一定场景下，就会产生偏见，这是人类认知系统的自动反应。在《思考，快与慢》中，行为心理学开创者、2002年诺贝尔经济学奖得主卡尼曼，将人类认知分为两个系统：直觉系统（系统1）和理性系统（系统2）。系统1是自动反应系统，理性思考属于系统2。根据演化心理学，系统1是人类漫长进化的产物，适应远古时代人类

---

[1] 达摩达兰.学会估值,轻松投资[M].陈召强,译,北京:中信出版社,2015.

的生存环境，是一种有利于当时人类生存繁衍的自动反应机制。例如，我们看到蛇就会产生恐惧而躲开，这是自动反应，因为蛇是我们祖先的敌人。虽然我们现代人的生存环境已经与先祖的生存环境差别很大了，但是系统1的自动反应机制却在我们身上继续发挥作用。在财务分析、预测和估值中，有几个系统偏差或者说人类的偏见是我们需要特别警惕的，它们是：光环效应、证实偏见、幸存者偏差、过度自信和禀赋效应。

◎ 光环效应

我们从思科系统公司（简称"思科"）的故事讲起。

思科是21世纪初网络大潮中最耀眼的明星之一，在其CEO钱伯斯的带领下，思科从一家硅谷创业企业成长为网络时代的科技龙头。1997年随着互联网经济的蓬勃发展，思科年收入达到40亿美元，开始引起媒体的关注，《商业周刊》认为思科的数据网络设备是互联网"三驾马车"之一，另外两家是正如日中天的微软和英特尔；《财富》认为思科是计算机行业的超级新势力。

在众多赞美中，思科不负众望，1998年其收入达到85亿美元，占当时数据网络设备全行业的40%。收入高速增长的同时，与其他不怎么赚钱的互联网新贵，如亚马逊不同，思科利润极高，经营利润率高达60%。

很快，思科的市值突破了1000亿美元。这个数据，微软用了20年达成，思科只用了12年。《财富》称思科是互联网真正的王者，盛赞钱伯斯"研发不如收购"的战略很另类也很成功。鉴于思科的成功，1997—2000年，商业杂志和商学院的教授们对思科进行了深入研究，试图揭开思科的成功之谜。他们总结了许多原因，其中关键的两点是领导英明和收购厉害。大部分研究都将思科成功的主要原因归功于钱伯斯的英明领导。《财富》则说思科将收购变成了科学，商学院的教授们也认为思科的核心竞争优势就是收购，思科没有必要搞技术原创。

2000年3月27日，思科的市值达到5500亿美元，超过微软成为世界上最值钱的公司，达到了顶峰。2000年5月《财富》的封面就是思科和钱伯斯；2000年10月《财富》宣布在最受尊敬的公司中，思科位列第二，仅次于韦尔奇领导的通用电气。思科高居巅峰，钱伯斯功成名就。

令人大跌眼镜的是思科从巅峰坠落的速度相当惊人。2001年4月，思科的股票价格从最高时的80美元/股开始下跌，最低跌到14美元/股。短短一年，4000多亿美元市值灰飞烟灭。

《财富》《商业周刊》等纷纷发表文章,管理学家们也纷纷分析思科走下神坛的原因。有趣的是,一年前那些铸就思科成功的特质,转眼之间就成了思科衰败的原因。之前被描述为有神一般领导力的钱伯斯成了失败的关键,他骄傲了,膨胀了,能力和远见如思科股价一样蒸发了。之前出众的收购能力被指责为混乱无序的堆砌——没有自主研发能力,仅仅靠拿来主义怎么可能长久,思科的收购科学变成了胡闹。

太戏剧化了。是思科变了吗?可能是的,但是一年时间,似乎太快了一点。

《光环效应:商业认知思维的九大陷阱》的作者罗森维指出,2000—2001年,没有人认为思科发生了变化,直到人们回头以不同的眼光看待思科。他在研究了这一年间媒体关于思科及对其成败原因分析的大反转以后,联系了《财富》的总编,请他解释2000年的大肆吹捧和后来的严厉批评。这位总编非常诚实地说:"我认为这是钟摆效应。我们过于关注当下发生的事情,没能从其中跳脱出来。"《商业周刊》的记者也承认,"总的来说,我认为人们倾向于在繁荣时期夸大一个公司的能力,特别是在20世纪90年代末这个空前繁荣的时期"。罗森维指出,即使是像《财富》《商业周刊》这样的顶尖商业刊物也不自觉地倾向于根据结果,用简单言语来解释公司业绩。这确能使故事精彩,但却将我们领上危险的道路。

在思科的故事里,我们可以将商业评论家的前后不一描述成他们毫无见识。当他们说对了,赞扬他们目光如炬;说错了,必定是他们哗众取宠。这很容易,那我们是不是犯了一样的错误。对的,我们同样为光环效应所影响。

光环效应指人们喜爱(或讨厌)某个人就会喜爱(或讨厌)这个人的全部,包括你还没有观察到的各个方面。很多中国传统智慧说明了这一点,如爱屋及乌、一俊遮百丑等。

光环效应是人们认知方式固有特点决定的,人们天然将行为看成是一般习性和个性特征的外在表现。从这个角度讲,人们是天生的本质主义者。认为抓住这些行为背后的本质,就可以很轻松地找到这些结果的原因。心理学家指出,光环效应让我们更容易将自己对某人所有品质的看法和对其某一特质的判断匹配起来。这种一致性和连贯性使我们感觉舒适,如果这种一致性遭到破坏,会导致认知失调、心理不适。

光环效应主要表现在以下三个方面。

第一,抓住事物个别特征,以个别推及一般,就像盲人摸象一样,以点代面。

第二，把并无内在联系的一些特征或表象联系在一起，断言有这种特征必然也会有另一种特征。

第三，说好，就全部肯定，说坏，就全部否定，这是一种受主观偏见支配的绝对化倾向。化复杂为简单是人类思维的倾向，就像小孩子看电视总会问，哪个是好人，哪个是坏人。

光环效应是人类的认知特点之一，简单说就是以偏概全，根据一个印象来推测其他。

思科的收购策略被反复谈论，先后被认定为是其成功或失败的原因，关键在于这些因素都难以被客观衡量，它们既可以是成功的原因，也可以是失败的原因，事先我们并不知道。一旦企业成功，成功的标志是收入、市值这些客观指标，这些客观指标摆在我们面前，是个确定的事情，而其他那些模模糊糊的品质、方法等就都笼罩在光环之下。事实教育人，眼见为实，形势比人强。在我们已经知道思科是成功的这个前提下，标签贴好，在那些难以判断是好坏的事情上，例如思科激进的收购策略，我们就会在光环效应的驱动下，在去寻找收购策略的成功之处时，赋予它思科成功的原因。

光环效应之下，人们很自然地根据收入、利润、市值这些客观绩效数据推断其他模糊的信息，包括战略、竞争力、企业文化、组织形式、领导人能力等。这解释了我们是如何看待思科公司兴衰的。只要思科公司不断壮大，持续盈利，股价再创纪录，那些经理人、记者和教授就会这样推断，思科不仅拥有倾听和回应客户诉求的强大能力，更有团结的企业文化和卓越的商业战略，还把别人玩不好的收购变成了科学。而当市场泡沫破灭，思科跌下神坛，观察者们马上改变口径，得出相反的结论，这样才能让故事合情合理、连贯协调。

罗森维指出，在光环效应下，我们倾向于将确定的事情归因于模糊的因素。我们或许并不知道思科业绩优秀的真正原因，所以我们用简单的言语来解释所发生的事情。

卡尼曼指出光环效应是生活中普遍存在的一种思维偏见，这种偏见在塑造对人与环境的看法时起着很大的作用。我们脑中的直觉系统（系统1）可以通过很多比现实更简单、更连贯的方式来表现这个世界，光环效应就是其中一种。[①] 直觉系统是人类共有的自动潜意识认知运作方式，既然光环效应是直觉系统（系统1）的偏见，人类就难以避

---

① 卡尼曼.思考，快与慢[M].胡晓姣,李爱民,何梦莹,译.北京:中信出版社,2012.

免光环效应的作用。

加利福尼亚大学的巴利·斯托教授开展了一个关于光环效应的心理学实验。实验要求参与者分小组讨论，根据给定数据预测一家公司未来的销售额。参与者被随机分成两个小组，在宣布实验结束后，斯托教授随机认定一小组表现好，另外一小组表现差。成绩与小组运作以及预测结果都没有任何关系，只是随机指定。实验此时才真正开始，成绩宣布后，斯托教授让各组评价自己的表现。不出意外，那些被告知表现好的组员认为自己这组高度团结、沟通顺畅、积极性高。而被告知表现差的组员则认为本组缺乏凝聚力、沟通不畅、积极性不高。因此，斯托教授得出结论，人们会给那些他们相信表现好的小组贴上标签，给他们认为表现不佳的小组贴上另一标签。这就是实际运作中的光环效应。

斯托教授的发现并不意味着在团队表现中，团队凝聚力和有效沟通不重要。这只说明，如果人们已经知道事情的结果，你就不能指望通过他们的主观评价来准确衡量凝聚力、沟通和积极性等这些模糊因素。无论是局外的观察者还是局内的参与者，一旦他们认为结果是好的，就倾向于找积极因素作为原因；一旦他们认为结果不好，就倾向于找消极因素进行解释。良好沟通、团结一致和权责分明等这些因素很难进行客观评价，所以人们就会用他们认为可靠的其他标签作为判断依据。业绩表现正是人们给团体组织贴的一个标签，有了这个标签，那些之前无法判断的因素，如小组运作方式是否有效，此时就有了方向。

2021—2022年，新莱应材的业绩高速增长，这是基本面的结果。股价在半年时间里涨了3倍，说明市场一致看好，这是市场面的结果。两者叠加，光环就笼罩在新莱应材身上了。此时，从结果去寻找原因，我们自然而然把各种有利的因素与光环建立起因果联系。毕竟，我们都是外人，这些因素是否真的是业绩驱动因素并不是很清楚。在结果不好的时候，我们会充满疑问，不断求索。一旦结果是好的，光环效应立即让我们把那些本来模模糊糊的因素与成功联系了起来。

◎ 证实偏见

成功的企业自有成功的道理，既然用业绩说话，它们做得很好，自然代表成功。股价猛涨，说明市场看法与我们一样，是真的好，于是光环加身。在光环效应下，我们再去看材料、看数据，怎么看都觉得有很多证据支持，那些模模糊糊的理由都变成了确定无疑的驱动因素。此时，另一个人类认知系统偏见——证实偏见便悄悄登场。

证实偏见有两个层次：第一个层次，我们先有想法再去找证据支持。第二个层次，在找证据支持的时候，我们看重正面证据，只要能证实我们就满意，但是我们忘了反面证据和证伪。

我曾问研究员，他是怎样注意到新莱应材这家公司的？他答道："市场热点，半年涨了3倍，再去看一下业绩，增速很快，有业绩支持，不是炒作的'妖股'。再一看，符合半导体自主可控、国产替代的大方向，虽然市场份额很小，但已经是国内细分龙头，而且产品获得半导体设备世界前两大巨头的认证，说明技术过硬。两相结合，空间大、壁垒高，未来可期。"

研究员逻辑很清晰，不过，背后隐隐笼罩着证实偏见的阴影。

实际上，由于光环效应的作用，已经让研究员有了主意，这是一家好公司，下面我就要去找证据去证实它。不奇怪，人类思维模式就是如此。瑞·达利欧说："大多数人并不仔细观察现实，通过客观审视证据来得出结论。他们基于隐藏的潜意识做决定，然后通过筛选证据，使之符合自己的欲望。"[①]

讲一个小故事，大约在2011年的一次复旦大学校友聚会上，一个小师妹问大家，"你们觉得京东好还是苏宁好"。这里先交代下背景，当时，小师妹正在商学院读研究生，临近毕业正在一家券商研究所实习。这时候，她的潜台词是不同的业务模式情况下，两家公司未来的发展预测，而不是小师妹要网购。一问，果然是领导安排她写个报告对比下京东和苏宁。小师妹说她收集了大量的资料和数据，做了大量的分析，似乎各有利弊，各有短长，一时拿不定主意。听闻此问，席间各位师兄师姐各抒己见，甚至有两位师兄弟还争论得面红耳赤。我看小师妹听他们的争论愈发拿不定主意了，不禁偷笑，小师妹看我没说话，特意又专门问我的意见。

这不是一个推理分析的问题，按照卡尼曼的理论，人们往往在不自觉中已经有了结论，再来论证这个结论的合理性。小师妹的领导在布置这个任务的时候说不定早有了倾向性意见。所以，在这个场景下，这个问题，我个人心中自然有结论，不过不适合作为给小师妹的建议。我问："你们领导有什么看法？"她脱口而出："他看好苏宁。"我笑着说："那就写苏宁好呗，你的资料和数据如果一看就明了，自然不会纠结。现在你只写

[①] 达利欧.原则[M].刘波,綦相,译.北京:中信出版社,2018.

一种情况,自然是由结论找论据。如果不放心,在报告风险提示的地方,把那些支持京东的证据放上作为潜在的威胁就是了。"当然,我这个说法,被在场的多位兄弟斥为庸俗的实用主义,只是他们没有意识到,他们在证明、论证他们自己认为的"真相"或者"真理"的时候,不自觉地忽略了不支持他们观点的证据,而只是一味强调支持的证据,他们也是结论在前,有了结论,再来找证据,证据遍地都是。

连严谨的科学家也不能例外,著名物理学家理查德·费曼发现,如果数据分析人员提前知道,或者察觉被测试的假设内容,他们的分析将更可能倾向于支持这些假设,研究方法可能是客观的,但是数据分析的具体过程很容易受到偏见的影响,这种影响甚至可能是无意识的[①]。所以科学实验中的双盲测试就非常重要,不然实验人员不自觉地寻找证据,落入证实偏见的陷阱。

有了主意再去收集证据证实是证实偏见的第一层,毕竟只要找,总能找到有利的证据。而证实偏见的第二层是,当我们找到了证实的证据,我们就会很满意,就会停下来,作出"事情就是这样"的判断,而不去留意那些反面证据。

哲学家弗朗西斯·培根指出,人类的理解力一旦采纳了某个想法,就会收集任何能证实该想法的例子,哪怕反例可能数量更多,而且更有分量。但人类的理解力要么不去注意它们,要么就干脆拒绝接受它们,以此保证所采纳的观点能维持不可动摇的地位[②]。

我们从一个小测验开始。

假设2、4、6这3个数字遵循某种规律排列,读者的任务是分析出这一规律。

挺简单的,对吧,我看到这3个数,第一个反应是"偶数序列",也就是2n,n=1、2、3…。验证一下,8、10、12,对的,20、22、24,对的。再一想,1、3、5也对啊,看来"偶数序列"不对。那么是"每次递增两个数"吗?也就是n+2,n=1、2、3…,验证下,99、101、103,5、7、9,都与2、4、6很符合。再一想,1、2、3也对啊。你看,证实次数再多也没有一次证伪有用。

这个测验是心理学家沃森提出的,沃森事前确定的规则要宽泛许多:任何3个递增的数字。

"偶数序列""每次递增两个数"和"前两个之差等于后两个数之差"都只是"任何

[①] 杜克.对赌:信息不足时如何做出高明决策[M].李光辉,译.北京:中信出版社,2019.
[②] 蒙洛迪诺.醉汉的脚步[M].郭斯羽,译.长沙:湖南科学技术出版社,2010.

3个递增的数字"的特例。在沃森的研究中，参与者倾向于给出非常少的数字序列，而这些序列又趋向于与他们最终猜测的规则一致。共有29个人参与沃森的这个测验，其中6个人在第一次猜测中发现了正确的规则。①

沃森注意到，如果测验参与者头脑中有了一个规律，例如"每次递增两个数"，他们就会举出旨在证明（证实）它的例子，而不是尝试举出与他们假设不一致的例子，他们顽固地想证明他们编造的规律。②

在《管理决策中的判断》（第6版）一书中，巴泽曼教授说，他在课堂上进行这个实验上百次。第一个自告奋勇的学生通常都会猜"每次递增两个数"，并且很快就被否决了。第二个自告奋勇的学生通常也很快给出一个错误的答案。但是有趣的是，在这一阶段我很少能说出他们给出的序列不对。为什么？因为人们倾向于寻求证实性的信息，即便证伪的信息更有效、更重要。这被称为证实的偏见。

人们对相反的可能性存在盲点，这种观察由来已久。1620年，培根写道："肯定比否定能够激起更多的感动和兴奋是人类智力中特殊且永恒的错误。"

证实偏见的根源是我们的认知模式不是并行的多方案判断模式。多方案判断模式是指，对于一个问题或者情景，我们想出各种解决对策，然后在其中选取最优的，这是一种理性决策的模式。不过，我们很少在现实生活中使用。多数情况下，我们是线性判断模式，即在判断和评估时，我们一次只能注意到一条线索。然后从这个线索开始，找到一个较好方案就深入下去，并根据新的信息和线索进行调整，而不是在不同方案之间比较。这就决定了，第一个线索、第一个方案是最重要的，有"锚定"的效果，后面我们再在这个方案的基础上进行调整。这又称为首因效应，即人们会锚定在首先考虑到的信息上。有了第一个结果，下面的过程自然就是为这个结果找证据。而根据结果找证据往往会只看见支持的证据，忽略反面的信息。之前的沃森实验就是这样，你自己回忆一下，你是不是先找出一个答案，然后马上找证据证实一下，如果证实了就巩固了原先的结果，然后你就说出了经过证实的答案，不过这个证实在其他人提出的证伪面前不堪一击。

为何证实靠不住？我们从小猪的故事讲起。

---

① 巴泽曼.管理决策中的判断[M].杜伟宇,李同吉,译.6版.北京：人民邮电出版社,2007.
② 巴泽曼.管理决策中的判断[M].杜伟宇,李同吉,译.6版.北京：人民邮电出版社,2007.

一只可爱的小猪来到世界上，首先感受到的就是饲养员大叔温暖的大手，在后面的日子里，这双温暖的大手每天照顾小猪吃喝，帮小猪洗澡，清理猪舍。日复一日，1000天过去了，在小猪的世界里，饲养员是给它带来光明和快乐的人。直到第1001天，这双熟悉的、温暖的大手将小猪送到了屠宰场。这就是小猪生命中的"黑天鹅"，从小猪的历史经验中怎么也想不到这一天的来临。

我们观察再多的白天鹅，仅仅增强了我们的自信，而不能增强实际的判断力。只要出现一只黑天鹅，前面有再多的白天鹅都宣告无效。

如果从结果找证实的证据，塔勒布认为，任何寻求证实的人都能够找到足够的证据欺骗自己和身边的人。为了支持某一论点，大量引用权威人士的话也是无知的经验主义。因为，只要去找，你总能找到某人曾经说过支持你的观点的话。[①]

不过没办法，这是让别人理解或者支持你的观点的重要方法。就像此时，我也在不厌其烦地引用塔勒布、巴泽曼、沃森的话来证明我的观点。因为我们都相信权威，这些话不能简简单单地从我嘴里说出来，我只能引经据典。这是我们人类认知和理解的方式，也是偏差的一种，唯一避免的办法就是时刻提醒自己，我们是人，会有认识偏差。认识到证实偏见以后，我们的对策也很简单，就是去寻找反面证据。

一位投资大师在被问到他的诀窍时这样说，如果他看好的项目，团队一致赞同，他反而会停下来，认真想一下，反对的意见在哪里？如果实在找不到，那就不要干了。瑞·达利欧也说，当他想到一个好主意的时候，他要去找最聪明的人来挑战他的主意，这是唯一正确的道路。

◎ 幸存者偏差

按心理学家的说法，认知偏差有99种，我们已经讲了光环效应和证实偏见，这是我们在财务分析、预测和估值中最常见的认知偏差。还有几个重要的认知偏差，我们简单认识一下。首先是幸存者偏差。业绩好可能是企业能力也可能是偶然运气，从结果去倒推很容易陷入幸存者偏差。

有一次上金融课，教授讲，长期而言，没有人能够精确地预测股票市场……旁边一位上一届的师姐显然不同意，在我耳边低语，确实有人预测得很准！这就是幸存者

[①] 塔勒布.黑天鹅:如何应对不可预知的未来[M].万丹,译.北京:中信出版社,2008.

简明财务分析：
数据背后的商业模式与投资价值

偏差。

师姐不会乱说，她一定见过有人预测得很准，这我相信。不过，预测得很准，就代表这位预测者有长期精准预测的能力吗？这个未必，如果你没想明白，我们来看一个故事。

小弗雷德·施韦德在《客户的游艇在哪里：华尔街奇谈（典藏版）》中讲了一个掷硬币大赛的故事，很好地说明了这种困境。

施韦德指出："我不知道有什么可靠的方式能够看出（股票）投机者的行为有多少是靠猜测，有多少是靠理智……有人说他们获胜了，特别是连续的成功，不就证明了他们的成功不仅仅是依靠运气。"

为了说明这一点，施韦德讲了一个故事。40万人参加全美掷硬币大赛，赛事的规则是，一对一比拼，胜者进入下一轮。第一轮，20万人胜出，第二轮10万人胜出，第三轮5万人胜出……最终有12个人连续赢得了15场比赛。这些人被称为掷硬币专家，他们都认为自己有特殊的直觉和特殊的能力，是历史上最伟大的掷硬币能手，其中一些人甚至开始著书立说了。

施韦德说："当然，认为股票与掷硬币相似是很愚蠢的。我知道股票投资需要很多技巧，但是我一直以来无法判断的是究竟有多少技巧？"[1]

在现实生活里，我们总是能看到赢家。那么，失败者哪里去了？例如，买2.00元人民币的彩票，最多可以中500.00万元人民币，当然概率是很低的，但是总会有人中，还会有人中两次，一点也不奇怪，赢家总会在那里。我们为何会感到惊奇，那是因为我们只看到了存活者，以至于对运气产生了错误的认知。塔勒布指出，我们经历的现实只是所有可能出现的随机历史中的一个，我们误认为它最具代表性，忘了还有其他可能性。[2]

赢家总在那里，输家退居幕后，我们总以为赢家是靠他们的特质和能力获胜，忘了他们很有可能只不过是幸存者。这就是幸存者偏差。

我们做财务分析时要时刻牢记，企业的结果是由企业能力和偶然性因素构成的。只

---

[1] 施韦德.客户的游艇在哪里:华尔街奇谈(典藏版)[M].孙建,姚洁,栗颖,译.北京:机械工业出版社,2018.

[2] 塔勒布.随机漫步的傻瓜[M].盛逢时,译.北京:中信出版社,2012.

有能力在未来是可持续的，这些能力是我们要寻找的驱动力，由于幸存者偏差，我们不能在看到优良的结果时，直接归因于企业的可持续能力。

◎ 过度自信

我们对于自己的判断往往过度自信。心理学家称为积极错觉，它是人类固有的思维习惯，由直觉系统（系统1）主导，在下意识中发生，我们通常意识不到。积极错觉的一种表现是对自己的技能品质抱有超过实际的正面看法。

两位美国心理学家曾经做一个调查，他们询问数十位汽车驾驶员，让他们对自己最近一次驾驶技术做出评价。2/3的被访者认为他们的驾驶技术在中等水平以上，1/3的被访者认为他们的驾驶技术超群，应该排在前25%。

这倒没什么意外，我们每个人都会认为自己的水平在50%以上，这样统计下来，应该不存在后面的50%。不过，令人惊讶的是这些人被访问的地点在西雅图医院急诊室。他们都有一个共同特点，就是刚刚开车出了车祸被送来。有的人伤得还很重，甚至很多人后来都因不当驾驶被判刑。这才是真的迷之自信，即使撞到墙上仍然没有意识到错误。显然，人类本性中有一个特征，就是认为自己很不错。

接近90%的中国个人投资者在调查过程中表示，自己掌握的金融知识水平、金融投资技巧超过或者处于同龄人中的平均水平。①只有10%的人认为自己属于后50%。

投资大师费雪说，市场最让人发笑的事情是：在同一时间，买进和卖出同一只股票的人都会认为自己比对方聪明。研究发现，人们做投资时，倾向于对未来的收益率持非常乐观的态度，随后持续以乐观态度收集过去的证据来证明和提升自己的乐观情绪。当投资者做出过度自信的决策时，会对未来的成功保持毫无根据的乐观，即使回顾过去令人失望的投资结果也很难改变这种乐观。要识别自己这个系统偏差的方法很简单，就是对比一下市场平均水平、指数的收益率，这是一个判断自己是否过于乐观的标准。

在财务分析中，过度自信主要表现在对自己判断的盲目自信上。心理学家发现，过度自信特别容易发生在自己不熟悉的领域，如果是这个领域的专家，往往会比较小心谨慎，过度自信会受到抑制，而对于自己不熟悉的领域，甚至缺乏常识的领域，过度自信往往更加容易发生。这也就是邓宁—克鲁格效应，能力欠缺的人在自己欠考虑的决定的

---

① 中国证券投资基金业协会.2018年度基金个人投资者投资情况调查问卷分析报告[R].2020.

基础上得出错误结论，由于无法正确认识到自身不足，这些能力欠缺者们沉浸在自我营造的虚幻优势之中，常常高估自己的能力。在财务分析当中，绝大部分标的是我们并不熟悉的领域，我们往往缺乏相关的专业知识和行业常识，此时最容易过度自信。切记，在自己不熟悉、不精通的领域，积极错觉会导致过度自信，所以需要特别谨慎，适度悲观，提升风险意识，避免积极错觉导致的伤害。反过来，在自己熟悉的、精通的领域，也要意识到自己可能过度保守了。

◎ 禀赋效应

在财务分析中，我们的想法慢慢清晰，最终变成一种判断。而在财务分析中，最麻烦的就是"爱上了这家公司"。爱是美好的，也是盲目的。爱上自己的判断，是人之常情，这种对自己东西的偏爱，心理学家称为禀赋效应。

禀赋效应用一句话解释，我的东西就是好，哪怕这东西刚刚变成自己的。心理学实验证明，对自己拥有的东西的评估价值较高，即使这个东西是刚刚获得的。心理学家准备了3.00美元和彩票，彩票如果中奖可以得50.00美元，中奖概率为8%。事前询问参与者选哪一种，并记录下来，然后随机抽签，这样有的人幸运，想要3.00美元就抽中3.00美元，想要彩票就抽中彩票。还有一部分人不走运，想要彩票的拿到钱，想要钱的拿到彩票。此时，实验正式开始，不幸运的人可以选择交换。没有得到彩票的人可以用3.00美元买一张彩票，拥有彩票的人可以3.00美元卖掉手中的彩票。理论上，按照理性人的假设，原来选3.00美元的人，肯定认为3.00美元比彩票好，应该会选择出售彩票换回3.00美元，对于原来选彩票的也一样。这是理性人应该做的事情。但是，普通人就是普通人，在实验中有82%的人推翻了之前的偏好，选择继续持有而不是出售。

一次聊到新能源汽车，一位朋友说，某国内品牌车不错，他的朋友买了，一直和他讲这车如何好。另外一位朋友不以为意，那人说这车好很可能只是为了证明他的决策是对的，并不能用来证明这车好不好。这里面就有禀赋效应的影子，我们在拥有一件东西以后，对它的评价与之前就会有差别，而且会忘了原来是怎样的。这在投资中也很要命，我们经常买入一只股票，可能只是一时冲动，不过买了以后，怎么看怎么好，这个很自然，禀赋效应在发挥作用。

我们对某家公司的判断也是我们的东西，我们都会对此有所偏爱，如果有人提出反对意见，我们往往会站出来捍卫自己的观点。此时，证实偏见又驱使我们寻找能够支持这种偏爱的证据，忽视那些不利证据，如此循环。

◎ **应对思维偏差的途径**

克制认知偏差的途径有两个。

第一，调动理性系统（系统2）。

绝大多数认知偏差都是人类大脑的自动反应，是卡尼曼所说大脑双系统中的直觉系统（系统1）的无意识自动反应，解决之道就是通过调动我们的理性系统（系统2）。有意识地启动理性系统（系统2），矫正直觉系统（系统1）的过度反应。例如，养成习惯追问一下为什么，这个追问就是很好的提醒，可以调动理性系统（系统2），对别人、对自己一样，要求解释一下，说出推理和决策的原因。更好的方式是写下来，能够很好地启动理性系统（系统2），或者事前做一个小的检查清单，得出结论后，再读一下也是很好的办法。

第二，掌握科学思维方法。

科学思维方法是一种适度的怀疑主义方法。我们提出一种假设，然后验证假设，如果没有证伪，我们可以暂时接受这种假设，不过始终保持怀疑。如同自然科学理论一样，我们相信任何假说终将会被证伪，并且随时准备证伪将这个假说否决。按照波普尔的理论，只有能被证伪的才是科学的。这种思维方式让我们保持谦逊，保持对自己观点的怀疑，保持对新的可能性的好奇，不断探索。在《重新思考》一书中，亚当·格兰特将这种方式称为"重新思考循环"，用来抵御认知偏差造成的过度自信循环。

本章小结

* 财务分析的尽头是估值。
* 相对估值法最简单，DCF最正确，动态估值法最好用。
* 人类认知存在系统偏差，在进行财务分析和估值时要时刻小心认知偏差的陷阱。保持科学的态度，始终保持怀疑是应对认知偏差的唯一途径。

第三章　投资中财务分析的边界

本章导读

与世界相比，人的认知总是有限的。认识到人类的认知是有局限的是通往真理的必由之路。人类借助各种模型和工具认识世界，工具也是有限的。财务分析是认识商业世界的工具，自然有其优势和缺陷，理解财务分析工具的界限是做好财务分析的基础，在此基础上，我们才能洞察财务分析的内在逻辑。

财务数据的非对称性

◎财务数据的优势

在投资场景下，财务分析的目的是帮助投资决策。投资就是今天投入资金，希望未来收回更多资金的活动。乔尔·蒂林哈斯特有个关于投资和投机的分野的说法。

如表3-1所示，乔尔·蒂林哈斯特认为区分投资与投机取决于两个维度，是否研究与押注类型。首先，把人类投入资金获取回报的行为分成了事件性押注和整体性押注。如果对某个事件（比如两家公司合并）押注，就是投机行为。投资只存在于整体性深入研究的下注，比如基于对行业或者企业长远发展的判断，如果深入研究，那就叫投资；如果泛泛研究，那也是投资，但属于高风险的投资；如果完全不做研究，那就不是投资而是赌博。

表3-1 投资和投机

类目	基于事件	基于整体
深入研究	精明投机	投资
粗浅研究	轻率投机	高风险投资
没有研究	赌博	赌博

我对于投资和投机的区分是，套住了就是长期投资。当然，这是玩笑。投资和投机的界限没那么清楚，与赌博的界限就清楚了，关键词是研究，赌博是纯概率事件，研究不研究区别不大，而投资、投机都需要研究。

对于股票投资者而言，研究的对象是企业，按照价值投资逻辑，买股票就是买企业。研究企业，财务数据是核心。正如巴菲特所说，不是每个人都有机会到学校里学习会计知识，但是投资者必须读懂财务报表。

原因有三：第一，财务数据是唯一通行的商业语言。第二，财务数据是企业经营的货币表现。第三，企业运作千变万化，会计规则是一套公开、统一、可比的计量标准。

我们会在第七章讨论几个案例，来理解这些公司商业模式的核心驱动力——财务数据如何起到关键作用。财务数据很诚实，利润一拆解，企业就原形毕露。例如，泰格医药CRO[①]，它的业务似乎高大上，但仔细想想仍然是人力驱动型的项目制商业模式。我们把泰格医药的利润拆分成经营利润和金融利润，数据就会告诉我们一切。看中公教育的财务数据，就会发现扩大规模时几乎同比例投入教师员工，毫无规模优势。与前两者不同，恒瑞医药和漳州片仔癀药业股份有限公司（简称"片仔癀"）尽管都是药企，但是核心驱动力完全不一样，通过对比两家的利润率和研发费，我们发现恒瑞医药在集采大环境下放弃仿制药全力押注创新药，其核心驱动力是研发。片仔癀本质上是中华传统文化和社会关系的载体，精神价值是核心，品牌信仰是未来业务增长的关键。

在这些案例分析中，我们可以体会财务数据的优势。

一是财务数据有标准。别的东西都可以吹得天花乱坠，毕竟每个企业的情况都是独特的。相对而言，财务数据因为有强制性规范、会计准则，还有审计师把关、监管机构

---

① 合同研究组织（Contract Research Organization，CRO），20世纪80年代初起源于美国，它是通过合同形式为制药企业、医疗机构、中小医药医疗器械研发企业，甚至各种政府基金等机构在基础医学和临床医学研发过程中提供专业化服务的一种学术性或商业性的科学机构。

信息披露监管，总体有标准。标准是跨企业对比的基础，财务数据是可比的，好不好一对比就知道。

二是财务数据单位统一。会计是一门描述商业活动的语言，用的字母就是货币。商业活动千变万化，统统用货币来描述，所有企业故事都在货币的天平上按照会计标准称一下，企业之间就有了可比性，投资者就有了参照系。

财务分析是我们的工具，用来理解商业活动，寻找驱动力，预测未来。但是，工具都不是万能的，有其局限性和适用场景，财务分析也不例外。这一章我们主要聊聊财务分析的局限性，了解财务分析的边界，也是掌握财务分析的前提，据此我们可以得出财务分析的内在逻辑。

◎财务与会计

在国内，财务与会计这两个词经常混用。但在英文中，会计是Accountant，而财务是Finance。Finance翻译成中文有两种：一是财务，二是金融。国外商学院的会计系与财务系也不是一个系。我读会计硕士时，有一门课叫"Corporatefinance"，被译为公司理财，而没有译为公司财务，我觉得很有道理，否则会与中文里的会计混淆。现在Corporatefinance更多被翻译成公司金融，更符合中文语境。

本书中说的财务分析，用的是会计含义，而非金融含义，这里说的财务分析是在投资场景下，利用上市公司公开的会计数据进行的分析。会计分析更合适，只不过迁就习惯叫财务分析。

◎报告会计与管理会计

会计按大类分为报告会计和管理会计，区别是一个对外，另一个对内。报告会计按会计准则编制，管理会计是企业根据自己的需要制定编报规则。讲个故事解释一下。

那年，我从外企出来，应老同学邀请，到他的公司当首席财务官（Chief Financial Officer，CFO）。老同学的企业高速发展，内部管理自然会跟不上。我去了之后，花了不少时间搭班子、建制度、核流程。几个月后理顺了，我拿了编好的会计三张表去董事长办公室，向他汇报了内部整改情况，顺手把三张表交给他，我见他拿过报表看了看，也没说什么。我知道他对会计没什么概念，就告诉他要是不明白就问我。他忽然说："我办公司好多年，财务部门定期给我的报表，我不知道有什么用。我问他们，他们就说我不懂财务。"

为什么董事长觉得财务拿来的报表没用？因为我们语境中的财务报表也就是报告会计的报表，由利润表、资产负债表和现金流量表及报表附注构成的会计报告是对外报告的。

根据企业会计准则，企业应当编制财务会计报告（简称"财务报告"或"会计报告"）。财务会计报告的目标是向财务会计报告使用者提供与企业财务状况、经营成果和现金流量等有关的会计信息，反映企业管理层的责任履行情况，有助于财务会计报告使用者做出经济决策。财务会计报告使用者包括投资者、债权人、政府有关部门和社会公众等。

你注意到了吗？财务会计报告的使用者不包括企业管理层。

内部管理者通常掌握更多的信息，会使用自己定义的管理报告，企业内部人使用的管理报告属于管理会计（成本会计）的领域。既然是企业外部人员使用的会计报告，就很容易理解，这个会计报告的规则一定不是企业自己能够制定的，而是一个外部强制的、统一的规定，把千变万化的企业活动，按照一个统一的模板或者一个统一的框架涵盖进去，这样外部人才可以理解，以及在不同企业之间对比。

所以，我们经常会碰到这样的场景，作为一个企业会计，你的老板很难搞懂你呈给他的会计报告，也很难利用会计报告进行决策。内部决策通常需要管理会计的管理报告。当然，从另外一个角度讲，你可以告诉你的老板，尽管这份会计报告对于内部决策不是很合适，但是外部人员只能看这份会计报告。只能用这份会计报告来衡量企业的价值或者潜力，这份会计报告就成为其他利益相关者眼里的企业本身。如果企业发展是依赖于其他利益相关者的，例如银行、资本市场等，老板也需要明白，其实他的经营决策最终结果还是落在会计报告上。所以，知道自己的决策在会计报告上会有什么体现，以及有一个什么样的预期，这应该是老板或者管理者的必修课。

本书的场景是企业外部投资者利用上市公司的公开资料进行分析。作为企业的外部人员，我们能够使用的资料只有报告会计资料，无法获得企业内部的管理会计资料，这是投资者、企业外部人员的天然局限性。如果是企业内部人员或者能够接触到企业内部资料的一级市场投资者，分析方法会有很大不同。二级市场投资者只能获得资本市场信息披露规则规定的部分资料，资料是不完整和受限的，认清楚这一点，对于投资者理解分析结论尤为重要。

因此，本书所称的财务、会计都是指的报告会计。

◎会计基础知识

本书的着眼点是财务分析，假定读者已经具备基础的会计知识，因此我不会去详细解释三张表之间的关系和我们遇到的每一个会计术语等，这对没有系统地学习过会计知识的朋友会有些挑战。不过作为好的投资者，你不得不花一点时间和精力学一点会计知识。

如果你经常要用财务分析辅助决策，我还是建议你系统地学习一下会计知识。原因也很简单，一是会计是完全的人工构造物，会计规则是人为规定的，往往与字面意思不完全一致，切不可望文生义，容易吃亏。二是会计不是科学定理，往往需要"会计感觉"，这种感觉建立在熟练掌握会计知识的基础上。

举个例子，有个朋友和我聊天，说起最近一个上市公司财务造假，说得头头是道，不过我觉得不对劲，就说他好像对会计的理解有点不对头。朋友不乐意了，会计有什么难的，常识就可以。我当时正好因为肩周炎做了核磁共振，我把片子拿出来说，你帮我看看严重不严重。朋友惊讶地说："我又没学过医，怎么会看片子？"我笑着说："你也没学过会计，怎么就看得懂会计报告。"

当然这是开玩笑，学医要求高多了。会计简单很多，一般来说，三个月就足够入门了。也有朋友打算努下力，过过会计关，问我什么是入门标准？我认为，学会会计那门课的教材，会做习题，通过注册会计师考试，基本就可以了。我也见过有些朋友天赋异禀，但毕竟是少数。如果你真把投资当回事，经常要看会计数据，学一点会计知识成本低、效用高，何乐而不为！

◎会计信息的非对称性

投资者进行财务分析主要是为了服务投资决策。财务分析是指通过会计报告的数据，回溯或者还原企业情况。财务分析的质量取决于分析者对会计的理解，关键是是否能理解会计信息的非对称性。

我作为一个工科生，曾经有很长时间以为会计信息与科学信息一样具有对称性。什么叫对称性？预测与解释是可以互相回溯的。

数学就是可以回溯的典型，例如 $y=a+bx$，知道 a、b，x 与 y 可以互相求解，从 x 出

发我们得出 y，从 y 出发，得出 x，过程是可逆的，y 与 x 一一对应。

看似抽象，实则关键，因为会计报告是会计人员根据企业情况，按照会计规则编制的。假定会计报告是 y，企业情况是 x，a、b 则是会计规则，对于企业而言是顺着计算，得出会计报告 y。

对于投资者而言，我们正好要把顺序倒过来，我们现在知道 y，知道会计报告数据，我们也知道会计规则 a、b，那么我们能否原样还原企业情况 x？答案是不能，我的理由是受到严重限制的，从 y 出发无法完全还原 x，这就是会计信息的非对称性。

形成会计信息非对称的原因有两个。

第一，会计信息的颗粒度。这是从外部投资者的视角，会计信息仅仅是资本市场和会计准则信息披露规则法定的部分，这些数据往往只是粗略加工后的结果，或者说会计信息的颗粒度较大。会计信息的颗粒度问题是个平衡问题，企业不想过细披露，一来容易暴露经营机密，二来工作量不允许，然而投资者希望会计信息越详细越好，这显然矛盾。

第二，会计信息的形成过程包含大量的人为判断。关于这一点稍微展开一下，我们用柏拉图的"洞穴之喻"来细说。

柏拉图在《理想国》中通过苏格拉底和学生的对话，揭示人类认识世界的困境。苏格拉底说，有一些人生来就在一个洞穴之中，手脚束缚在一堵矮墙之前，只能看见面前的洞壁。洞口有一堆火，矮墙之后有些人举着一些器物走过，火光将这些东西的影子投影在洞壁之上。这些人一辈子只能看到墙上的投影，这就是他们全部的世界，他们的世界就是这样的，就是有很多的影子的世界，有的影子像马，有的影子像器物。苏格拉底问学生，如果这些被束缚在矮墙前面的人，一辈子只能看见这些影子，这些是不是就是他们的世界，他们还会以为这后面还有"真"的世界吗？

把这个故事类比到会计世界中，我称之为"会计的洞穴"（参考《这就是会计：资本市场的会计逻辑》），我们知道会计存在的目的是反映企业的商业活动。会计本身不是目的，会计就是人们观察企业商业活动的工具。在"会计的洞穴"里，假设那些举着道具走来走去的表演就是企业真实的商业活动，但是我们能否观察到完整的企业商业活动？即使是商业活动的操作者、管理者、参与者恐怕也是不能的。除非这个商业活动只有很小的规模，例如夫妻俩开个包子铺之类，也许商业活动在他们脑子里是全景式的。

企业在有一定规模的情况下必然产生分工，只要有不同的人分工协作，每个企业活

简明财务分析：
数据背后的商业模式与投资价值

动的参与者都只是熟悉自己操作的那一部分，剩余的部分只好通过观察别人的活动，或者活动产生的信息来了解企业的运作。我们都熟悉"盲人摸象"的故事，有人摸到柱子（象腿）有人摸到绳子（象尾），没有人摸到大象的全部。我们观察企业商业活动也不可能观察到企业商业活动的全景。除了自己实际参与的部分，实际上我们只能够观察到商业活动留下的信息，这些信息好比洞壁上的投影，例如企业资金账户内数额的增减记录、内部统计数据如考勤记录，又或者是企业资源计划（Enterprise Resource Planning，ERP）系统记录的数据。

在"会计的洞穴"里，被束缚在矮墙前的人有两类：一类是企业内部人员，管理层人员和会计人员，另一类是企业外部的审计人员、会计师。企业内部人员负责观察洞壁上的投影，也就是企业商业活动留下的信息，然后把观察到的"投影"，按照一定的规则、一定的逻辑结构，即会计准则体系和企业会计制度，记录下来，公示出去。这些记录和报告不是像摄影一样原模原样地呈现，更像是画家的绘画，画家在作画的过程中除了按照既定的规则、既定的逻辑结构，同时还要根据自己的判断和理解进行绘画。这些规则，我们可以联想为康德所说的人的先天认识形式，也可以联想为我们戴着一副特定的眼镜。负责审计的外部会计师要监督、检查"画作"与"洞壁上的投影"是否相符，还要检查使用的规则是否恰当，然后形成审计报告。那么，这里面有企业管理层人员什么事？实际上企业人员这样"画"还是那样"画"，这个"影子"到底是马还是鹿，往往是由管理层人员进行判断，指鹿为马的事时有发生，这也是我们的生活经验。

会计信息和会计报告的使用者是企业外部的人，也就是"会计的洞穴"之外的人，如两权分离的股东、投资者等，他们大多时候既观察不到企业商业活动，也观察不到"洞壁上的影子"，他们只能根据"画作"，也就是会计报告或者审计报告来作出自己的判断。这"画作"可能是写实主义的，比较容易理解，也可能是抽象派的，这个就需要专业能力了。

这些"画作"可以说是双重投影的结果，一重是企业活动在信息域的投影，企业活动按照特定的信息组织方式也就是信息域的规定进行投影，由企业内部人员操作并记录下企业活动的抽象信息。由于企业不同，信息记录没有统一的标准，因此信息记录的标准是由企业自主制定的，例如ERP中的信息。同时，记录这些信息仍然依赖人去操作，这里就有选择和判断的问题。另外一重是企业信息投影于会计视域，会计视域是由会计的逻辑结构，也就是会计规则规定的，由管理层人员和企业会计人员根据会计规则和自己的判断，将企业信息转换成会计信息记录下来，最终形成会计报告。会计信息和会计报告有时还需要审计师进行确认，例如A股市场上市公司和新三板挂牌公司年度会计报告就是强制审计的。我们一定要牢记，无论是记录会计信息、形成会计报告还是审计报告，这一切都是按照规则由人来操作和判断的。总之一句话，会计信息就是企业商业活动在会计视域投影的人为记录。

会计信息的颗粒度不够小和会计信息形成过程中有大量的人为判断，这两个特点决定了会计信息的非对称性。

会计信息的非对称性导致从会计结果不能完全精准复原企业的经营情况。认识会计信息的这个局限性非常重要。有经验的会计人员都不会仅仅拿着会计报告就非常笃定企业发生了什么，因为我们知道会计报告上的结果，可能由很多条路径达成，我们会谨慎地说，可能会存在哪种可能性，而非唯一的结果。

当然，读者也需要注意，这里我持一种有限度的怀疑论，而不是怀疑一切。会计信息本身具有一定弹性，不可当科学定理使用，绝大部分会计信息反映了企业大体的商业活动情况。

财务数据的有效性

◎ 会计数据对投资的价值

两位纽约大学的教授，巴鲁克·列夫和谷丰根据他们对美国证券市场的长期实证研究撰写了《会计的没落与复兴》，分析当今会计信息在帮助投资者进行决策这个维度上的有效性。他们通过对美国证券市场的实证分析，论证当下的会计信息在全社会付出了巨大代价的情形下，有用性或者说与投资决策的相关性近年来不断下降，甚至低到了令人震惊的程度。

通过实证研究，教授们发现会计信息针对一些场景的相关性、有效性、有用性持续下降，有效性从80.00%降至40.00%左右，最重要的指标——会计利润的预测能力不断下降，预测偏差不断增大，已达到20.00%。在和竞争性信息比较的情况下，会计信息仅占投资者使用信息的5.00%左右，主要原因是会计系统诞生于大工业时代，忽视无形资产的作用，使投资者无法理解无形资产的作用；会计估计和操纵毁灭会计事实，导致信息扭曲，造成误导，非会计事项取代会计信息主导证券投资决策。

由此，教授们提出了一个使人震惊的问题："会计无用?"

◎会计无用了吗

我们理解，会计的本质是反映企业活动的语言，投资者使用会计信息作出决策是使用会计信息的重要场景。教授们在《会计的没落与复兴》一书中反复论证了会计信息对于投资决策有用性的减退，甚至到了令人震惊的地步。从这个角度讲，教授们提出了，会计是不是已经无用了？

首先，我觉得这是一个伪问题，因为会计作为商业活动的语言，为投资者所利用，在证券市场进行投资决策，仅仅是会计使用的一个场景，绝不是全部。

其次，即使我们仅仅局限在这个场景下，如果投资者已经认识到了会计信息相关性、有用性的减退，自然会寻找其他信息源来代替其位置，列夫和谷丰做了一个实证研究。

他们把美国证券行业分析师作为研究目标，量化分析师之间的意见分歧程度，选取跟踪人数超过2位分析师的所有公司作为样本，分年统计了35年间，分析师预测值相对于一致预测的分歧度（方差），并以5年为一个间隔期，选取预测分歧度中位数，使用预测分歧度均值的结果大体相同，结果如图3-1所示。

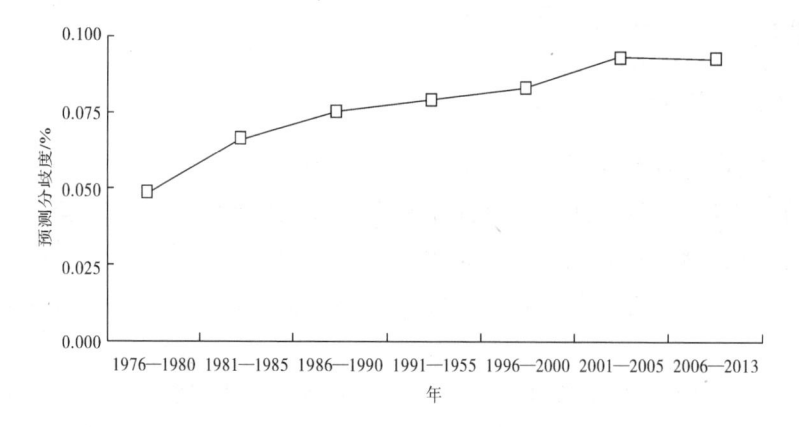

图3-1 分析师预测分歧度[①]

研究显示，分析师的分歧逐年加大，考虑到会计信息有用性的逐年下降，如果他们

---

① 列夫,谷丰.会计的没落与复兴[M].方军雄,译.北京:北京大学出版社,2018.

获得比会计信息更相关、更及时的信息,分析师对公司未来的不确定性和模糊性不会持续上升。比会计信息更高质量的替代品应该只会提升专业人士研究报告的质量,而不是相反。其他学者也发现资本市场中缺少财务报告信息的高质量的替代品。结论是,在投资者使用决策信息的场景中,并没有出现比会计信息更优的信息。

再次,从结果推导发生的原因,远比想象来得复杂。股票市场的价格波动是一个结果,是一个历史事实,形成这个历史事实的原因,可能是多重因素相互作用,从中辨识某一种因素的作用是困难的。尽管教授们使用的是统计实证分析,但是这些研究是不是能证明教授们想证明的事情,这个就需要读者自己判断了。读者可以自己去阅读一下教授们书中几个实证研究的细节,自行判断。

我的疑问主要在于,股价的形成因素是复杂的,特别是近些年来,行为经济学的崛起,理性人的假设已经修订为有限理性,而被格雷厄姆称为"市场先生"的市场情绪因素在股价形成中扮演了不可忽视的角色。在这种背景下,股票价格与股票价格中包含的信息,是否用信息发布与价格变动之间的统计关系来分析?对此我持一种谨慎的态度。

最后,教授们提出了关于会计的各种问题,如忽视无形资产、估计扭曲事实、遗漏或延迟重要事项的信息等。这些问题一针见血,指出了会计存在的问题。有趣的是,教授们在书中并没有从改进会计系统本身下手,改造现有系统使之符合投资者需求。相反,他们另起炉灶,重新构筑了一个新的信息披露系统——战略资源和价值创造报告,这个系统以不同行业分别分析创新驱动力为核心,由非财务信息加少量会计信息构成。

会计的张力

◎ "一"与"多"的冲突

列夫教授和谷丰教授都是资深的会计专家,他们花了很多时间指出会计的问题,并花了很大力气通过实证研究证实它们,结果并没有给会计开"药方",而是搞了一个新的信息系统,这是因为会计的"病"很复杂,是由会计本身的特点决定的,我把它称为"会计的张力"。

面对复杂的世界,人类的思维模式是找出一个最基本的、最简单的方式来描述它、把握它,这是人类的理想,也是人类的实践。

在西方哲学历史上,古希腊的泰勒斯认为"水是万物的始基"。在中国,道家认为,

简明财务分析：
数据背后的商业模式与投资价值

道生一，这个一构成了后来的世界。到了近代科学革命，牛顿用"力"这一个简单概念解释宇宙的运行。我们在生活中，总是要寻求"本质"、寻找"规律"，人类渴望用一个理论，甚至一个指标来理解世界，例如用收入比较公司的大小，用利润理解公司的经营情况，用ROE衡量股东的收益。

用简单指标或者理论理解世界是人类的理想，也是我们的思维习惯，我们都是学习自然科学长大的，牛顿物理学的世界观是我们大多数人的核心思维模型，把世界还原为一个简单因素或者理论，有助于我们理解和把握世界。

但是，理论的特点是概括和抽象。从思维底层而言，语言本身就是对世界的抽象，语词在抽象世界的时候已经拿掉大部分的多样性，将复杂世界分门别类进行概括，在这个抽象概括的过程中，我们获得对世界的概念，同时丧失了大部分世界的丰富性。

会计是商业活动的语言，其核心是把千变万化的企业活动抽象为一个维度，这个维度就是货币。这有巨大的优势，因为商业世界的血液是货币。在资本时代，统治世界的资本单位也是货币。货币具有高度一致性与可比性，特别便于理解。一家钢铁公司与一家计算机软件公司如何对比，用会计系统抽象成的会计指标、收入、利润等，因为它们只有一个度量单位：货币。

曾经有一篇文章比较北京大学、清华大学、复旦大学、上海交通大学4所中国著名的高校，用有多少院士、发了多少论文等来排名，都有特别不可比之处。那好，我们用货币比，比较四所大学的收入与支出，高下立现。当然你说不能这么比，我同意，这里只是一个例子，货币这一维度是现代社会数量化标志，我们躲不过去的，什么东西都要拿到货币的天平上称一下，即使你看一个人，了解他的收入，也是简便理解他所处社会情况的途径。

一方面，用货币一个维度来计量带来好处的同时，缺点也是对应的，具体信息丧失了，这些鲜活的企业商业活动的细节被货币抽象掉了。另一方面，企业活动很多不能，或者不方便货币化的标志物会被会计系统忽略掉。但是，会计是把商业活动抽象为货币，这个巨大的优势是其他商业活动信息系统不能比拟的。这就是会计自身的"一"与企业商业活动丰富性之间的天然张力，无可回避，也无法彻底修正。我们在使用高度抽象的会计信息时，不能误以为那就是企业本身，就像我们不能把地铁运行图当实际地理信息使用一样。

因此，会计尽管有这样那样的问题，依然有用。

第一篇 财务分析与投资

◎ 博弈出来的会计规则

我的老师，已故的香港中文大学会计学教授吴毓武先生说过："会计准则是游戏。"这里的游戏（Game），应理解为博弈。

广义而言，会计是一个信息系统，或者一种语言，用来反映商业经济活动的情况。会计系统是一个纯人工构筑物，由使用它的人构成这个人工构筑物的规则，是这些利益相关方博弈出来的。会计起源于经济活动，随着经济活动的历史发展而变化。

现代会计发源于复式记账法，佛罗伦萨的卢卡·帕乔利发表了《算术、几何、比及比例概要》一书被认为是现代会计的发源。15世纪是地中海的世纪，那时地中海的商业活动最活跃，因而催生了对准确记账的要求，这也是现代会计簿记的开始。到了18世纪，英国爆发工业革命，工业要求对成本精细核算，成本会计应运而生。同样在18世纪，现代企业制度在荷兰和英国萌芽，有限责任公司和股份有限公司的诞生，使所有权与经营权得以分离，这种制度大大推进了资本主义的进程。但是信息不对称带来了道德风险和逆向选择，因此在南海泡沫破灭后，英国新制定的公司法明确要求使用复式记账和外部审计，推动了会计规则的统一和审计行业的诞生。

我们现在习以为常的会计准则和审计师制度，不是从天上掉下来的。约翰·S·戈登在《伟大的博弈》中写道："在19世纪90年代，美国经济生活中还有另外一个巨大的进步，那就是现代会计制度的出现。事实上，华尔街的银行和证券经纪公司推动了现代会计职业的产生，以及在美国上市公司中强制实施公认的会计准则。"

戈登继续写道："今天看来，很难想象在一个资本主义世界里会没有年度和季度财务报告。可是在1870年之前，当时没有法律要求上市公司公布财务报告。当纽约证券交易所想了解西部铁路公司的财务信息时，被告知不要多管闲事。'我们不做财务报告，'西部铁路公司说，'也不公布会计报表。'在那时，即使有些上市公司发布了财务报告，那通常也是一堆'摸不到头脑的烂账'。1870年5月17日，《商务金融报》这样报道：'在这样一个充满阴谋的时代，保密成了成功的一个条件。如果公众也有机会了解那些只有董事才知道的关于公司价值和前景的信息，那么投机董事的好日子就一去不复返了。'"

就像所有人都会保护自己利益一样，19世纪上半叶美国上市公司的管理层也在努力维护自己的利益，强烈抵制这样一种公开报告制度。最终，纽约证券交易所开始强制要求所有上市公司提交财务报告，尽管不愿意，上市公司管理层只好照办了。

简明财务分析：
数据背后的商业模式与投资价值

另外一个问题就来了，公开的财务报告由谁来做？公司内部的财务人员毕竟为公司管理层工作，所以很难做到真正的独立。这时，独立会计师应运而生。1887年，美国公共会计师协会成立，1896年纽约州通过立法奠定了这项职业的法律基础，并使用"注册会计师（Certified Public Accountant，CPA）"这样一个称呼。

会计作为商业活动的语言，在不同的历史条件下有不同的特点，而且现在、将来也会不断地变化。就国内而言，我们现在挂在嘴边的企业会计准则是2006年才第一次系统发布的，仅仅是十几年前的事。2014年对合并、长期股权投资等进行了一次大的修订。2017年又出了颠覆式的新收入准则和租赁准则，紧接着做了重大修正的新金融工具准则在2019年全面实施。

会计的一切是随着经济世界的变化而变化。会计准则不是科学定理，是利益相关方博弈的结果，经常变化。此处我们就可以充分体会吴毓武教授讲的，会计准则是游戏。或者我的理解，会计准则是博弈。

自然科学有一个鲜明的特点，大自然是一个参照物，如费曼所说，我们欺骗不了大自然。任何科学发现、科学定理，都要拿到大自然面前检验，从而使自然科学定理具有客观性和真理性。

会计规则不是科学定理，适用的对象不是大自然而是人类社会，缺少客观的参照物，会计准则就不存在"真"的问题，只有"权衡"的问题。会计系统的相关利益方都有各自的立场和诉求，这些诉求可能相同也可能南辕北辙，怎样统一，怎样才是完美的解决方案，并没有一个最终真理的标准。

特别是任何会计规则产生的实际后果，是延后的、复杂的，净效应很难在事前得到非常明确的答案。例如，巴鲁克·列夫教授诟病的无形资产会计处理原则，研发费费用化会扭曲会计信息，但是资本化就不会吗？另外，从实务来看，研发费资本化是一个企业管理当局直接操纵当期利润的利器，这种操纵不扭曲会计信息吗？公允价值计价方法也是如此，开始为了纠正历史成本带来的信息扭曲，初衷可能是非常好，但是执行下来会怎样？会提高会计信息使用者的有效性吗？我看未必。回到历史成本计价就万事大吉了吗？我看也未必。

你说谁说得对，没有答案。因为任何一个会计规则都是这样，有利就有弊，至于为何是现在这个样子，很大程度上是历史环境中各方博弈的结果。如果你从演化论的角度看，其实很好理解。据此，会计规则是一个多方博弈、抗衡与妥协的产物，是一个不断前进、不断修改的历史过程。

会计规则的这种特性决定了,并没有一种终极解决方案能解决所有的问题,满足所有利益相关方的全部诉求。

说到这里,你就能理解,列夫教授和谷丰教授为何不是给会计开"药方",而是要另起炉灶搞一套新的信息披露系统。

◎会计能有什么和不能有什么

这里谈谈我对使用会计信息的一些看法。

第一,丢掉"一"的幻想。

没有任何一种简单指标能够包打天下,会计也是一样。会计信息反映企业商业活动,但这个反映绝不是全局性的、全息的,而是经过高度抽象的。因而,在使用会计信息的时候,要时刻牢记,会计信息仅仅是决策信息图谱中的一个组成部分。会计信息只有与非会计信息一起使用,相互对照、相互补充,这才是使用会计信息的正途。

特别是在预测未来的场景中,会计信息是历史性的,记录的是企业过去的事情。当然,我们假设未来是在现在的基础上发生的,只是我们不知道历史在未来扮演的角色占多大比重,这个我们不知道。用历史预测未来,仅仅是预测一种可能性,必须与其他预测方式结合,互相印证,这才是利用历史趋势法的王道。

第二,要改的是信息披露。

《会计的没落与复兴》这本书,我觉得名字如果是"上市公司信息披露的没落与复兴",可能更切题一点。尽管会计报告是上市公司信息披露的主要内容之一,但绝不是全部,因而上市公司信息披露的整体有用性降低,这是一个信息披露有用性的问题。列夫教授和谷丰教授没有给会计开"药方",而是要另起炉灶搞一套新的信息披露系统,其实潜台词也说明了他们的意思,我们还是来解决上市公司信息披露的有效信息问题吧。

会计既不能没有,又不能全依靠。两位教授提出的战略资源报告,其中核心的一条就是分行业披露,不同的行业找到各自的核心驱动因素,进行差异化披露。实际上对投资者的要求并不是降低了,而是提高了,投资者首先要理解这些差异化因素,而这些因素因行业而不同,学会了传媒行业的,并不能理解生物技术的,这又回到了"一"与"多"的矛盾问题。不管怎样,在未来,投资者需要更加专业,这是事实。

第三,正确理解会计的局限性。

会计对于需要使用会计信息的普通投资者而言有双重障碍。第一个是普通投资者认为会计信息太复杂，学不会，也就放弃了。第二个是普通投资者认为会计信息很简单，只有加减乘除，汉字都认识，有什么难的，会望文生义。

这两种障碍，导致普通投资对正确的会计理念敬而远之，正确的会计理念首先建立在理解会计的局限性上，理解会计有什么和会计没有什么。

在这个意义上，我认为花一点工夫来学习会计是值得的。特别是在理念上建立起会计信息生产过程的框架，在局限性中正确使用会计信息，而不是在误解中使用。例如，做会计实务的朋友都理解，我们不会把精确到小数点后面两位就当成一个客观事实，而不理解会计本质的朋友会，这就是专业与否的区别。从这个意义上讲《会计的没落与复兴》这本书很好，会计人自己把会计的弊端揭示出来，知道这些弊端，理解了会计是怎么回事，知道了会计的局限性，并不是不再使用会计信息，而是学会正确地使用会计信息，这对所有使用会计信息的朋友都是一个帮助。

向后看的会计与向前看的投资

◎ 火热的新能源车赛道

前面我们聊了财务数据的优势和局限，这一节我们从一个实际案例来理解投资中财务分析的边界。

2022年8月，梁宇峰博士、陈杰老师和我在第一财经录《价值三人行》。梁宇峰博士定的题目是"火热的新能源车赛道，到底谁在挣钱？"。

梁宇峰博士聊的是利润在新能源车各个环节的分配和博弈，新能源车产业链大体可以分成这几个环节：锂矿、电池、零部件、整车，其中，锂电池大约占到电动车成本的50.00%，锂又占到电池成本的10.00%—20.00%，所以把电池和核心成分锂矿从零部件中单单拎出来。

陈杰老师提出一个瀑布理论，2022年新能源车产业链的利润大多在锂矿环节，由于2020—2022年上半年电动车超常规发展，2022年上半年国内新能源车销售260万台，预计全年渗透率超过26.00%，这是原来预计要2—3年后才能达到的目标。

新能源车超速发展，锂电池需求大增，锂电池正极的主要材料碳酸锂供不应求，价格暴涨，2022年上半年价格在每吨40.00万—50.00万元人民币，而碳酸锂完全成本不过

4.00万—5.00万元人民币。

随之而来的是锂矿企业赚得盆满钵满，2022年上半年，赣峰锂业扣非净利润为80.32亿元人民币，而2021年全年才29.07亿元人民币。2022年上半年，天齐锂业扣非净利润为92.81亿元人民币，2021年全年才13.34亿元人民币。

根据渤海证券2022年6月30日研究报告，预计2022年全年新能源车锂消耗量折合LCE[①]38.8万吨。如果10万元人民币是合理价格，那么每吨就有40万元人民币左右的超额利润，2022年全年锂矿行业整体大约有一两千亿元人民币的超额利润。

实际上，2020年上半年，锂盐供大于求，价格一度跌破4万元人民币/吨，锂矿企业利润大减，有的陷入亏损，负债较重的如天齐锂业几度陷于危机。

历史告诉我们，资源类大宗商品存在供需平衡引起的周期性变化。锂矿产能增加周期较长，新能源车带来的需求增长较快，供需不平衡将会继续存在一段时间。按照天齐锂业的乐观估计，未来18个月仍将保持供应紧张状态。长期来看，随着锂矿开发加速，供应量增加，供需终将回归平衡，锂盐价格也终将回归正常状态。

按照陈杰老师的瀑布理论，由于暂时供需不平衡，锂矿企业不再获得行业超额利润，就像水库决堤一样，超额利润将重新在产业链各环节分配，就如瀑布下泄一般。

◎利润是关键吗

那么问题来了。如瀑布般下泄的利润，谁会受益？电池、零部件、整车还是用户？

从投资角度看，锂矿占据了不合理的利润，压缩了各环节的利润空间，大家日子都不好过，未来锂盐价格大概率恢复正常，只是时间长短问题。未来利润就会在各环节重新分配，利润分得多的环节业绩就会好，例如整车，暗示着投资机会。

不过，我们马上意识到新问题，新能源车这种赛道股投资，看的是业绩吗，是利润吗？

这个问题让我想到了比亚迪，2022年比亚迪风头正盛，上半年新能源车销量超过特斯拉，成为全新能源车销量球冠军，6月23日收盘市值冲至1.03万亿元人民币。

比亚迪于2011年在A股市场上市，之前在港股。前复权均价从2011年的24.08元人

---

① LCE是碳酸锂当量(Lithium Carbonate Equivalent)的缩写，指固/液锂矿中能够实际生产的碳酸锂折合量。因为锂是非常活泼的金属，通常是以化合物状态存在的，由于锂含量不同，最后体现在经济数据上，一般要折合成LCE。

民币/股涨到2022年8月29日的278.51元人民币/股，涨了10.57倍，但我始终没有买过比亚迪股票。

即使现在回过头看，我也觉得比亚迪的财务表现乏善可陈。如表3-2所示，直观印象，收入倒是涨得挺快，但是利润不高，10年间收入年复合增长率16.04%，而扣非净利润年复合增长率只有8.20%。

表3-2　2011—2022年上半年比亚迪财务业绩

类目	2011年	2012年	2013年	2014年	2015年	2016年	2017年	2018年	2019年	2020年	2021年	2022年
收入/亿元人民币	488.27	469.04	528.63	581.96	800.09	1034.70	1059.15	1300.55	1277.39	1565.98	2161.42	1506.07
归母净利润/亿元人民币	13.85	0.81	5.53	4.34	28.23	50.52	40.66	27.8	16.14	42.34	30.45	35.95
扣非净利润/亿元人民币	6.29	-4.84	-0.57	-6.77	12.07	46.13	29.87	5.86	2.31	29.54	12.55	30.29

注：统计时间截至2022年上半年。

10年间，比亚迪的扣非净利润与归母净利润差异较大（如图3-2所示），严重依赖政府补贴等非经营性损益，看起来早期新能源车的路比较困难。

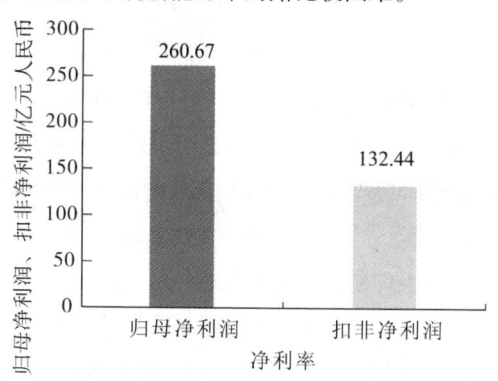

图3-2　2011—2021年比亚迪10年合计归母净利润与扣非净利润对比

2011—2021年，比亚迪的毛利率不高，最好的年份也就20.36%，最差的年份13.02%；扣非净利润率很低，合计扣非净利润率只有1.27%。

ROE也是乏善可陈，2021年只有4.01%，资产回报率（Return on Assets，ROA）只有1.03%，相比之下，权益乘数倒是不低，无论以什么标准也说不上好。

如表3-3所示，看起来比亚迪的市值与获得多少利润关系不大。2012—2014年，扣非净利润都是负数，市值却翻了番，2018—2019年，扣非净利润跌到个位数，市值仍然在1300.00亿元人民币以上。扣非净利润从2020年的29.54亿元人民币大幅下跌到2021年的12.55亿元人民币，市值却从2020年的5300.78亿元人民币涨到2021年的7805.36亿元人民币。

表3-3 2011—2021年比亚迪市值与扣非净利润

类目	2011年	2012年	2013年	2014年	2015年	2016年
扣非净利润/亿元人民币	6.29	-4.84	-0.57	-6.77	12.07	46.13
市值/亿元人民币	536.73	479.06	887.02	944.59	1594.54	1355.34
类目	2017年	2018年	2019年	2020年	2021年	
扣非净利润/亿元人民币	29.87	5.86	2.31	29.54	12.55	
市值/亿元人民币	1774.66	1391.35	1300.51	5300.78	7805.36	

◎ 会计数据的边界

商业活动复杂，有各种观察维度。这些维度通常不可通约，不同维度之间往往不可比。例如，汽车厂生产多少台汽车与酒厂卖了多少瓶酒之间难以比较。

此时，理解商业活动，降维成了关键，货币是资本时代唯一通行的字母。将丰富多彩的商业活动降维成一个维度——货币来进行观察，势在必行。会计应运而生，成为资本时代商业活动唯一通行的语言。

将复杂的商业活动降维，用货币来观察方便理解和决策，但缺点也不少，降维抽象导致信息丰富度下降，抽象也带来会计信息的非对称性。会计规则的时代性也会造成新型商业活动信息扭曲。

在投资场景中，会计信息的有效性更是大幅度下降，本质原因是会计信息的历史属性，会计信息记录的是过去的信息，是向后看的，而投资本质是望向未来，是向前看的。

在比亚迪案例中，向后看的会计与向前看的投资，两者的差异，表现得淋漓尽致。

巴菲特说每个投资人都要读懂会计报告，其含义也包括能够意识到会计数据向后看的特点，能够理解会计数据的边界和局限性。

简明财务分析：
数据背后的商业模式与投资价值

财务分析的逻辑

◎ 精确与正确

泰格医药的案例我写成文章发表在我的微信公众号上，有朋友看了以后在微信上发消息给我，说文章里有个地方数据处理有问题。具体是这样的，在泰格医药案例中，我将非金融企业运作分为两部分：经营活动和金融活动，分别对应：经营利润和金融利润。

净利润=经营利润+金融利润

经营利润=毛利-期间费用-其他经营项目

金融利润=投资收益+金融资产公允价值变动

根据上述拆分，泰格医药的净利润拆分为经营利润和金融利润。

近几年，金融利润贡献了泰格医药过半净利润，2021年达到74%。据此，我们要将泰格医药的商业模式看成两部分：一部分是临床CRO服务，这部分贡献经营利润，另一部分是泰格医药持有投资组合贡献的金融利润，主要是投资于未上市医药企业和医药基金产生的公允价值变动损益。

这位朋友的疑问是：经营利润是否考虑了所得税的影响？

看到他的疑问，我想也没想就回了一段话：

> 外部财务分析，不是内部精确管理会计。外部财务分析，主要看方向，不能抠细节，一抠细节就可能掉到里面，那些细节可能没有任何指向性意义，仅仅是噪声。在财务分析的时候，你发现的差异，只是你进一步研究的线索。如果差异比较大，原因是什么？然后去分析这个商业模式里面的驱动力是什么。外部财务分析主要是个线索作用，所以说，我的主张，像此类数据处理细节都是可以忽略或者简化的。

◎ 要模糊的正确，不要精确的误导

关于财务分析，我的口号一直是，"要模糊的正确，不要精确的误导"。这里说的财务分析是针对上市公司公开信息做的财务分析，不是企业内部基于详尽运营数据的管理会计分析。

在上市公司外部财务分析的场景下，数据精确是一个伪命题。这里涉及两个障碍。

第一个障碍是信息披露不充分。

举个例子，假如一家公司只有两家全资子公司，公司无业务，盈利全部来自子公司。一家子公司盈利100亿元人民币，税率15%，15亿元人民币所得税；另外一家子公司亏损50亿元人民币，15%税率，不交所得税。假定没有任何其他调整，合并报表显示税前利润50亿元人民币，所得税15亿元人民币。此时综合税率从15%变成30%（15/50）。你可能会想，所有公司税率都是15%，应该交7.5亿元人民币（50×15%）所得税，而不是15亿元人民币所得税。

此时应该去看各子公司的资料，但问题是，这些资料没披露。上市公司都是按照强制披露标准披露信息，这是最低标准。很多对你分析有帮助的细节并不在法定信息披露要求之列。如此一来，你分析业务表现就成了无米之炊。举个例子，你要分析收入变动背后的业务变动。最基本的，你需要量、价、产能信息。可以看看有多少上市公司，你能把量、价、产能明细拆清楚，多数搞不清，可是不拆清楚，你怎么分析背后业务驱动来自哪里，是多卖了产品还是提升了价格？

第二个障碍是财务分析的非对称性。前面已经用"会计的洞穴"来解释过，这里我们换个角度。

我们先看图3-3，理解下财务数据的产生过程。

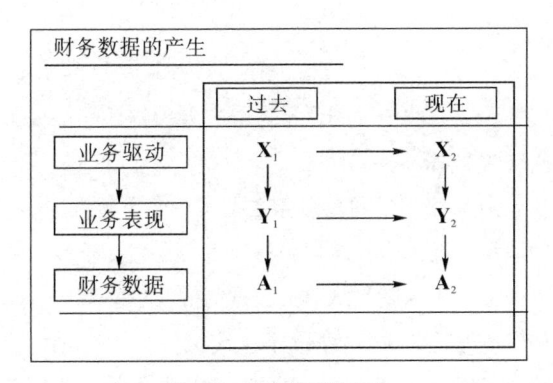

图3-3 财务数据的产生

简明财务分析：
数据背后的商业模式与投资价值

在图 3-3 中，财务数据用 A 来表示，业务表现用 Y，业务驱动用 X，下标 1、2 表示过去和现在。

我们从信息披露中获得的主要是财务数据，财务数据是怎样产生的？

财务数据是业务表现在货币维度的投影，也就是业务表现的会计计量。

例如，B 公司某年的销售收入为 10 亿元人民币，销售产品 10 万个。10 亿元人民币是财务数据，10 万个产品是业务表现。B 公司为何能卖出 10 万个产品，是因为他们有成本控制能力，采用成本优势策略，比竞争对手便宜，这是 B 公司的业务驱动。

这里面，业务驱动是因，业务表现是果。财务数据是业务表现的会计计量。抽象点，财务数据是业务表现在会计视域的投影。

会计不像自然科学，$y=a+bx$，正反都可逆。财务数据从业务表现中来，但是依据财务数据不可能完全描绘业务表现的模样，因为从业务表现到财务数据的过程中有大量会计判断。会计判断有比较宽的范围，导致从财务数据无法还原业务表现。

在投资决策场景中，财务分析的目的是预测未来，分析的顺序与财务数据产生的顺序相反。

再次强调本书的场景是外部财务分析，用于外部投资者对于上市公司公开数据的分析。财务分析的内在逻辑是通过对历史数据分析，试图寻找未来业绩变动的驱动力，所以财务分析是一趟寻找因果关系的旅程。由于信息披露不充分和财务信息的非对称性，财务分析必然是模糊的和有方向性的，而非精确的数学公式，获得对商业模式驱动力的洞察才是财务分析的关键。

本章小结

* 财务数据是企业商业活动的影子，财务分析的目的不是了解影子而是希望通过影子洞察商业活动本身。

* 财务数据与自然科学不同，财务数据具有非对称性的特点，并非完全可逆，不是单因单果，而是一种结果可能有多种原因，一种原因也可能表现为多种结果。财务分析本身就是从财务数据倒推背后的商业活动，须牢记财务数据的非对称性才能理解财务数据的真实含义。

* 财务数据非常重要，是理解企业的信息拼图中的一块，但也仅仅是一块，财务数据需要与其他信息结合在一起才能发挥更大的作用。

* 在投资场景中，财务分析的逻辑是通过历史数据分析，找到数据背后商业活动的驱动力，找到因果关系，并以此预测未来。从历史到未来绝非1加1式的逻辑推导，而是在财务分析过程中对商业模式的洞察，是一种理解的飞跃。

第二篇
财务分析的方法和工具

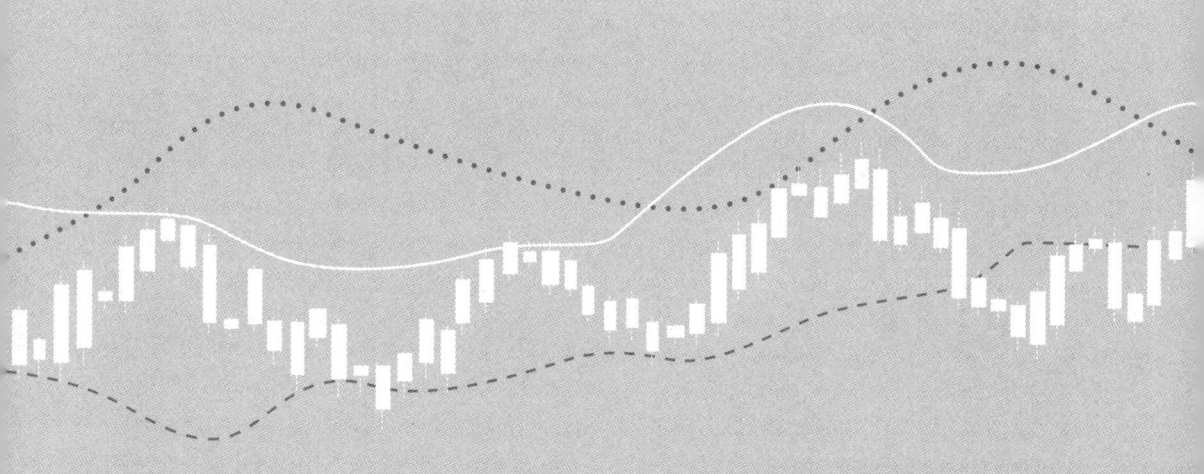

第四章　财务分析方法与范例

本章导读

讲财务分析方法，通常是先讲方法，再举案例。我总是喜欢先讲故事、讲案例，讲现实中我好奇的问题，在案例故事情境中，引出我的理解和感悟，再谈谈我的分析方法。

实践经历让我有一种这样的认识，我学过各种方法，实战的时候却似乎不太管用。根据具体情况看问题着手，干得多了，慢慢地形成了自己的一些分析方法。但我从来不认为这是通用方法，也没有觉得这些方法有什么特别，只要是做财务分析，有时管用，有时不管用，但是没有方法论似乎不方便表达。

基于上述考虑，我在"财务分析方法与范例"这一章中，直接在一个实战案例中演示我的分析方法。展示我在面对现实财务分析的时候，是怎样一步一步思考和实践的。不同类型的企业分析重点会不一样，本章提供了一个主干，你可以在遇到实际问题的时候根据需要增减。再次强调，财务分析不是自然科学，没有万能的方法，只是帮助我们发现问题、解决困惑的具体手段。

背景信息

2022年9月，我到一位师姐（工商管理博士）那里聊天，说起来她正在做一档电视节目——《科创引力场》，介绍一些科技创业公司，问我有没有兴趣参与，说下一期做的是科沃斯——一家做扫地机器人的上市公司。我立即回答，好啊，有兴趣。

科沃斯是苏州的公司，在它上市前，苏州工业园区金融管理服务局召集拟上市公司董秘开会，我还遇到过他们。当时我还觉得做小家电代工的，似乎也没啥，但是后来他

> **简明财务分析：**
> 数据背后的商业模式与投资价值

们很快就上市了，而且"跑出"千亿元人民币市值大牛股，真让人刮目相看。

2022年1月，益研究的研究员还做过扫地机器人的专项报告。我有印象，也有好多疑问。但是我想要研究的公司很多，对于这一家心里惦记但还没排上，现在师姐要我参与节目，这下得马上研究。

我的习惯是先看财务数据，但有个前提，就是已经有了一定的背景信息，否则可能需要先浏览下基础材料再看报表。

之前在益研究听过关于扫地机器人的研究报告，对这个行业有一些初步了解，也看过几篇关于科沃斯的文章。所以，它的背景信息我是有的，科沃斯是国内扫地机器人的龙头。

科沃斯做的是 To C 的产品，消费者比较容易理解。它早年靠代工小家电起家，后来自己搞研发，慢慢从原始设备制造商（Original Equipment Manufacturer，OEM）成为原始设计制造商（Original Design Manufacturer，ODM）。早年它还代加工过德国的一家吸尘器产品，用的是气旋分离技术——就是那个世界闻名的戴森吸尘器的当家技术。在欧洲，戴森曾将这家德国公司告上法庭打专利侵权官司，当时科沃斯提供技术支持，证明技术是自己研发的，居然打赢了官司。是不是觉得科沃斯还挺厉害。

科沃斯研发了中国第一台扫地机器人，并于2018年在A股主板市场上市。2019年，创始人逐步减少赖以起家的OEM/ODM业务，全面进军自主品牌，并将业务分成两块，扫地机器人业务由儿子负责，自己成立了一个新的品牌——添可，进军除扫地机器人以外的智能清洁电器和小家电，包括洗地机、吸尘器、吹风机等。

师姐和我说，科沃斯的添可品牌已经做起来了，量级已经和扫地机器人差不多了。OEM/ODM是第一曲线，给科沃斯打下基础，扫地机器人是第二曲线，让它做到国内龙头并交接给二代，现在第三曲线新创品牌——添可智能家电也做起来了。

"七步法"看财务报表

看报表，实际是看数字，大部分数字报表和附注里有，少量需要从金融信息客户端或者公司公告中提取。原则上两个步骤循环进行。

第一，数据抽取和整理，从财务报表或者定期报告中抽取希望查看的财务数据。

第二，数据分析，对抽取的数据进行分析，发现问题再回到第一步找数据，如此循环直至问题都有了答案，或者发现没有答案。

下面我们具体做一遍。

上市公司财务数据的第一来源是上市公司公告，包括定期报告、招股书之类。这些报告在交易所网站上都有，不过格式是PDF格式，用起来不方便。数字处理还是要用电子表格，主要是Excel表格。

数据来源除了交易所网站，我的作业习惯是用金融软件查找财务数据，这里用的是Choice数据客户端。

作业习惯很重要，每个人的作业习惯不一样，自己用起来得心应手就是好。做一个财务分析，我会在电脑里建一个文件夹，把看到的资料都放在这个文件夹里，方便查看。所以，好的资料整理习惯也很有帮助。

如图4-1所示，在Choice数据中输入科沃斯，找到科沃斯的界面，按下F9键，进入资料界面，在左边找到财务数据，点击利润表。

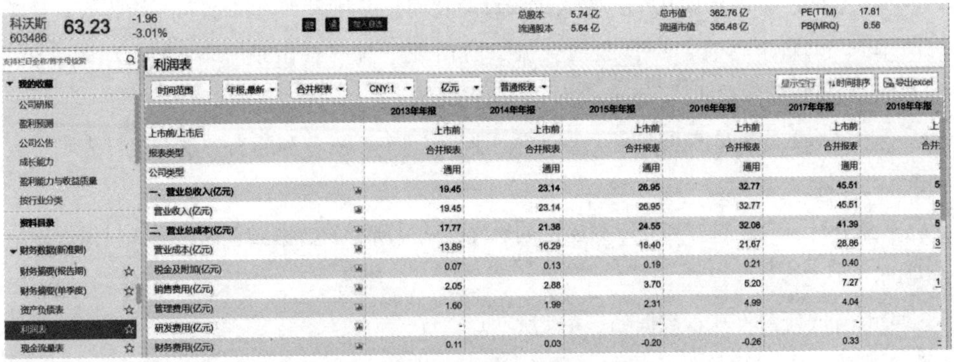

图4-1　Choice数据客户端利润界面

首先选时间范围，科沃斯上市前的数据从2013年开始，到2021年也就9年，所以都选上。

其次选年报和最新，这样看的是年度数据和最新一期的数据，一季报、半年报或者三季报，在2022年10月初这个时间点，最新的是2022年的半年报。

再次选择合并报表，原因我们后面会讲。单位选亿元，精确到小数点后两位。不要搞一长串数字，没有意义。特别是单位选元，再精确到小数点后两位，只是虚假的精确,给自己找麻烦。

最后选时间顺序,我的习惯是从左到右,左手是时间起点,右手是未来。很多人反着来,也许是个人习惯,但是我建议你用我的方法,有很多好处,与人的常识一致。选择好了,导出 Excel。

这就有了一个科沃斯 Excel 文件,改个名字,加个分析日期做后缀,存在科沃斯文件夹里。这个文件目前只有科沃斯的利润表这一个工作表(sheet),我们后面抽取的所有财务数据都放在这个文件中的不同 sheet 中。

除了利润表,通常还要导出资产负债表、现金流量表、人员、ROE 和一致预期。这些分别放在不同 sheet 中。再建一个 sheet 进行分析,这是我们财务分析作业的电子表,其他都是原始数据,我们引用即可。

我们是从 2013 年开始,以年为单位,包括 2013—2021 年数据和 2022 年上半年数据。未来 3 年,即 2022—2024 年,用一致预期数据,一致预期是所有对科沃斯作出盈余预测的券商分析师预测的平均值,Choice 数据有现成的。

要观察的维度先看这几个:收入、归母净利润、净利润率(归母净利润/收入就是净利润率)、扣非净利润、经营净现金流、自由现金流(自由现金流=经营净现金流−CAPEX,毛利=营业总收入−营业成本)、CAPEX 等。

上面这些数据,之前我们都已经导入不同 sheet 中,来自利润表、现金流量表和一致预期。

注意分析表的时间排列顺序与原始表对应,此时所有的数据或者计算公式只需要做第一年的。

最终科沃斯营收基本数据如表 4-1 所示。

表 4-1 科沃斯营收基本数据

类目	2013年	2014年	2015年	2016年	2017年	2018年
收入/亿元人民币	19.45	23.14	26.95	32.77	45.51	56.94
归母净利润/亿元人民币	1.64	1.57	1.79	0.51	3.76	4.85
净利润率/%	8.43	6.78	6.64	1.56	8.26	8.52
扣非净利润/亿元人民币	1.69	1.53	1.70	2.25	3.48	4.66
经营净现金流/亿元人民币	1.54	1.54	4.93	2.92	4.85	0.15

续表

类目	2013年	2014年	2015年	2016年	2017年	2018年
自由现金流/亿元人民币	0.41	0.22	3.80	1.59	4.35	-3.00
CAPEX/亿元人民币	1.13	1.32	1.13	1.33	0.50	3.15
扣非/净利润/%	103.05	97.45	94.97	441.18	92.55	96.08
经营现金流/净利润/%	93.90	98.09	275.42	572.55	128.99	3.09
经营利润/亿元人民币	1.42	1.48	2.13	0.52	3.55	4.91
金融利润/亿元人民币	0.22	0.09	-0.34	-0.01	0.21	-0.06
经营利润/归母净利润/%	87	94	119	102	94	101

类目	2019年	2020年	2021年	2022F	2023F	2024F
收入/亿元人民币	53.12	72.34	130.86	168.51	215.63	270.67
归母净利润/亿元人民币	1.21	6.41	20.10	23.21	29.46	37.33
净利润率/%	2.28	8.86	15.36	13.77	13.66	13.79
扣非净利润/亿元人民币	1.01	5.31	18.67			
经营净现金流/亿元人民币	2.62	11.97	17.57			
自由现金流/亿元人民币	-0.50	10.62	13.81			
CAPEX/亿元人民币	3.12	1.35	3.76			
扣非/净利润/%	83.47	82.84	92.89			
经营现金流/净利润/%	216.53	186.74	87.41			
经营利润/亿元人民币	1.19	5.87	18.81			
金融利润/亿元人民币	0.03	0.54	1.29			
经营利润/归母净利润/%	98	92	94			

◎ 第一步，看营收数据

数据列好，开始观察，有几个要点。

第一，看收入、净利润和利润率。

我们研究一家企业的时候一是脑海中要有规模，主要看收入，二是看利润水平。2021年科沃斯收入为130.86亿元人民币，归母净利润为20.10亿元人民币，已经是个大企业，净利润率为15.36%，盈利能力不错。

第二，看收入利润的发展过程。

科沃斯于2018年上市，2019年出现收入下降，净利润率只有2.28%。2020年打了翻身仗，2021年取得跨数量级的增长，净利润超过20亿元人民币。这一落一起，为什么？

第三，观察盈利质量。

盈利质量看四个关系：归母净利润与扣非净利润、经营利润与金融利润、经营现金流与归母净利润、自由现金流。

(1) 归母净利润与扣非净利润。主要看两者的关系，差距不大，说明科沃斯主要依靠业务盈利，非经常损益占比不高。非经常损益按照证监会披露规则主要指不属于日常经营的偶发性事项。其中2016年差距较大，但是归母净利润小于扣非净利润，这种情况一般不要紧，可能是股权激励之类。反之，就要注意，要看看具体原因。如果大多数年份差距都比较大，此时建议净利润指标改用扣非口径，因为我们分析的是持续性经营，而扣非净利润扣掉的是偶发非经营事件。

(2) 经营利润与金融利润。非金融企业的业务自然以非金融的日常经营业务为核心，对于非金融企业我们最关心日常经营业务。但是任何非金融企业也会持有部分金融资产，这部分资产会产生收益，例如利息净收入、金融资产的公允价值变动、以财务获利为目的的股权投资的投资收益。科沃斯的主业是扫地机器人和智能家电，这是它的核心，持有金融资产和投资是非核心。我用简便的方法将归母净利润拆为经营利润和金融利润。金融利润就是净利息收入、金融资产公允价值变动、投资收益、净利息收入的所得税调整，多数时候金融利润可以直接简化为金融资产公允价值变动、投资收益，不考虑利息和利息所得税还原。如果投资收益中联营、合营企业投资收益较大也可以考虑将这部分扣除，理由是投资联营、合营企业往往是业务需要而非理财需求。经营利润就是归母净利润扣除金融利润。这种简单粗暴的方法肯定是不精确的，但是多数情况下，颗粒度已经足够了。例如，科沃斯的金融利润很少，所以我们看一眼知道科沃斯主要依靠业务驱动获利就可以了。

(3) 经营净现金流与归母净利润。观察的原则：第一，是否在同一方向，有没有数量级差异；第二，是否存在经营现金流增长比净利润增长慢的情况，这种情况需要警觉，可能意味着竞争环境恶化或者会计操纵的可能。科沃斯大多数时候都挺正常，除了2018年经营现金流/归母净利润只有3.09%。这不正常，要看一下，可能是WC增加，这在后面分析WC时留意下。

（4）自由现金流。自由现金流如果偶然出现负数，需要关注下原因，看看是否是持续性现象。如果自由现金流持续为负数，或者很长时间内累计为负数，就要警惕，说明该企业的生意不能现金自洽，可能是经营现金流状况不好，也可能是支持形成经营现金流的再投资很大，这两种情况都不是好现象。科沃斯的自由现金流情况不错，多数年份是正的，2018年和2019年自由现金流为负，主要是因为2018—2019年CAPEX增加。2018年主要是经营现金流只有0.15亿元人民币，与归母净利润4.85亿元人民币相差很多，要看一下原因。2019年，科沃斯的业绩下滑导致归母净利润只有1.21亿元人民币，但经营现金流回升，达到2.62亿元人民币，说明经营现金流"跑"到利润前面，竞争能力增强了。2020—2021年，科沃斯的业绩大幅改善，经营现金流大增，自由现金流好转，上市4年，自由现金流合计20.93亿元人民币，说明科沃斯可以靠自身业务维持发展，实现现金平衡和再投资，并不需要外部"输血"。

第四，看预测。

当时，券商分析师预测科沃斯的收入在2024年将达到270.67亿元人民币，归母净利润37.33亿元人民币。看起来券商分析师对科沃斯的未来颇有信心。

另外，需要了解一下净利润和归母净利润之间的关系。

在利润表中有三种表述：净利润，归属母公司净利润，扣除非经常性损益后的归母净利润（简称扣非净利润）。我们通常看后面两个，因为在投资场景中，我们衡量的是母公司股东的权益价值。但是在以下这两种情况下，也需要看看净利润。

一种情况是净利润与归母净利润差别很大，此时要关注原因，如果净利润远大于归母净利润，可能是因为盈利贡献主要在控股子公司。例如，上市公司山东华特达因健康股份有限公司（简称"华特达因"）2021年的净利润为7.04亿元人民币，归属母公司净利润只有3.80亿元人民币，原因是利润主要来自子公司达因海洋生物制药股份有限公司（简称"达因制药"）。达因制药持股52.14%，3.24亿元净利润归属少数股东。2022年6月30日，华特达因的货币资金为12.30亿元人民币，资产负债率为23.67%，最理想方法是适当增加债务和杠杆率，收购自己最优质的资产——达因制药的少数股权，这是一种很有效率的再投资方式，能够有效增加业绩，维护股东权益。

另一种情况，归母净利润远大于净利润，这种情况要留意。说明子公司的少数股东"扛起"了亏损，这种情况多数不符合商业规律，往往因造假和操纵造成。例如，2016

年暴风集团股份有限公司的净利润为-2.54亿元人民币,归母净利润为0.53亿元人民币。就是玩了花样,控股子公司持股30.00%以下,但通过控制董事会和股东协议安排,实现控制和并表,收入计入母公司。巨额亏损主要由非控制但持多数股权的股东承担,这种安排一看就不是正常商业操作,后来暴风集团也和它的名字一样,"爆"了。

科沃斯的净利润和归母净利润基本一样,就不用花时间去看了。

◎第二步,看成本费用构成

成本是服务客户的直接代价,看成本主要观察毛利率,它反映了企业通过业务盈利的能力。毛利率代表客户离开你的成本,它的大小反映了企业的相对竞争能力以及行业竞争格局。毛利率高通常意味着企业竞争能力强,客户转换成本高,存在品牌等差异化护城河,或者行业竞争格局较好。毛利率和净利润率结合起来看更有效率。看科沃斯的毛利率和净利润率,做个表更直观(如表4-2所示)。

表4-2 科沃斯的毛利率和净利润率

类目	2013年	2014年	2015年	2016年	2017年	2018年	2019年	2020年	2021年	2022年
毛利率/%	28.59	29.60	31.73	33.87	36.59	37.85	38.29	42.85	51.41	50.98
净利润率/%	8.43	6.78	6.64	1.56	8.26	8.52	2.28	8.86	15.36	12.86

注:统计时间截至2022年上半年。

科沃斯的毛利率从2013年的28.59%爬升到2021年的51.41%。科沃斯早期是做代工业务的,慢慢转成品牌经营,这个毛利率的变化趋势似乎反映了这个事实。51.41%的毛利率从常识和绝对值来讲都很不错,可能是企业原因也可能是行业原因。毛利率大多数时候与行业特点和行业竞争格局紧密相关,所以企业是不是真好,还需要对比下同行业公司,这个分析我们放在后面。净利润率有两个起伏,之前都是个位数,2021年突破两位数,不错,这现象能否持续,还是昙花一现?

51.41%的毛利率与净利润率15.36%之间差了36.05%,此时应重点关注期间费用和其他损益项目。如果扣掉期间费用后数字仍然比较大,就要关心下其他损益项目,例如投资收益、大额的资产减值及营业外收支净额等;如果差得不大,不看也罢。科沃斯的毛利率减利润率和期间费用率差不多。

表4-3为科沃斯的期间费用。期间费用是指企业维持长期服务和竞争能力的支

出。了解期间费用花在哪里，这对判断企业的商业模式很有用。

表 4-3 科沃斯的期间费用

类目	2013年	2014年	2015年	2016年	2017年	2018年	2019年	2020年	2021年	2022年 H1
研发费用/亿元人民币				0.84	0.98	1.24	2.05	2.77	3.38	5.49	3.52
管理费用/亿元人民币			1.47	4.01	2.80	2.94	3.29	3.71	5.25	3.24
管理研发费用/亿元人民币	1.60	1.99	2.31	4.99	4.04	4.99	6.06	7.09	10.74	6.76
销售费用/亿元人民币	2.05	2.88	3.70	5.20	7.27	10.72	12.32	15.61	32.37	18.57
财务费用/亿元人民币	0.11	0.03	−0.20	−0.26	0.33	−0.28	0.05	0.63	0.75	−0.54
期间费用合计/亿元人民币	3.76	4.90	5.81	9.93	11.64	15.43	18.43	23.33	43.86	24.79
销售费用率/%	10.54	12.45	13.73	15.87	15.97	18.83	23.19	21.58	24.74	27.22
研发费用率/%	0.00	0.00	3.12	3.00	2.73	3.60	5.21	4.67	4.20	2.09
管理费用率/%	0.00	0.00	5.45	12.23	6.15	5.16	6.19	5.13	4.01	4.75
管理研发费用率/%	8.23	8.60	8.57	15.23	8.88	8.76	11.41	9.80	8.21	9.91
期间费用率/%	19.33	21.18	21.56	30.30	25.58	27.10	34.70	32.25	33.52	36.34
毛利率−净利润率/%	20.15	22.82	25.08	32.32	28.32	29.33	36.01	33.99	36.05	38.13

第一个看研发费用。扫地机器人属于比较有技术门槛的行业。以前我对此有点误解，认为扫地机器人就是个小家电，顶多算智能家电，不应该算机器人。后来看了些材料才知道，早期的扫地机器人是随机清扫模式，我家的iRobot就是这种。它碰到障碍物就机械调整方向，往往干净的地方扫10遍，脏的地方一次也不打扫。我老婆说，这个机器人很傻。实际上早期的这类扫地机器人是否算机器人有争议。后来，扫地机器人开始有规划清扫模式，争议就不大了。机器人本身的定义主要包括感知、决策和执行，只要是能自主决策的都是机器人。扫地机器人目前已经发展到能够应用同时定位与地图构建（Simultaneous Localization And Mapping，SLAM）技术，能够自主建图导航，自己规划清扫路径。从这点看，扫地机器人确实是机器人。机器人行业研发很关键，技术领先，才能差异化竞争，最后产生好的盈利能力。高技术企业是这个逻辑，研发要花钱，研发投入是关键指标。

简明财务分析：
数据背后的商业模式与投资价值

在科沃斯的利润表里，2018年前的研发费用包含在管理费用中，这是会计制度决定的，之前研发费用没有单列。这里有两种处理方法：一种是如果你知道分析的公司不是技术型公司，研发费用不重要，也可以直接用"管理费用+研发费用"这个口径。因为在现实中，企业研发费用和管理费用的边界并不是那么清晰，存在被操纵的可能。所以，用"管理费用+研发费用"这个口径反而能规避被操纵。另一种是看年报和招股书，找研发费用的明细数据。毕竟科沃斯是做扫地机器人的，研发费用指标比较重要。我看了科沃斯2018年的招股说明书，里面只有2015—2017年的研发费用。2013—2014年的研发费用没找到数据，包含在管理费用中，区分不出来。研发费用也可以资本化，变成资产负债表中的开发费用和无形资产，这样就从利润表中移出去了，研发费用资本化的直接结果是当期利润增加，所以研发费用资本化往往被人诟病为操纵利润，做行业对比时，需要将研发费用资本化的部分还原以后，再进行对比。有没有研发费用资本化，可以看年报中关于研发费用的段落，或者直接看资产负债表中有无开发费用这一项，开发费用有点类似在建工程，在转为无形资产之前，研发费用资本化的部分都放在开发费用中。如果存在研发费用资本化，注意两个问题：一是公司间对比口径要一致。二是利润会多出一部分，做利润指标的时候记得调整回来。

我们先看研发费用总额，从2015年的0.84亿元人民币增加到2021年的5.49亿元人民币，7年增加了5倍多，似乎研发投入力度不小。但是研发费用率却不高，2021年只有4.20%，还达不到目前科创板企业5.00%的科创属性标准，而且历史上研发费用比例一直较低。研发投入往往是长周期的，有自身投入规律，不会随收入波动。

再来看销售费用。扫地机器人是生活电器，科沃斯品牌业务是To C商业模式，销售费用是关键指标。2021年，科沃斯销售费用32.37亿元人民币，销售费用率达到24.74%，在收入高速增长的几年，销售费用率呈上升趋势，说明收入增长依赖销售投入的情况严重。如果是品牌投入期，比较容易理解，但是印象里科沃斯已经是国内扫地机器人第一，品牌渗透似乎已经完成，仍然离不开高额销售费用，令人思考。

我们再把销售费用率和研发费用率放在一起看，思考科沃斯赚钱的核心能力。在益研究股票分析会的时候，研究员就说，科沃斯市场能力一流，但是似乎在研发上差一些。2019年，云鲸首先研发出扫拖一体机，一下子成为行业风向标，一年后科沃斯才推出对应产品，似乎在研发技术上并无优势。

管理费用从2015年的1.47亿元人民币增加到2021年的5.25亿元人民币，7年增加2.57倍，同期销售收入增长3.86倍。销售收入增长快于管理费用增长，符合企业运作常识。管理费用是期间费用，在收入规模扩大的过程中，管理费用比例应当呈下降趋势，这才有规模效应。

◎ **第三步，看增长**

我们先了解下为何要看增长，这涉及股票或者企业类型，增长率并不是所有类型的公司财务分析的重点。按照林奇的分类法，股票分为缓慢增长型、稳定增长型、快速增长型、周期型、困境反转型、隐蔽资产型。选股是艺术，没有一成不变的理论，需要运用不同的模型进行分类，针对不同类型采取不同的研究重点和策略，分类入口将为投资者打开一扇通向成功的大门。在林奇分类法中，缓慢增长型、稳定增长型、快速增长型是按照增长率高低区分的，我们分析时重点关注增长型企业的增长率。其他3类的隐蔽资产型，增长率并不是财务分析的核心。我们最关心增长型企业未来的盈余增长率、它未来能够实现这种增长率的护城河，以及这种增长率对应的不确定性，上述3个关心就构成了自由DCF和动态估值法的核心要素：未来盈余、永续价值和折现率。

科沃斯的收入增长率和归母净利润年增长率如表4-4所示。2022—2024年是预测数据，以券商分析师一致预期为依据。收入除了2019年是负增长以外，2014—2021年都是正增长，2021年收入增长率达到80.90%，非常惊人，未来预测收入增速在25.00%—29.00%。归母净利润增长率起伏很大，2019年归母净利润增长率为-75.05%，2020年归母净利润增长率为429.75%，2021年归母净利润增长率为213.57%，3位数利润增长，券商分析师预测未来利润增长率在15.00%—27.00%。逐年数据往往提示我们历史上发生了什么事情，让我们去关注。科沃斯2019年的年度增长率引起了我的注意，收入下降6.71%，净利润下降75.05%，这是上市后的第2年，在大幅下滑后，2020年就实现反转，收入增长36.18%，净利润增长429.75%。考虑到2019年基数低，2020年与2018年相比，收入增长27.05%，净利润增长32.16%，看来2020年业务增长不是"填坑"，是真实增长。

表4-4 科沃斯的收入增长率和归母净利润增长率

类目	2013年	2014年	2015年	2016年	2017年	2018年
收入增长率/%		18.97	16.46	21.60	38.88	25.12
归母净利润增长率/%		-4.27	14.01	-71.51	637.25	28.99

类目	2019年	2020年	2021年	2022F	2023F	2024F
收入增长率/%	-6.71	36.18	80.90	28.77	27.96	25.53
归母净利润增长率/%	-75.05	429.75	213.57	15.48	26.92	26.71

逐年增长率数据波动显著，要获得增长的总体印象，我选用3年复合年增长率。

复合增长率的计算方式顺便说一下，3年复合增长率为第3年数据除以第0年数据开3次方减1，Excel的公式＝（F3/F0)^(1/3)－1，注意3年的起始数据是第0年，如果用第1年数据，那就是2年复合增长率。

以2022年9月为观察点，过去5年、过去3年、未来3年的收入增长率、净利润增长率如图4-2所示。收入增长率平均以30.00%的速度增长，净利润增长率增速呈现由高到低的趋势。这符合我们的常识，企业都有生命周期，在高速增长后增长率总会放缓。未来3年增长率需要重点关注。这里未来3年增长率采用券商分析师预测，先不管对不对，这是一个显性市场预期，由于券商分析师具有比普通投资者更强的研究能力和信息获取能力，我们通常在自己没主意的时候参考券商分析师一致预期的数字。

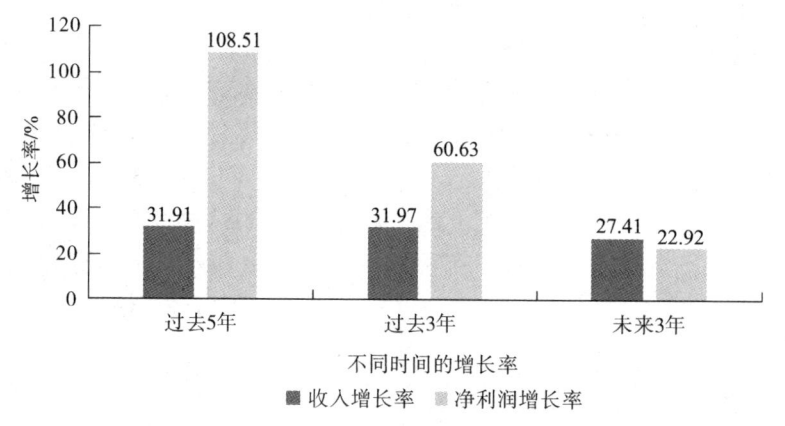

图4-2 科沃斯的收入增长率、净利润增长率

◎第四步，看业务构成

在之前的步骤中，我们观察了科沃斯的收入、利润、现金流的数量和增长情况。从数字看，科沃斯是一家收入、利润高速增长的企业，盈利质量也非常好，是一家优秀的企业。不过，这些都是结果，我们实际上更想知道科沃斯增长背后的驱动力，以及未来这些驱动力会怎样变化，以便让我们对科沃斯的未来作出判断。所以，我们需要知道收入、利润增长的详细情况，也需要知道科沃斯细分产品的收入、成本和毛利。

我们首先看，科沃斯的收入是不是含有其他业务收入。科沃斯利润表显示，其收入全部来自营业收入。其次，我们要将科沃斯的收入拆分，怎么拆？当然最好能够拆到每个具体产品的收入、成本和毛利，以及构成收入的明细产品销售数量和价格。这样我们就可以观察科沃斯的收入增长、利润增长来自哪些产品，这些产品增加收入、利润的方式是怎样的，是通过增加数量还是提高价格或者降低成本。这些信息对于判断科沃斯竞争优势和市场环境非常有帮助。不过这是理想状态，如果你是科沃斯CFO，你一定有这些数据。这些数据是管理会计的基础数据，但是作为外部投资者，我们只有公开数据、定期报告之类，这些披露数据往往在收入成本披露上没有那么详细，很少有上市公司能直接根据公开披露数据拆分明细量价。例如科沃斯2021年年报是这样披露的，具体内容如表4-5所示。

表4-5 科沃斯2021年年报分类收入

类目	营业收入/万元人民币	营业收入占比/%	营业收入较上年同期变化/%
科沃斯品牌服务机器人	671008.89	51.28	58.42
服务机器人ODM	11650.74	0.89	68.17
服务机器人业务合计	682659.63	52.17	58.58
添可品牌智能生活电器	513683.00	39.25	307.97
清洁类电器OEM/ODM	87549.87	6.69	−41.33
智能生活电器业务合计	601232.87	45.94	118.52
其他业务收入	24708.24	1.89	39.16
合计	1308600.74	100.00	80.90

| 简明财务分析：
| 数据背后的商业模式与投资价值

科沃斯将收入分为机器人收入、智能电器收入和其他收入，也披露了其中OEM/ODM与品牌各自的明细数据。这就是科沃斯公开数据中关于收入的分类，离我们想要的理想状态——获得产品明细数量、价格、成本，相差万里。

不过，这些信息也有价值含量。之前提过，科沃斯靠代工业务起家，也就是OEM/ODM业务，做的东西类似，也是服务机器人和智能电器小家电，只不过是给品牌商代工。之前讲过科沃斯与戴森的官司，实际上并不是科沃斯与戴森的直接争议，而是科沃斯代工的品牌商被戴森告上法庭。由于是ODM，设计制造全是科沃斯负责，也可以看成是科沃斯的自主技术与戴森的较量。

科沃斯靠代工业务起家，随后开始增加科沃斯品牌的服务机器人产品，自主品牌自主销售。随着自主品牌收入的增加，代工业务逐步减少。2019年，它又创立了智能生活电器自主品牌添可。机器人业务归儿子管，创始人二次创业智能家电品牌添可。上面这是一段故事，我们要从数据上看，是不是这么回事。故事要用数据去验证，反之亦然。

从科沃斯分类产品收入（如图4-3所示）上看出几点。

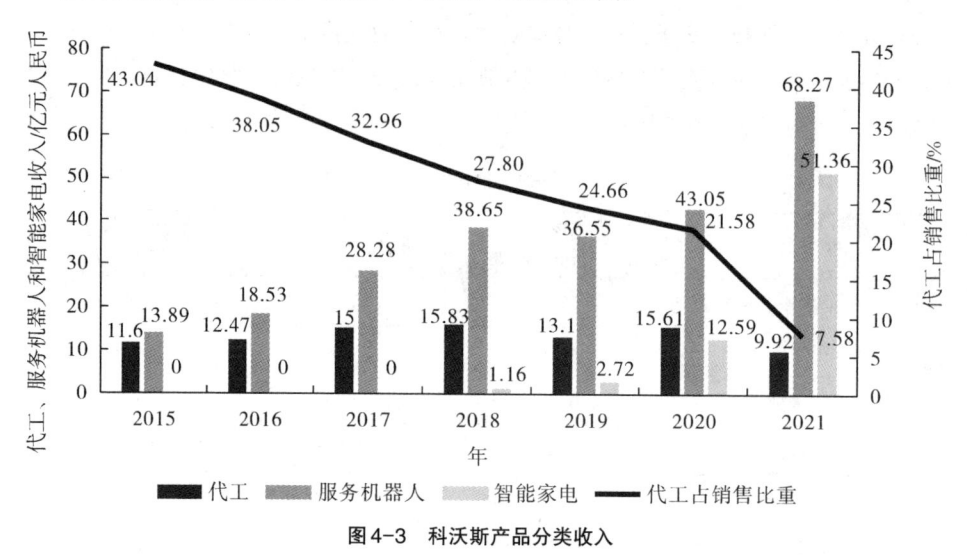

图4-3 科沃斯产品分类收入

（1）代工OEM/ODM收入呈下降趋势。代工业务是科沃斯起家业务，是科沃斯发展的第一曲线。代工业务收入占比从2015年的43.04%降到2021年的7.58%，对科沃斯的影响已经很小，可以说科沃斯已经完成了从代工业务到自主品牌的转型。

（2）服务机器人业务快速增长。2015年，服务机器人业务与代工业务平分秋色，到2021年成为科沃斯第一大收入来源，服务机器人业务成为科沃斯发展的第二曲线。

（3）智能家电高速增长，2019年宣布创建添可品牌，并由创始人管理，从2021年的数据看，非常成功，构成了科沃斯发展的第三曲线。

看完收入驱动力，我们来看利润，这里的利润就是毛利（毛利=收入−成本）。科沃斯2021年年报中是这样披露分类毛利数据（如表4-6、表4-7所示）的。

表4-6　科沃斯2021年年报分类收入（主营业务分行业情况）（一）

类目	营业收入/元人民币	营业成本/元人民币	毛利率/%	营业收入比上年增减/%	营业成本比上年增减/%	毛利率比上年增减/%
家电行业	13086007405.30	6358860217.58	51.41	80.90	53.83	8.55

表4-7　科沃斯2021年年报分类收入（主营业务分产品情况）（二）

类目	营业收入/元人民币	营业成本/元人民币	毛利率/%	营业收入比上年增减/%	营业成本比上年增减/%	毛利率比上年增减/%
服务机器人	6826596239.28	3428767187.60	49.77	58.58	53.19	1.76
智能生活电器	6012328722.83	2709581154.60	54.93	118.52	54.83	18.54
其他产品	247082443.19	220511875.38	10.75	39.16	51.68	7.37
合计	13086007405.30	6358860217.58	51.41	80.90	53.83	8.55

你发现了吗？代工业务的毛利没有单独披露，而是将代工业务与品牌业务混在一起。所以我们非常好用的收入明细表就没法直接拆成分类毛利表。在之前定期报告和招股书中，科沃斯披露了代工业务的毛利率，范围在12.00%—16.00%，因而，2021年近10亿元人民币的代工业务，毛利率在15.00%左右，在整体毛利贡献中很少，2021年的只占总毛利额的2.00%左右。从2021年的数据看，机器人业务毛利率49.77%，智能家电业务毛利率还要更高一点，达到54.93%。因而2021年科沃斯整体毛利51.41%。基本印象是，代工业务可以忽略，机器人业务量比智能家电的略多，但是机器人的毛利率比智能家电的略低。未来要估计毛利率，就可以从两大业务的收入占比和毛利率入手。

◎ 第五步，看资产负债

把几个重要的资产负债数据列出来，如表4-8所示。

表4-8 科沃斯资产负债

类目	2014年	2015年	2016年	2017年	2018年	2019年	2020年	2021年
流动资产/亿元人民币	12.16	12.46	15.76	20.86	33.60	31.66	49.73	90.66
现金/亿元人民币	1.53	2.79	3.19	7.21	11.43	10.88	19.65	35.77
存货/亿元人民币	3.51	4.75	5.82	6.32	11.75	10.00	12.85	24.17
非流动资产/亿元人民币	3.86	4.78	5.60	6.16	8.48	11.66	11.90	16.54
总资产/亿元人民币	16.02	17.23	21.36	27.01	42.08	43.32	61.62	107.20
归母净资产/亿元人民币	7.75	5.72	8.79	12.56	24.88	24.76	31.01	50.94
无息债务(应付＋预收＋合同)/亿元人民币	6.59	8.59	11.13	11.89	13.74	13.16	22.24	31.02
有息债务/亿元人民币	0.28	0.39	0.00	0.15	0.65	1.99	1.09	0.74
无息债务/收入/亿元人民币	0.28	0.32	0.34	0.26	0.24	0.25	0.31	0.24
无息/总资产/亿元人民币	0.02	0.02	0.00	0.01	0.02	0.05	0.02	0.01
有息/总资产/亿元人民币	0.02	0.02	0.00	0.01	0.02	0.05	0.02	0.01
资产负债率/%	49.94	65.18	58.43	53.20	40.66	42.64	49.48	52.37

资产负债数据大同小异，这里都是年末数，主要看以下几个数。

第一，总资产（由流动资产和非流动资产构成）。科沃斯2021年总资产107.20亿元人民币，非流动资产只有16.54亿元人民币，资产不"重"。联想到科沃斯是自主制造模式，看起来这个业务固定资产投入不大或者不那么关键。在流动资产中，货币资金和存货占了大部分，作为直接面向客户的企业，要关注下存货，经常有雷。

第二，债务。通常这种行业欣欣向荣、利润现金流很好的龙头公司，债务问题不关键，不重要，不要浪费时间。总体来说，科沃斯资产负债率不高，且主要是无息债务，这里的无息债务是狭义的无息债务，指供应商为科沃斯垫付的资金，包括应付账款、预收账款和合同负债。广义的无息债务还包括应付工资、应付税费等，那些与经营关联度不大，因此我用狭义的无息债务。科沃斯债务中无息债务占大头，有息债务很少，说明现金流充沛，对供应商有一定优势，固定投入又不大，经营现金流能覆盖再投资，所以没有必要去借支付利息的钱。

第三，资产负债率。科沃斯2021年资产负债率52.37%，较上年略有上升，但也在可控范围。

总的来说，单纯的资产负债表中的信息对于业绩优秀、资产不"重"的企业来说，信息量不多，看一眼就够了。

第四，经营资产与金融资产。如果你有精力还可以做一个资产负债表的拆分，前面我们将利润拆成经营利润和金融利润，产生利润需要投入资产作为基础，分别对应各自的资产净投入，以此口径可以将资产负债表拆分为净经营资产和净金融资产。

将资产和负债中的项目识别为经营类和金融类，经营资产减去经营负债得出净经营资产，金融资产减去金融负债得出净金融资产，如果净金融资产是负数，表示企业通过金融负债融资，如果净经营资产为负数，表示企业以别人垫付的资金开展日常经营活动。其中，货币资金拆分为营运现金和金融现金，我采用的方法是当年经营净现金流除以12乘以2。作为一名财务总监，我觉得日常保留2个月平均营运净现金流的现金量作为缓冲，心里比较放心。用这个数，营运现金2021年占收入的比例为0.50%，和权威著作建议取收入的0.50%的值一致。

这个拆分有一点复杂，需要一些会计知识，只能说个大概，每个人的理解不一样。我不再一一解释，有兴趣可以自己研究（如表4-9、表4-10所示）。

表4-9 科沃斯资产负债表重构

单位：亿元人民币

	类目	2018年	2019年	2020年	2021年
1	经营性资产				
	营运现金	0.03	0.44	2.00	2.93
	应收账款和票据	9.01	9.28	12.89	17.84
	预付账款	0.74	0.50	1.00	1.96
	存货	11.75	10.00	12.85	24.17

简明财务分析：
数据背后的商业模式与投资价值

续表

	类目	2018年	2019年	2020年	2021年
	其他经营流动资产	0.68	0.63	2.11	2.28
	固定资产	4.13	7.75	7.62	8.19
	在建工程	1.27	0.05	0.06	0.96
	使用权资产	0.00	0.00	0.00	0.37
	无形资产	0.88	0.89	0.87	0.88
	商誉	0.00	0.00	0.00	0.00
	长期待摊费用	0.10	0.08	0.06	0.28
	递延所得税资产	0.62	0.65	0.75	1.60
	经营资产合计	29.21	30.27	40.21	61.46
2	经营性负债				
	应付账款和票据	12.58	12.01	20.26	27.20
	预收账款	1.16	1.15	0.00	0.00
	合同负债	0.00	0.00	1.98	3.82
	应付薪酬	0.74	0.67	1.20	1.71
	应交税费	0.45	0.36	1.69	2.98
	其他应付	1.52	2.18	3.36	8.91
	其他	0.01	0.00	0.81	1.32
	经营性负债合计	16.46	16.37	29.30	45.94
3	净经营资产	12.75	13.90	10.91	15.52
4	金融资产				
	金融现金	11.41	10.44	17.66	32.84
	交易性金融资产	0.00	0.04	0.62	8.39
	应收款项融资	0.00	0.29	0.60	0.24
	应收股利	0.00	0.00	0.00	0.00
	可供出售金融资产	0.13	0.00	0.00	0.00
	长期股权投资	1.36	1.75	1.71	1.52
	其他权益工具投资	0.00	0.00	0.00	0.32

续表

	类目	2018年	2019年	2020年	2021年
	其他非流动金融资产	0.00	0.49	0.82	2.42
	投资性房地产	0.00	0.00	0.00	0.00
	金融资产合计	12.90	13.01	21.41	45.73
5	金融负债				
	短期借款	0.54	1.95	1.09	0.40
	交易性金融负债	0.00	0.00	0.00	0.00
	衍生金融负债	0.00	0.00	0.00	0.00
	应付股利	0.00	0.00	0.00	0.00
	1年内到期的非流动负债	0.00	0.00	0.00	0.15
	应付债券	0.00	0.00	0.00	9.15
	租赁负债	0.00	0.00	0.00	0.19
	长期应付款	0.11	0.04	0.00	0.00
	递延收益	0.01	0.03	0.02	0.02
	递延所得税负债	0.00	0.07	0.09	0.28
6	金融负债合计	0.66	2.09	1.20	10.19
7	净金融资产	12.24	10.92	20.21	35.54

表4-10 科沃斯资产负债表重构汇总

类目	2018年	2019年	2020年	2021年
净资产/亿元人民币	24.97	24.85	31.13	51.06
净经营资产/亿元人民币	12.75	13.90	10.91	15.52
净金融资产/亿元人民币	12.24	10.92	20.21	35.54
净经营资产收益率/%	54.49	8.53	47.32	121.23

归母净资产=净资产+少数股东权益

净资产=资产-负债=（经营资产+金融资产）-（经营负债+金融负债）=（经营资产-经营负债）+（金融资产-金融负债）=净经营资产+净金融资产

净经营资产为正数可以理解为企业为了日常业务经营投入的净资产。净金融资产如果是正数，表明企业持有净金融资产，如果为负数则表明企业持有净金融负债，也就是企业为净营运资产进行了金融融资。如果净经营资产为负数，表示企业以别人垫付的资金开展日常经营活动，例如供应商垫付的应付账款和预收账款、员工垫付的应付工资、政府垫付的应付税费等。这个视角和我常用的WC视角类似，我更常用它来理解。

表4-10中2021年的数据可以这样理解：2021年科沃斯的股东权益、净资产合计51.06亿元人民币，其中投入日常经营的净经营资产15.52亿元人民币，这部分净经营资产创造了130.86亿元人民币的销售收入和18.81亿元人民币的经营利润，占当年归母净利润的93.58%。另外，科沃斯净持有35.54亿元人民币的净金融资产。从以上信息来看，第一，科沃斯净经营资产效率很高，2021年净经营资产收益率达到121.23%。第二，科沃斯还持有远超过金融负债的金融资产，说明企业资金充足，债务风险很小。

◎第六步，看投入产出

我们可以把企业看成一个投入产出系统，目的是服务客户，客户满意，企业获得收入，实现商业循环。服务客户是有条件的：一是需要资本性支出购置设备、无形资产和固定设施等，例如制造企业，需要生产设施才能生产产品，其中最重要的是固定资产；二是投入流动资金，例如商业销售，要先垫钱备货；三是投入人力，任何资产都需要人去经营。总体而言，要投入3项资源：固定资产、WC和人力。这3项投入能帮助我们理解企业商业模式和驱动力，而这3项投入隐藏在财务数据后面，我们要进行数据处理才能得到。

● WC

企业经营首先需要垫付流动资金。例如制造企业首先要买原材料，原材料变成存货，在加工过程中需要垫付人工及水电等费用，加工过程形成的在制品、半成品和成品都是存货，最后出售给客户，采用赊销方式，形成应收账款，还是占用资金。同时，企业也会占用供应商的资金，例如赊购材料，供应商给了账期，形成应付账款，占用供应商的资金。别人占我的和我占别人的两相抵消，剩余部分是企业在经营中真实垫付的自有流动资金，这就是WC的概念。我这里用的是WC的狭义概念，只涉及与经营变动相关的项目，不包括应付工资和应付税费等项目，这样我们可以把关注点集中在企业经营上。WC这个指标和其分解指标可以帮助我们理解企业与客户、供应商的关系。

WC＝应收账款和票据＋预付账款＋存货＋合同资产－应付账款和票据－预收账款－合同负债

WC是投入，产出就是收入，所以衡量WC投入产出效率的指标是：1元收入需要的WC＝WC÷销售收入。

注意，WC是个期末时间点数字，而销售收入是期间数字。理论上这两个数相除，要把WC做期间化处理，一般就是（期初+期末）/2。现实中，很多时候我们看趋势变化，所以如果统一都用期末数，影响也不大，如果WC期初期末变动剧烈，可以考虑再进一步优化数据，通常用期末数已经足够。另外，应收款项融资需要加回来包括在应收账款和票据中，在WC分析场景下，该项目只是应收票据融资后，会计将贴现票据分类处理，性质并没有变化，仍然是企业营运中垫付资金。应付账款和票据，其中票据只包括商业承兑汇票，这是供应商给的信用，而很多情况下银行承兑汇票需预存全额保证金，实际是货币资金置换而不是供应商信用，对于大多数制造类企业来说，商业承兑汇票数量较少，简化可以直接用应付账款而不考虑应付票据的明细情况。

表4-11中除最后一行都是用资产负债表数字，也就是当期期末数字。最后一行（新增WC）是本年WC-上年WC，代表本期WC的增量，也就是企业在经营中本年需要新投入的资金数，这个属于再投资范围。新增WC在2018年大增，随后两年减少，揣测从ODM向品牌业务模式转型过程中，两种模式需要的WC数量不一样。

2018年WC大增主要是应收与存货增加，对比收入，应收除收入提升2.00%，存货除收入提升7%。自主品牌存货链条较ODM长，存货增加是意料之中。2021年WC大增8.64亿元人民币，但是各项目对比收入比例变化不大，说明主要是业务规模变大需要投入更多WC。另外一个观察点是看收入增长与应收、存货增长之间的关系。如果两者增长基本同步，大体就正常。如果不同步，就需要小心，并进一步求证：如果应收增长大幅超过收入增长，需要关注竞争环境恶化或者降低信用标准推进销售的情况；如果存货增长大幅超过收入增长，需要观察存货跌价准备是否充足。2021年，科沃斯收入增长81.00%，应收增长38.00%，存货增长88.00%，在合理范围内。

简明财务分析：
数据背后的商业模式与投资价值

表4-11 科沃斯WC分析

类目	2013年	2014年	2015年	2016年	2017年	2018年	2019年	2020年	2021年
1元收入需要的WC/元人民币	0.13	0.13	0.08	0.09	0.06	0.16	0.15	0.10	0.12
WC/亿元人民币	2.49	3.04	2.23	2.99	2.74	9.13	8.23	7.10	15.74
应收/亿元人民币	4.37	5.28	3.38	5.00	6.19	9.01	9.57	13.49	18.08
预付/亿元人民币	0.38	0.54	0.86	0.99	0.42	0.74	0.50	1.00	1.96
存货/亿元人民币	3.08	3.51	4.75	5.82	6.32	11.75	10.00	12.85	24.17
应付账款/亿元人民币	5.20	6.21	6.43	7.92	9.16	11.21	10.69	18.26	24.65
预收/亿元人民币	0.14	0.08	0.33	0.90	1.03	1.16	1.15	0.00	0.00
合同负债/亿元人民币	0.00	0.00	0.00	0.00	0.00	0.00	0.00	1.98	3.82
应收占收入比重/%	22.47	22.82	12.54	15.26	13.60	15.82	18.02	18.65	13.82
预付占收入比重/%	1.95	2.33	3.19	3.02	0.92	1.30	0.94	1.38	1.50
存货占收入比重/%	15.84	15.17	17.63	17.76	13.89	20.64	18.83	17.76	18.47
应付占收入比重/%	26.74	26.84	23.86	24.17	20.13	19.69	20.12	25.24	18.84
预收占收入比重/%	0.72	0.35	1.22	2.75	2.26	2.04	2.16	0.00	0.00
合同负债占收入比重/%	0.00	0.00	0.00	0.00	0.00	0.00	0.00	2.74	2.92
新增WC/亿元人民币		0.55	-0.81	0.76	-0.25	6.39	-0.90	-1.13	8.64

除了增量WC和WC变动原因，1元收入需要的WC是重要投入产出指标。

2021年科沃斯的1元收入需要的WC为0.12元人民币，意味着每产生1元销售收入科沃斯需要垫付0.12元人民币的流动资金（如图4-4所示）。

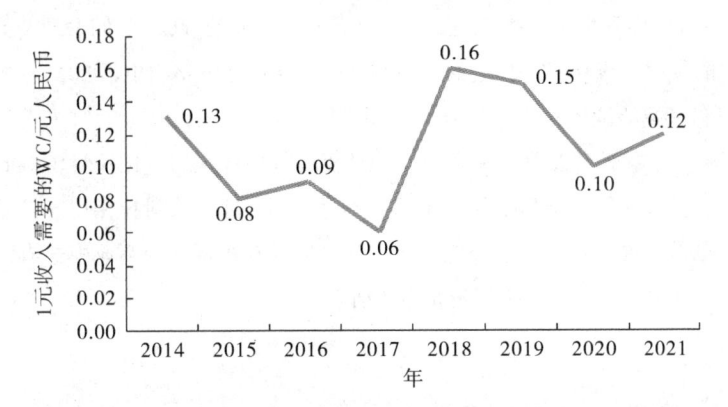

图4-4 科沃斯1元收入需要WC

WC由两方面因素产生，一方面是商业模式，例如科沃斯从ODM转向品牌营销，WC增加，这部分主要体现在存货。另一方面，WC由行业态势和企业地位决定，这个主要体现在，强势地位企业可以少赊销多赊购，甚至可以要求客户付预付款。反过来，弱势地位企业为了达成销售增长会为客户提供信用、垫付资金，表现为多赊销，如果相对供应商地位弱势，在购买商品和服务时，采用预付款和较少的赊购方式。因此，我们可以根据WC指标从侧面了解公司在客户、供应商这两个群体中的竞争地位。

说了这么多，你从上述WC数据中看出科沃斯处于什么地位了吗？除了了解WC的历史变化以外，似乎并没有什么有用的信息。

如果你的困惑是这样，那就对了。我做了很多年财务分析，刚开始我经常有这样的困惑，一大堆数据似乎说明了什么，又似乎没什么意义。1元收入需要的WC这个指标就是这样，其实这个指标有两个用途。

第一个用途：工具用途。财务分析的尽头是估值，如果用DCF，需要预测未来自由现金流，而自由现金流等于净利润减去保证净利润产生的再投资，再投资包括两部分：增量WC和CAPEX。现在你就明白我们为什么要算1元收入需要的WC。

第二个用途：识别商业模式和判断企业竞争地位。正常情况下，企业需要垫付流动资金，而垫付多少取决于生意是怎么做的，以及该企业与上下游企业之间的竞争地位。

简明财务分析：
数据背后的商业模式与投资价值

此时，科沃斯1元收入需要0.12元人民币的WC，这个指标本身说明不了问题，我们需要把它放在背景中去对比（一种是对比不同行业、不同商业模式下指标的变化，另一种是与同行业公司对比）。

我们在图4-5中列出了一些公司2021年1元收入需要的WC。我们发现美的集团很厉害，这么大的买卖，流动资金都是供应商倒贴的，相比之下格力电器2021年的这个指标不怎么样，有兴趣的读者可以自己分析下原因。华致酒行最差，1元收入需要0.59元人民币WC投入，它主要卖五粮液和茅台，都是要先付预付款的，在强势供应商面前，垫钱在所难免。科沃斯似乎不高不低在中间，不过与同行业石头科技相比，就差一些，石头科技居然也是净占用供应商资金做生意，这可能与石头科技的商业模式有关，科沃斯是自主研发、自主制造，而石头科技是自主研发。

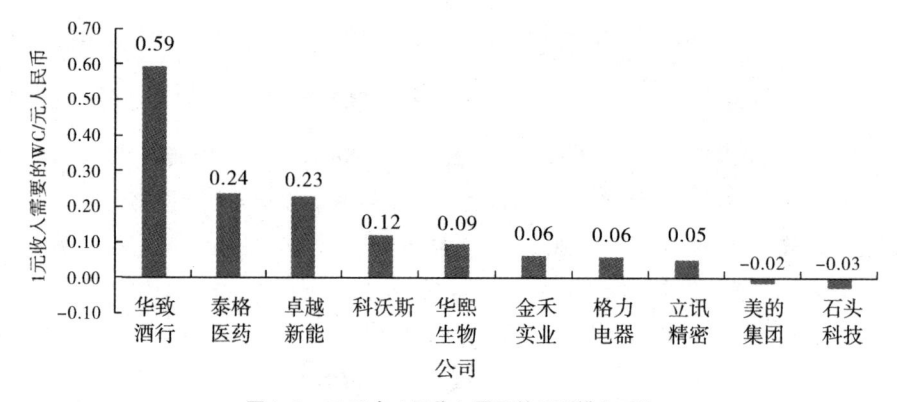

图4-5 2021年1元收入需要的WC横向对比

● 固定资产

我们看资产负债表结构，资产分为两个大类：流动资产和非流动资产。非流动资产包括固定资产、无形资产、商誉等长期资产。在我的投入产出模型中，WC是实际经营性流动资产减去经营性流动负债，衡量净流动资产的投入产出效率，表示企业为了服务客户取得收入在净流动资产方面的投入。

非流动资产中的大部分项目是为了企业经营而投入的长期资产项目，在大多数情况下，最重要的是固定资产，因此我用两个指标来衡量：第一个指标是1元收入需要投入的固定资产，第二个指标是1元收入需要投入的长期资产。第一个指标主要表示企业资产"重"不"重"，第二个指标表示除了固定资产以外，我们还需要注意什么特殊长期资产项目，这个指标多数时候是个警示线索。如果两者差距大，你要去看一下原因，如果是商誉造成的，说明这家公司采用并购策略。

表4-12为科沃斯固定资产投入分析表，这里的数据我还是用期末数，如果特别重要，也就是资产特别"重"，数字变动剧烈的，考虑采用期间数［（期初+期末）/2］，科沃斯长期资产和固定资产在资产中比重不大，所以这里就简化处理，用期末数。

表4-12 科沃斯固定资产投入分析

类目	2014年	2015年	2016年	2017年	2018年	2019年	2020年	2021年
1元收入需要的固定资产/元人民币	0.14	0.14	0.12	0.08	0.09	0.15	0.11	0.07
1元收入需要的长期资产/元人民币	0.15	0.16	0.15	0.10	0.11	0.17	0.12	0.08
固定资产/亿元人民币	3.28	3.71	3.94	3.67	5.40	7.80	7.68	9.15
长期经营资产/亿元人民币	3.54	4.32	4.94	4.66	6.38	8.77	8.61	10.68
折旧/亿元人民币	0.63	0.75	0.81	0.86	0.78	0.98	1.14	1.36
折旧/收入/%	0.03	0.03	0.02	0.02	0.01	0.02	0.02	0.01
机器设备原值/亿元人民币								5.13
1元收入机器设备/元人民币								0.04

此处，固定资产=资产负债表上的固定资产+在建工程+工程物资-固定资产清理。我的理由是，固定资产的其他项目，特别是在建工程，在会计处理上容易被操纵。我有时看到表上有一堆在建工程尚未转固定资产，何时转、转多少都有操纵空间，所以放到一起看，一来避免被误导，二来这些前期投入已经进入为企业经营准备的固定资产中，应该一起来看。

长期资产=固定资产+资产负债表其他长期经营资产(无形资产+开发费+使用权资产+商誉+长期待摊)

首先看，固定资产与长期资产差异不大，因此后面我只关注固定资产。

简明财务分析：
数据背后的商业模式与投资价值

科沃斯2021年固定资产9.15亿元人民币，支持了130.86亿人民币的销售收入，1元收入需要投入的固定资产为0.07元人民币，机器设备原值5.13亿元人民币，折旧占收入比例很低。如果你有经验，一眼就看出科沃斯虽然说自己是制造垂直一体化，但是固定资产并不重。如果你没有感觉，我们还是比较下同行和不同行业，你可能会找到感觉（如图4-6所示）。

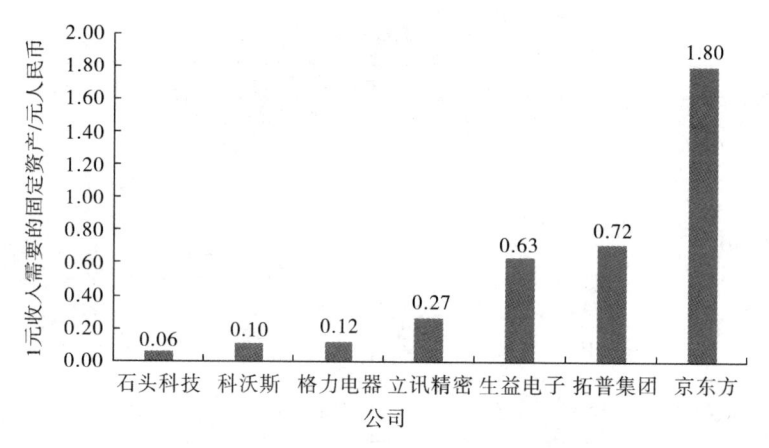

图4-6　1元收入需要的固定资产横向对比

我们都知道京东方是特别典型的重资产。生益电子是做印刷线路板的，拓普集团是做汽车零部件的，这两家都拥有较重的资产。立讯精密工业股份有限公司（简称"立讯精密"）有两大块业务，分别是消费电子零件制造业务和组装业务，所以合起来资产轻一些。格力电器是中国制造业的典范，不过资产也不重，很有可能是品牌溢价收入高造成的投入产出效率高，另外也说明白色家电制造资产不重。石头科技是扫地机器人同行，比科沃斯还轻资产，原因也很简单，科沃斯是OEM、ODM起家，一直是自己制造自己组装，而石头科技起家靠的是设计公司轻资产模式，制造组装都是代工厂完成的，自己的固定资产也就是办公场所。

● 人员投入

商业模式从驱动力视角来看，大体可以分为产品驱动、人力驱动和资本驱动。

资本驱动是金融企业。人力驱动主要是产品服务定制化的商业模式，缺点是规模效应差，要增加收入就要多投入人力。例如，以临床试验业务为主的泰格医药和搞培训的中公教育都是这个类型，中公教育特别明显，收入规模快速扩张的同时，人员规模同步扩大，导致人均收入利润没有显著增长，缺乏规模效应。

我们先看一下科沃斯的人员数据（如表4-13所示）。

表4-13 科沃斯的人员数据

类目	2014年	2015年	2016年	2017年	2018年	2019年	2020年	2021年
人数	5,100	5,054	6,000	6,536	6,346	6,208	6,550	7,854
生产人员/人	2,734	2,630	3,658	3,845	2,854	2,445	2,662	2,950
销售人员/人	1,392	1,433	1,220	1,446	2,055	2,039	1,813	2,550
研发人员/人	468	476	536	610	788	886	951	1,197
生产人员占比/%	53.61	52.04	60.97	58.83	44.97	39.38	40.64	37.56
销售人员占比/%	27.29	28.35	20.33	22.12	32.38	32.84	27.68	32.47
研发人员占比/%	9.18	9.42	8.93	9.33	12.42	14.27	14.52	15.24

大体看一下数据，科沃斯2021年员工7854人，其中生产人员和销售人员占大头。从过往历史来看，生产人员比重下降，研发人员比重上升，符合从ODM向自主品牌转移的特点，从制造为核心向研发驱动转变。销售人员比重大说明科沃斯很大程度是市场驱动的，这与销售费用比例较大吻合，销售人员呈增加趋势，与从代工业务向自主品牌转型吻合。有了人数再把同期数据配上就是人均的投入产出数据。

从人员投入产出视角（如表4-14所示）看，科沃斯人均收入从2018年的199.51万元人民币，上升到2021年的443.59万元人民币，说明科沃斯的规模效应明显。人均收入443.59万元人民币是很高的，科沃斯人均扣非净利润从2014年人均3.00万元人民币、2018年人均7.34万元人民币，到2021年人均扣非净利润23.77万元人民币，大幅上升，说明在人员投入维度上，科沃斯具有很好的规模效应。至于这个数字是高还是低，我们一样要在对比中找感觉。

表4-14 科沃斯的人均数据

类目	2014年	2015年	2016年	2017年	2018年	2019年	2020年	2021年
人均收入/万元人民币	84.64	102.47	89.58	118.36	199.51	217.26	271.75	443.59
人均归母净利润/万元人民币	3.08	3.54	0.85	5.75	7.64	1.95	9.79	25.59

简明财务分析：
数据背后的商业模式与投资价值

续表

类目	2014年	2015年	2016年	2017年	2018年	2019年	2020年	2021年
人均扣非净利润/万元人民币	3.00	3.36	3.75	5.32	7.34	1.63	8.11	23.77
人均薪酬/万元人民币	6.59	8.11	8.62	9.44	13.32	15.46	16.21	19.15

图4-7中，石头科技和科沃斯属于扫地机器人行业，卓越新能是生物柴油国内细分市场龙头，爱美客是医美龙头，格力电器和美的集团是白电龙头，金禾实业是国内代糖产品龙头，拓普集团以生产汽车零配件为主，立讯精密以生产电子零件和组装为主营业务。

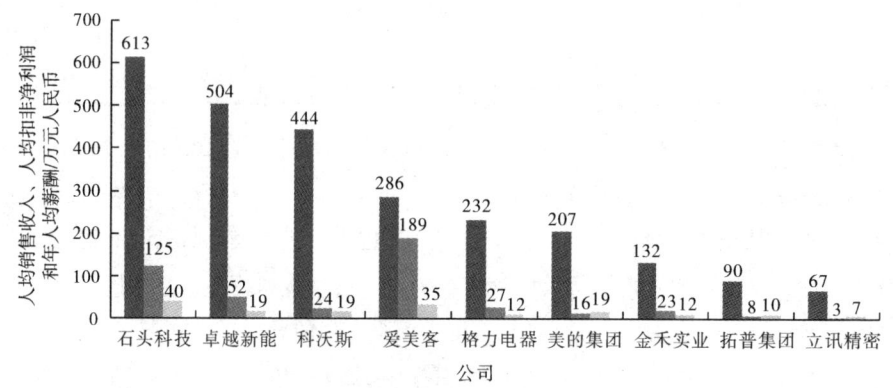

图4-7 人均数据指标的横向对比

科沃斯和石头科技属于一个行业，但是人均指标差异巨大。其一，科沃斯制造一体化，生产人员较多；其二，与石头科技相比，科沃斯的销售人员多，拉低了人均产出；其三，石头科技人均薪酬是科沃斯的2倍多，石头科技靠研发驱动，科沃斯靠市场和制造驱动。随着研发人数的增加，科沃斯人均薪酬也在上升。

这些数字都很有意思，有兴趣你可以自己琢磨下，什么样的原因导致行业间差异如此巨大。标准化产品生产人均收入高，卓越新能和金禾实业都是化工产品制造公司，依赖生产设备，自动化程度高，不依赖人数。立讯精密是中国制造业的一面旗帜，不过人均收入就不太高，说明消费电子的组装业务到目前为止仍然依赖大规模的人力。

是否依赖固定资产，我们还可以从人均固定资产上看看。

表4-15中，科沃斯的人均固定资产呈增加趋势，说明科沃斯在制造设备和设施方面的投入较多。我们把科沃斯的人均固定资产与其他企业对比下，如图4-8所示。

表4-15 科沃斯的人均固定资产

类目	2014年	2015年	2016年	2017年	2018年	2019年	2020年	2021年
人均固定资产/万元人民币	12.00	14.11	10.77	9.54	18.92	31.90	28.85	31.02

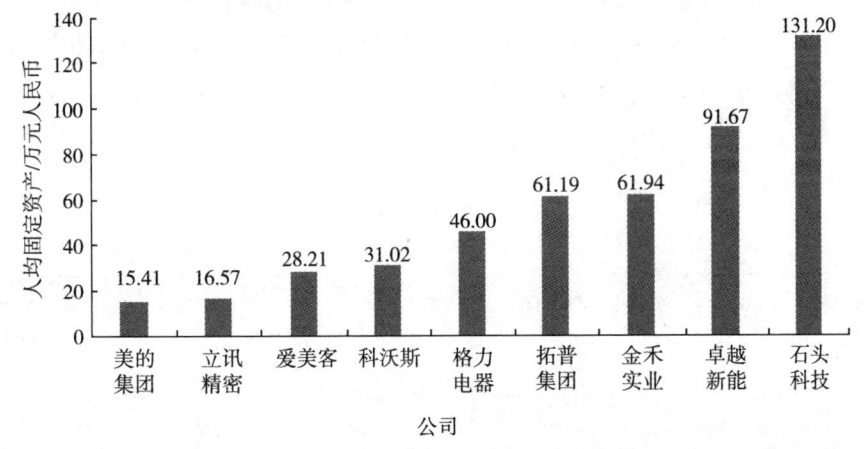

图4-8 2021年人均固定资产对比

科沃斯2021年人均固定资产31.02万元人民币，比美的集团、立讯精密和爱美客的多，比格力电器、拓普集团、金禾实业、卓越新能、石头科技的少。

除了这些，图4-10中的数据很有意思，不知道你发现了没有？如果没有发现，再看一下。

两个疑问：第一，为何美的集团、格力电器人均固定资产差这么多？第二，石头科技轻资产代工运行为何人均固定资产这么高？

这就是财务分析最重要的地方，给我们一些线索，让我们继续研究。美的集团与格力电器，简单说就是2021年格力电器合并钛新能源，一下子多了将近100亿元人民币固定资产，之前人均固定资产和美的集团的差不多。这一点提示我们，单点数据有时候不可靠，在用单点数据的时候，最好看看历史数据的变化，如果变动剧烈就要去看看具体原因，并换用几年的平均数做对比。石头科技就是这样，之前的固定资产很少，但是在2020年和2021年自己花了十多亿元人民币建办公楼，一下子就把人均固定资产拉到天际，这里我们可以再想一下，办公楼是不是创造价值的有效资产。

◎ 第七步，看收益率

我们是在投资场景中进行财务分析，因而需要看收益率指标。巴菲特说，如果他只看一个指标，他就看ROE。芒格说，长期而言，ROE等于你的投资回报率。

收益率指标一般看这么几个：ROE、资产回报率（Return on Assets，ROA）和资本投入回报率（Return on Investment Capital，ROIC），以及前面我们已经算过的净经营资产收益率。收益率当然是越高越好，持续高更好，我的大体感觉，ROE在20%以上的都是比较优秀的公司。ROA主要和ROE结合起来看，看在去掉杠杆效应的情况下总资产的获利能力。ROE、ROA、ROIC在金融服务软件里一般都帮你算好了，导出来就行，科沃斯的3个收益率指标如表4-16所示。

表4-16 科沃斯的3个收益率指标

类目	2013年	2014年	2015年	2016年	2017年	2018年	2019年	2020年	2021年
ROE/%	33.14	24.80	26.54	7.03	35.19	25.91	4.86	22.99	49.06
ROA/%	12.30	10.70	10.77	2.64	15.55	14.04	2.83	12.22	23.81
ROIC/%	50.28	21.36	20.13	5.06	28.94	22.97	4.30	20.57	41.03

2021年科沃斯的ROE达到49.06%，这是很惊人的数字，2021年A股市场约4000家公司，ROE超过49.00%的只有46家。同时，我们也要注意单年数据有缺陷，可能是特殊原因，所以要看看历史数据。看历史数据，画个图特别直观，有时候不能偷懒。

看表4-14，我们可以发现2016年和2019年科沃斯的ROE、ROA和ROIC出现2次重大波动。2016年，科沃斯还没上市，离现在也较远了，要重点关注2019年科沃斯的ROE、ROA和ROIC为什么出现巨大波动，后续读材料的时候要留意。

ROE可以拆解为ROA和杠杆率，ROA反映了不加债务杠杆的总资产收益率，ROE则反映加杠杆以后的股东权益回报率。除了数字高低和历史波动，我们更想知道的是ROE波动背后的原因。通常用杜邦分析法，金融服务软件里有现成的导出来就可以。

表4-17中，科沃斯2021年的ROE比2020年的上升了26.07%，主要驱动因素是销售净利润率上升，从8.90%上升到15.39%，资产周转率从1.38/次上升到1.55/次，同时，权益乘数，也就是杠杆率从1.98上升到2.10。杜邦三兄弟一起改善。不过最主要的还是销售净利润率的上升，这是一个非常良性的信号。

表4-17 科沃斯的ROE和杜邦分析

类目	2013年	2014年	2015年	2016年	2017年	2018年	2019年	2020年	2021年
ROE/%	33.14	24.80	26.54	7.03	35.19	25.91	4.86	22.99	49.06
销售净利率/%	8.71	7.18	6.65	1.61	8.24	8.52	2.28	8.90	15.39
资产周转率/次	1.46	1.58	1.62	1.70	1.88	1.65	1.24	1.38	1.55
权益乘数	2.50	2.00	2.87	2.40	2.14	1.69	1.74	1.98	2.10

ROE、ROA我们常用，ROIC用得少一点，主要是ROIC数据需要处理，分解不那么容易，所以要去理解ROIC背后的驱动原因有些困难［ROIC＝税后净运营利润NOPAT（Net Operating Profit After Tax）/投资资本，NOPAT＝（营业利润＋利息支出）×（1－所得税率），投资资本＝总资产－无息流动负债－商誉］。ROIC在评估盈利能力时同时考虑了股权资本和债权资本的影响，可以更加客观地评估公司在无杠杆下的盈利能力。

ROIC只要与ROE同步就问题不大，由于ROIC的拆解比较复杂，非专业投资人看看指标就好，如果偏离很大，就需要去找找原因。科沃斯这里差不多，我们就不浪费时间了。

如果有精力，可对资产周转率进一步拆解，资产周转率代表资产效率，拆解后可以对资产效率变化的原因有进一步了解。

如表4-18所示，想拆解资产周转率指标，首先准备平均资产数据。平均资产数＝（期初数＋期末数）/2，周转天数＝365×资产/收入或者主营业务成本，存货对应主营业务成本，其他对应销售收入。

表 4-18 科沃斯平均资产和资产周转率相关数据

类目	2014年	2015年	2016年	2017年	2018年	2019年	2020年	2021年
总资产/亿元人民币	16.02	17.23	21.36	27.01	42.08	43.32	61.62	107.20
平均总资产/亿元人民币	14.68	16.63	19.30	24.19	34.55	42.70	52.47	84.41
平均流动资产/亿元人民币	11.12	12.31	14.11	18.31	27.23	32.63	40.70	70.20
平均存货/亿元人民币	3.30	4.13	5.29	6.07	9.04	10.88	11.43	18.51
归母净资产/亿元人民币	7.75	5.72	8.79	12.56	24.88	24.76	31.01	50.94
平均归母净资产/亿元人民币	6.35	6.74	7.26	10.68	18.72	24.82	27.89	40.98
总资产周转天数	231	225	215	194	221	293	265	235
流动资产周转天数	175	167	157	147	175	224	205	196
WC周转天数	48	30	33	22	59	57	36	44
应收周转天数	83	46	56	50	58	66	68	50
存货周转天数	74	82	89	77	93	121	101	106
固定资产周转天数	52	50	44	29	35	54	39	26

从科沃斯的周转天数看，得益于收入快速增长，资产周转率都相应提升，是好事。

非财务信息"八问"

我们前面讲过财务分析的逻辑。财务数据是业务表现的会计计量，是业务表现在货币这一个维度上的呈现，业务表现是企业商业活动的结果。财务分析的目的是理解企业商业活动、企业的过去和现在，找到企业商业活动的驱动力，这样我们就能够结合企业外部环境，对企业的未来发展作出预判。

前面我们看报表已经对科沃斯的业务表现、财务数据有了全方位的了解。数字，我们有了,下面就是编故事了。数字是什么,故事是为什么。看材料的过程就是去探究科沃斯的过去到现在发生了什么。科沃斯的故事会有很多版本,企业有企业的版本,券商分析师有券商分析师的版本,每个投资者也都会有自己的版本,都会有自己对科沃斯商业驱动力的理解。

大方向有了,更好的是自己心里有个问题清单,看完材料,结合财务数据,最后自己要逐一回答问题。我的问题清单如下:

(1) 靠什么赚钱?
(2) 顺风还是逆风?
(3) 空间有多大?
(4) 竞争格局好不好?
(5) 有什么优势?
(6) 管理层行不行?
(7) 风险在哪里?
(8) 未来会怎样?

梁宇峰博士的四维评级是行业空间、竞争格局、业绩表现和护城河。行业空间和竞争格局,在我的问题清单里有。业绩表现就是财务数据,是数字。其他要素结合在一起就是护城河。梁宇峰博士的四维评级和我的问题清单,总体上算异曲同工。

我的八个问题,思路是这样:(1) 搞清楚生意是怎么做的,核心驱动力是什么;(2) 外部大环境好不好;(3) 行业未来空间有多大;(4) 有什么优势;(5) 行业竞争如何;(6) 特别关注老板和管理层;(7) 不利因素有哪些,风险可能出现在什么地方;(8) 未来会怎样。这8个要素结合在一起,大体可以推断企业的未来发展,然后得出一个自己的判断。除了问题清单,在看报表时发现有疑问的地方,看材料的时候也要重点关注。

所看材料的范围,大致有3个来源:(1) 券商分析师的研究报告;(2) 公司公告;(3) 网上的文章。3个来源用途不一样。

(1) 券商分析师的研究报告。券商分析师的研究报告在金融软件里都有,大部分普通投资者可以看,少数需要白名单。热门公司的研究报告很多,时间、精力不允许全部看,也无必要。我主要看1—2篇时间较近的深度研究报告,有时也会看一眼最近的几篇点评,了解下最新的信息变化。看研究报告的主要目的是获得行业和企业的深度信息,包括行业概况、发展空间等宏观数据,以及企业历史、普及性技术业务介绍、竞争格局、未来预测等。其中，最重要的是行业资料、技术和产品解读。

关于券商分析师的研究报告，作为国内卖方研究的专业人士，梁宇峰博士曾长期担任东方证券研究所所长，他对于券商分析师的研究报告有精辟的"三看两不看"，"三看"为看行业公司基本情况梳理、看投资逻辑分析、看财务预测；"两不看"为不看目标价、不看评级。首先，梳理行业公司基本情况是花时间精力的，有专业人士帮我们整理好了，事半功倍。其次，投资逻辑分析，实际上就是商业驱动力的分析，企业发展的逻辑是什么，也就是投资者要把握的核心。最后是财务预测，我们在看科沃斯报表的时候，发现量价信息不全或者派不上用场，因为我们的财务预测只能从大分类收入着手，量价信息基本没有，这样的预测是非常粗糙的。券商分析师研究得深、与企业关系密切，可以获得我们在公开市场上无法获得的数据，因而我们通常假设券商分析师比我们普通投资者更具有信息优势。有时券商分析师的研究报告中会提供他们的预测细分数据，这对我们的预测很有帮助。

（2）公司公告。公司公告主要是定期公告，如果公司的上市时间不长，招股书也是重要的资料。有些临时公告也很有用，例如回复交易所的问询函、增发并购文件、投资者交流纪要等。主要看这些资料的经营分析，关注数字变化背后公司的商业逻辑。

（3）网上的文章。网上有些关于热门公司的文章有信息含量，它们都是很有价值的线索。有些文章提供一些公司正式文件中不包括的信息，例如老板的创业经历、历史上的一些相关事件，这些信息对于我们理解研究报告和公司公告有帮助。

实际上，看报表和看材料往往是交织在一起的，有时在数字上有疑惑就会去看材料，或者在看材料的时候又会回去看数字，这也就是我常说的，财务数据与非财务资料的双循环。我在这里描述的时候只能是单线的，实际上在研究科沃斯的过程中并不是看完报表再去看材料，例如，我看到科沃斯2019年的业绩大幅波动，非常好奇当时发生了什么，就马上把2019年的年报找出来看。2019年科沃斯收入53.12亿元人民币，比2018年59.64亿元人民币下降10.93%，归母净利润1.21亿元人民币比2018年4.85亿元人民币下降75.05%，净利润率只有2.27%，对于一个高增长型公司来说，这样的业绩下滑是很令人惊讶的。

2019年科沃斯年报这样解释业绩大幅下滑：

● 策略性退出机器人ODM业务，这部分收入减少3.61亿元人民币。

● 退出低端扫地机器人业务。科沃斯定义的低端扫地机器人，是指随机清扫模式的扫地机器人，这部分收入减少5.38亿元人民币。年报指出2019年收入中以全局规划技术为标志的高端扫地机器人占比从2018年的39.00%提高到2019年的67.00%。

● 2019年中国的扫地机器人行业整体经历了一定程度的下滑，尽管科沃斯的占比是上升的。

需要重点关注的信息：退出ODM转向自主品牌，这是从第一增长曲线向第二增长曲线过渡的阵痛；扫地机器人出现行业性下滑，这令人吃惊，一个新兴高速增长行业出现系统性问题，值得我们留意；在行业整体不好的情况下，科沃斯决定放弃低端扫地机器人市场，全力进攻高端市场，这个高端市场当时的定义是全局规划清扫，也就是能自主规划清扫。

此外，公司年报还指出，利润下滑除了收入减少的因素，还因为加大了研发投入。不过看数字，2019年的研发费用只比2018年多0.72亿元人民币，而销售费用却在收入下滑的同时增加了1.60亿元人民币，看起来主要是新成立的清洁电器品牌添可加大了市场营销力度，但是效果可能滞后，最终结果是当年利润大幅下滑。

2020年科沃斯收入达到72.34亿元人民币，归母净利润6.41亿元人民币，大超下滑前2018年的收入和利润，不过这么一上一下，倒是我们研究科沃斯的好窗口。所以，需要去看看2020年年报怎么解释这个快速复苏：第一，扫地机器人进军高端市场成功，平均单价上升24.86%，毛利上升。第二，战略性成功，主要是2019年采取了科沃斯加添可的双轮自主品牌驱动战略，添可2020年收入12.59亿元人民币，差不多比上年多了10亿元人民币，特别是添可的芙万系列洗地机大获成功，占其收入近60.00%。

紧接着2021年科沃斯创造了更加骄人的业绩，当年的年报中有这样一些信息：第一，市场火爆，行业增长率超过20.00%，这是大环境；第二，技术功能创新带来火爆市场，扫地机器人高端化趋势愈明显，价格上升，高端带基站扫拖一体机热销；第三，竞争格局向头部厂商集中，按零售额统计，中国市场前四大品牌的线上市场占有率合计达84.9%。其中科沃斯品牌扫地机器人在中国市场线上零售额份额为43.5%，线下零售额份额为86.6%，稳稳的龙头。

接着我去读了研究报告，也去看了几篇网上文章，限于篇幅，过程就不说了，直接说说我读完这些材料以后形成的印象，也就是我理解的扫地机器人行业和科沃斯商业驱动力的故事。

扫地机器人本质上是一种清洁电器，帮助人们减轻家务负担，是经济发展、生活水平提升的附属效应，这让我们产生巨大的遐想空间。扫地机器人国内渗透率到2021年也

| 简明财务分析：
| 数据背后的商业模式与投资价值

只有5.00%，具有巨大的提升空间。

同时，扫地机器人与其他家电不同，功能性要求高，扫地机器人最终能否被接受，取决于是不是真的能实现自动清洁的功能。

券商分析师认为扫地机器人发展大致分为三个阶段：随机清扫阶段，起点是2002年的iRobot推出第一台随机清扫机器人；规划清扫阶段，2010年开始出现全局规划型扫地机器人；扫拖一体高端化阶段，2019年云鲸推出扫拖一体、带基站、自清洁、AI型的机型。

2021年中国扫地机器人市场规模112.00亿元人民币，渗透率为5.50%。当时，国元证券的研究报告认为，2024年渗透率将达12.00%，预计到2026年市场规模达到225.00亿元人民币，未来5年复合增长率15.00%。

在每一阶段，功能的新奇性产生市场效应，形成阶段性热销产品，但是如果功能与人们期望有差异，市场就会趋冷，到下一个技术突破再次形成热潮。功能强大意味着成本高价格高，产品高端化趋势明显。这就会带来一个问题，即高端市场小，价格增长高于销量增长。高线城市市场渗透率提高后，未来需要向低线城市发展，渗透率提升才有可能实现，但是高端化带来的高价又会阻碍往低线城市渗透的步伐。

回到科沃斯，其前身创立于20世纪90年代，开始主要为国外品牌家用电器代工。后来，创立科沃斯品牌，成为是国内扫地机器人前两个阶段最早推出随机清扫型和全局规划型扫地机器人的国产品牌。2018年公司上市，2019年遇到随机清扫机器人行业衰退，当年业绩大幅下滑。科沃斯走出困境的方法是双管齐下，一方面退出代工和低端扫地机器人业务，全力发展高端机型；另一方面，开发清洁电器，主要是洗地机，适应中国家庭的需要。2019年，云鲸推出扫拖一体基站式扫地机器人，功能创新获得市场认可。2020年科沃斯也跟进推出对应产品，这一机型大热以及添可的洗地机产品热销，创造了科沃斯2021年的辉煌业绩。实际上，科沃斯现在是一家有扫地机器人的清洁电器公司，扫地机器人只占收入的一半左右。如果2019年没有创立添可品牌向清洁电器转型，也不会有2021年的辉煌业绩。

所以，我感觉2021年科沃斯的业绩有一定的偶然性，并不能直接进行趋势外推。果然，去看2022年上半年的业绩，收入同比增长27.31%，归母净利润同比增长只有3.15%，特别是二季度收入增速进一步放缓到15.54%，（归母、扣非后归母）净利润均出现负增长。同时，竞争加剧，资料显示占有率仍然是第一，但是比例在下降。临近"双十一"，高端产品降价明显，各品牌的功能、口碑、价格似乎差距都不明显，各主流产品价格优惠明显，似乎开始进入新一轮价格竞争阶段，这预示未来业绩在高增后会快速放缓。

综合下来我的故事版本如下：

（1）靠什么赚钱？科沃斯是一家To C的清洁电器公司，业务包括两部分，科沃斯品牌服务机器人和添可品牌清洁电器，采用自主制造的垂直一体化模式，业务驱动依靠技术功能创新和高额市场投入。

（2）顺风还是逆风？所处的赛道前景广阔，国家鼓励自主技术创新和制造，是个顺风的赛道。

（3）空间有多大？国内市场渗透率低，国外市场依托中国制造，前景广阔。

（4）竞争格局好不好？竞争格局早期较好，目前高利润吸引众多竞争者进入。尽管科沃斯有先发优势，但在一个创新技术层出不穷的领域，优势并不明显。门槛有但不是很高，竞争者在不断加入，有竞争恶化进行价格竞争趋势，竞争格局未来会变差。加之科沃斯品牌护城河尚未建成，如果不能在技术功能上进步，未来可能陷入行业价格战。

（5）有什么优势？制造垂直一体化，有成本优势，但是科沃斯发挥成本优势时一定是进入成本竞争阶段而非差异化竞争阶段，业绩反而会变差。尽管在加大研发投入，技术优势并不明显。市场能力很强，这是科沃斯最大的优势，但品牌力似乎与石头、云鲸、追觅等竞争者差不多。

（6）管理层行不行？成功解决家族企业传承问题，父亲和儿子各管一部分，都发展得不错。

（7）风险在哪里？扫地机器人行业颠覆式功能技术出现，科沃斯没能及时跟上。2019年云鲸推出扫拖一体机型，引爆市场，科沃斯一年后才赶上，加上添可洗地机大获成功才扭转颓势，下次能不能这样幸运，有疑问。如果技术没有突破，行业整体可能进入价格竞争阶段，利润率会向下走。

（8）未来会怎样？科沃斯无疑是一家优秀的公司，考虑到未来竞争加剧，收入增长放缓是大概率事件，同时，需要考虑未来技术创新造成行业变革的风险因素。

同行对比

实际上，我在分析这个行业的时候有两家国内上市公司，分别是科沃斯和石头科技，我把石头科技的数据也看了一遍，并且将两家数据放在一起做了对比，很多时候我们在

简明财务分析：
数据背后的商业模式与投资价值

对比中更能加深对科沃斯商业驱动力的理解。我们简单看一下（如表4-19所示）。

表4-19 科沃斯与石头科技的对比数据

类目	2016年		2017年		2018年	
	科沃斯	石头科技	科沃斯	石头科技	科沃斯	石头科技
收入/亿元人民币	32.77	1.83	45.51	11.19	56.94	30.51
石头科技收入/科沃斯收入/%	5.58		24.59		53.58	
净利润/亿元人民币	0.51	-0.11	3.76	0.67	4.85	3.08
石头科技净利润/科沃斯净利润/%	-21.57		17.82		63.51	
收入增长率/%	21.60	0.00	38.88	511.48	25.12	172.65
类目	2019年		2020年		2021年	
	科沃斯	石头科技	科沃斯	石头科技	科沃斯	石头科技
收入/亿元人民币	53.12	42.05	72.34	45.30	130.86	58.37
石头科技收入/科沃斯收入/%	79.16		62.62		44.60	
净利润/亿元人民币	1.21	7.83	6.41	13.69	20.10	14.02
石头科技净利润/科沃斯净利润/%	647.11		213.57		69.75	
收入增长率/%	-6.71	37.82	36.18	7.73	80.90	28.85
类目	2022F		2023F		2024F	
	科沃斯	石头科技	科沃斯	石头科技	科沃斯	石头科技
收入/亿元人民币	168.51	72.87	215.63	91.60	270.67	112.94
石头科技收入/科沃斯收入/%	43.24		42.48		41.73	
净利润/亿元人民币	23.21	15.57	29.46	19.41	37.33	23.93
石头科技净利润/科沃斯净利润/%	67.08		65.89		64.10	
收入增长率/%	28.77	24.84	27.96	25.70	25.53	23.30

石头科技是技术型企业，靠研发扫地机器人起家，生产环节全部外包，销售业务全部线上进行。开始走小米品牌ODM，后来转为石头自主品牌，2020年科创板上市。早期高速增长，2019年开始增速明显放缓。石头科技利润很高，以往比科沃斯少的销售收入，在2019—2020年利润大幅超过科沃斯，不过在2021年科沃斯利润反超。我们知道2021年科沃斯的添可品牌做起来了，而石头科技只有扫地机器人业务，说明行业整体放缓或者竞争加剧。

对比两家的净利润增速（如图4-8所示），实际上与过去的增速差不多，都是惊人的高速增长，而未来3年净利润增长券商分析师一致预期也差不多，只有20.00%—23.00%，需要我们留意行业增速放缓。科沃斯案例的券商分析师一致预期可以作为未来利润增速参考，这样我们对科沃斯估值的时候，就有了未来增长率的锚点。

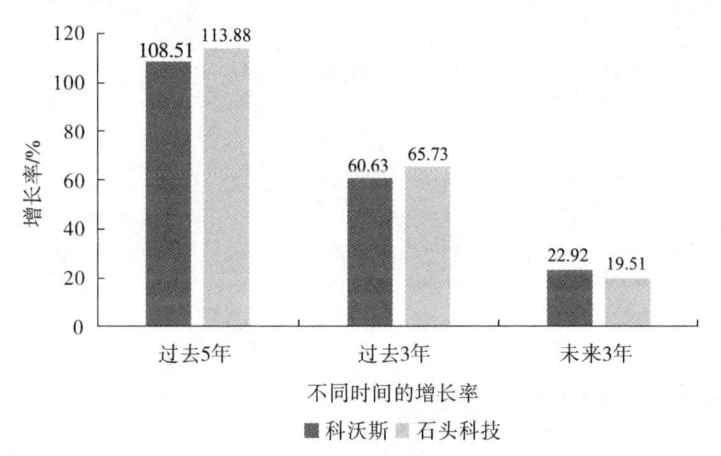

图4-8 科沃斯与石头科技的净利润增速对比

两家公司多数年份的毛利率差不多（如表4-20所示），反映了行业竞争态势，2020—2021年的毛利率都不错，说明竞争并不是那么激烈，尚未进入价格竞争状态。前面我们也说了，2022年10月扫地机器人主要玩家的头部产品纷纷降价，价格从6000.00元打到5000.00元以内，这种状态很可能对毛利率产生不利影响，如果没有技术突破，估计很快进入成本竞争状态。

表4-20 科沃斯与石头科技的利润率对比

类目	2016		2017		2018	
	科沃斯	石头科技	科沃斯	石头科技	科沃斯	石头科技
销售净利润率/%	1.61	-6.01	8.24	5.99	8.52	10.10
毛利率/%	33.87	19.13	36.59	21.63	37.85	28.78
类目	2019		2020		2021	
	科沃斯	石头科技	科沃斯	石头科技	科沃斯	石头科技
销售净利润率/%	2.28	18.62	8.90	30.22	15.39	24.02
毛利率/%	38.29	36.12	42.85	51.32	51.41	48.11

简明财务分析：
数据背后的商业模式与投资价值

石头科技的销售净利润率在毛利率差不多的情况下远高于科沃斯，说明石头科技的期间费用率较低（如表4-21所示）。

表4-21　科沃斯与石头科技的期间费用率对比

类目	2016年		2017年		2018年	
	科沃斯	石头科技	科沃斯	石头科技	科沃斯	石头科技
期间费用率/%	30.30	25.14	25.58	13.94	27.10	15.96

类目	2019年		2020年		2021年	
	科沃斯	石头科技	科沃斯	石头科技	科沃斯	石头科技
期间费用率/%	34.70	14.39	32.25	20.62	33.52	24.77

期间费用差异主要表现在研发费用（如表4-22所示）和销售费用上（如表4-23所示）。

表4-22　科沃斯与石头科技的研发数据对比

类目	2016年		2017年		2018年	
	科沃斯	石头科技	科沃斯	石头科技	科沃斯	石头科技
研发费用率/%	3.00	21.31	2.73	9.47	3.60	3.83
研发费用/亿元人民币	0.98	0.39	1.24	1.06	2.05	1.17
研发人员数量/人	536	69	610	80	788	173
人均研发费用/万元人民币	18.32	56.52	20.34	132.50	26.02	67.63

类目	2019年		2020年		2021年	
	科沃斯	石头科技	科沃斯	石头科技	科沃斯	石头科技
研发费用率/%	5.21	4.59	4.67	5.81	4.20	7.56
研发费用/亿元人民币	2.77	1.93	3.38	2.63	5.49	4.41
研发人员数量/人	886	273	951	382	1197	555
人均研发费用/万元人民币	31.26	70.70	35.54	68.85	45.86	79.46

表4-23 科沃斯与石头科技的销售数据对比

类目	2016年		2017年		2018年	
	科沃斯	石头科技	科沃斯	石头科技	科沃斯	石头科技
销售费用率/%	15.87	1.09	15.97	2.59	18.83	5.34
销售人员数量/人	1220	4	1446	28	2055	87
人均销售费用/万元人民币	42.62	50	50.28	103.57	52.17	187.36
人均研发费用/万元人民币	268.61	4575	314.73	3996.43	277.08	3506.9
类目	2019年		2020年		2021年	
	科沃斯	石头科技	科沃斯	石头科技	科沃斯	石头科技
销售费用率/%	23.19	8.42	21.58	13.69	24.74	16.07
销售人员数量/人	2039	169	1813	188	2550	249
人均销售费用/万元人民币	60.42	209.47	86.1	329.79	126.94	376.71
人均研发费用/万元人民币	260.52	2488.17	399.01	2409.57	513.18	2344.18

从研发费用总规模看，科沃斯的研发投入并不少，但是看研发费用率差一大截。石头科技的人均研发费用看起来与要进行的高新技术研发，例如AI、激光导航之类相匹配，而相比之下，科沃斯的数据就少很多。是不是科沃斯搞的是功能创新？特别还有添可这样不那么智能的清洁电器。很多文章质疑科沃斯的地方也在这里，扫地机器人是一个技术创新的行业，如果不大举投入，下次创新变革就会落后。但是科沃斯现在双轮驱动，晚一段时间似乎并不要命，而石头科技的鸡蛋都在一个篮子里。从这个意义讲，风险似乎差不多。

科沃斯的销售费用率一直很高，但是石头科技也在提升，而销售人员数量与人均销售费用两家就差很多，究其原因是两家模式不同，尽管主要是线上模式，但是科沃斯除了线上模式也在积极拓展线下渠道，因而销售人员就会更多，而石头科技完全是线上模式。

此外，石头科技现在把重心放在海外，积极拓展海外市场。科沃斯也在拓展海外市场，但是其海外销售比重与石头科技不同（如图4-9所示），说明未来石头科技把海外市场作为增长点。另外一个角度也说明国内扫地机器人市场在高端化以后出现了"天花板"。

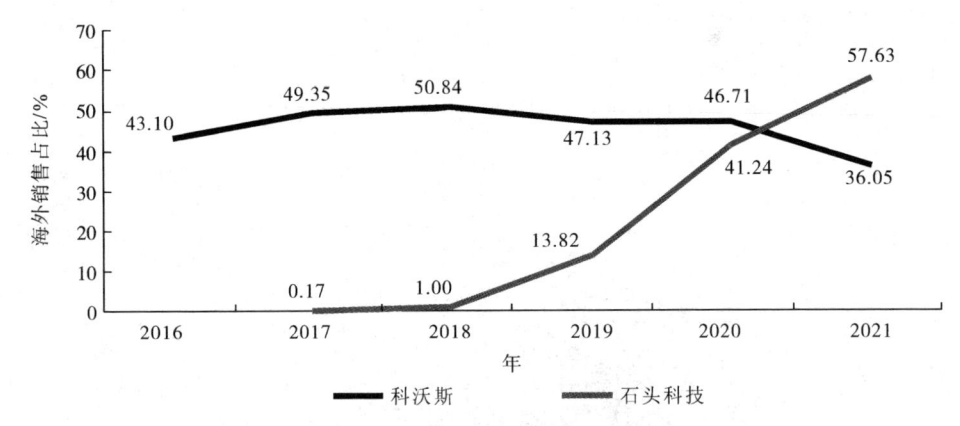

图4-9 科沃斯与石头科技的海外销售对比

科沃斯与石头科技的人员数据（如表4-24所示）也说明了两家的商业模式不同。科沃斯是研发制造一体型公司，而石头科技是研发品牌型公司。

表4-24 科沃斯与石头科技的人员数据对比

类目	2016年		2017年		2018年	
	科沃斯	石头科技	科沃斯	石头科技	科沃斯	石头科技
员工数量/人	6000	96	6536	142	6346	324
人均收入/万元人民币	89.58	190.63	118.36	788.03	199.51	941.67
生产工人占比/%	60.97	0.00	58.83	0.00	44.97	0.00
人均扣非利润/万元人民币	3.75	-11.46	5.32	63.38	7.34	141.36
人均薪酬/万元人民币	8.62	34.38	9.44	35.21	13.32	31.17

类目	2019年		2020年		2021年	
	科沃斯	石头科技	科沃斯	石头科技	科沃斯	石头科技
员工数量/人	6208	536	6550	684	7854	952
人均收入/万元人民币	217.26	784.51	271.75	662.28	443.59	613.13
生产工人占比/%	39.38	0.00	40.64	4.24	37.56	4.73
人均扣非利润/万元人民币	1.63	141.04	8.11	176.61	23.77	125.00

续表

类目	2019年		2020年		2021年	
	科沃斯	石头科技	科沃斯	石头科技	科沃斯	石头科技
人均薪酬/万元人民币	15.46	34.14	16.21	36.84	19.15	40.34

从1元收入需要的WC看（如图4-10所示），石头科技对上下游的优势一路上扬，到2021年WC为负，完全不用自己垫付WC。

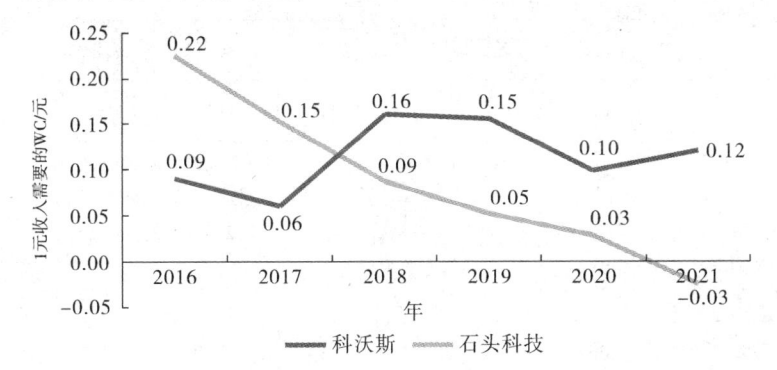

图4-10 科沃斯与石头科技一元收入需要WC对比

1元收入需要的固定资产（如图4-11所示）2020年前符合两家的商业模式。但是2021年石头科技的大幅上升，原因不是去搞生产，而是花了12亿元人民币去建办公楼，这种投资理论上是无效投资，会造成股东收益率下降。

图4-11 科沃斯与石头科技1元收入需要的固定资产对比

简明财务分析：
数据背后的商业模式与投资价值

果然，2021年石头科技的收益率指标严重恶化（如表4-25所示），在销售净利润率比科沃斯高8个百分点的情况下，ROE和ROIC都比科沃斯低很多，关键就在于资产周转率大幅下降，而科沃斯由于2021年收入大涨，周转率有明显提升。不过按照我们前面的预期，科沃斯这么高的ROE大概率是一个峰值。

表4-25 科沃斯与石头科技的收益率指标对比

类目	2016年		2017年		2018年	
	科沃斯	石头科技	科沃斯	石头科技	科沃斯	石头科技
ROE/%	7.03	−7.71	35.19	32.28	25.91	63.50
销售净利润率/%	1.61	−6.01	8.24	5.99	8.52	10.10
资产周转率/次	1.70	0.70	1.88	2.58	1.65	3.24
权益乘数	2.40	1.79	2.14	2.24	1.69	1.83
ROIC/%	5.06	−15.05	28.94	32.17	22.97	63.38
类目	2019年		2020年		2021年	
	科沃斯	石头科技	科沃斯	石头科技	科沃斯	石头科技
ROE/%	4.86	71.69	22.99	31.85	49.06	17.97
销售净利润率/%	2.28	18.62	8.90	30.22	15.39	24.02
资产周转率/次	1.24	2.60	1.38	0.92	1.55	0.66
权益乘数	1.74	1.32	1.98	1.10	2.10	1.15
ROIC/%	4.30	71.48	20.57	30.64	41.03	17.07

最后，我们对比下世界扫地机器人龙头iRobot与两家中国扫地机器人企业的收入和利润（如图4-12、表4-26所示）。

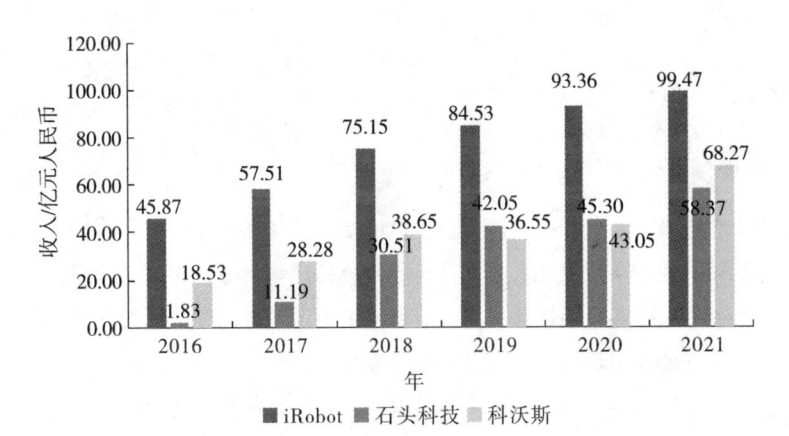

图 4-12　iRobot、科沃斯与石头科技的收入对比

表 4-26　iRobot、科沃斯与石头科技的利润对比

类目	2016年			2017年			2018年		
	iRobot	石头科技	科沃斯	iRobot	石头科技	科沃斯	iRobot	石头科技	科沃斯
净利润/亿元人民币	2.91	−0.11	0.51	3.32	0.60	3.76	6.05	3.08	4.85

类目	2019年			2020年			2021年		
	iRobot	石头科技	科沃斯	iRobot	石头科技	科沃斯	iRobot	石头科技	科沃斯
净利润/亿元人民币	5.94	7.83	1.21	9.60	13.69	6.41	1.93	14.02	20.10

这里的数据是关于扫地机器人的数据，iRobot的收入、净利润按当年汇率折成人民币。这么看来扫地机器人在海外还有很大的市场，石头科技是往这个方向走的。2021年科沃斯总收入130.86亿元人民币，比iRobot和石头科技都要高，说明科沃斯多元化发展的策略与石头科技的策略不同。另外，iRobot的研发投入长期维持在10.00%以上，也值得注意。由于研发投入力度很大，iRobot的利润就不太好。

简明财务分析：
数据背后的商业模式与投资价值

估值和结论

◎ 看市值

价值投资者或者基本面投资者认为企业价值是由其基本面决定的。价值计量是由企业未来现金流和预期收益率决定的。财务分析通过分析过去财务、非财务数据，预测企业未来现金流，从而完成企业价值计算，这一过程似乎与市场价格无关。但在投资场景下，即使价值投资者也需要在市场上买入卖出才能完成投资，避而不谈市价的财务分析无异于掩耳盗铃。同时，投资场景下财务分析的终极目标是估值，估值是我们自己对企业价值的计算，但市场价格只有一个，这在很大程度上代表了市场对企业的看法。

因而在财务分析做得差不多的时候，也要看看市值。

先看一下年均市值和净利润的对比（如图4-13所示），这代表了市场面与基本面的对比。2022年用1—9月的均值，2022年对应的净利润就用前四个季度净利润合计。9月底我做分析的时候还没有出三季报，是2022年上半年与2021年下半年净利润之和。看起来，科沃斯的市值是坐了一个过山车，市场给了高增长预期下的高市值，2021年净利润达到高峰后，市值掉头向下。科沃斯2022年净利润总数可能差不多，但是高增长预期不再，市值进一步下滑，这说明我们将科沃斯归类到高成长股是对的。同时也印证了林奇对于高成长股的忠告，高成长股最危险的时候在于增速放缓，此时可能面临业绩与估值双重打击，也就是我们常说的戴维斯双杀。而科沃斯仅仅是业绩增速放缓，但是市场估值却大幅下降。

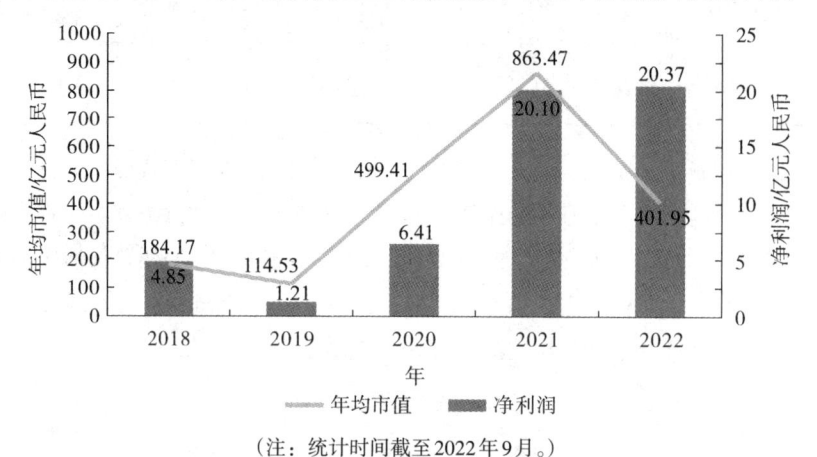

（注：统计时间截至2022年9月。）

图4-13　2018—2022年9月科沃斯年均市值与净利润

科沃斯市值在2021年7月15日到达峰值1432.45亿元人民币，滚动市盈率为153.37倍，随后一路下滑，2022年9月30日的市值为382.67亿元人民币，滚动市盈率为19.73倍。

通过前面的财务分析，我们很容易理解科沃斯为什么涨上去，后来又为什么跌下来。当然2022年股市整体不好是大背景，另外市场对科沃斯的未来增长开始担心了，这才是主要原因。一篇负面文章《科沃斯，从暴发户到资本弃儿》提供了另外一个信息。2021年6—7月，也就是在科沃斯股价最高点时，战投股东IDG资本（IDG Capital）和创始人儿子钱程披露了减持计划，IDG全部清仓，随后IDG投资了另外一家新兴的扫地机器人企业。钱程也减持数亿元，减持本身无可厚非，但是这样的信号让市场觉得未来增长可能放缓，随后科沃斯股价开始了至今长达14个月的单边下跌。

◎ 做个估值

大部分时候，大多数基本面投资者在做完财务分析、看过市值以后，自然就会在心里有个盘算：公司是不是好公司，价格是不是好价格。好公司是一个经常使用，但定义困难的概念，多数时候就是一种感觉，而非定量化的指标。对于机构投资者而言，一来需要投资体系，二来需要决策流程。怎样算是一个好公司，往往需要定量化评价模型。梁宇峰博士的四维评级就是这类量化评价的模型。不过对于个人投资者来说，特别是自己决策不需要和旁人沟通的，我觉得有时感觉也就足够了。但是这种感觉最好口述或者写一遍，这样会更好，这就是林奇教我们的投资诀窍：投资决策前的两分钟独白。

林奇说，购买一只股票之前，他喜欢进行一个两分钟的独白，包括他对这只股票感兴趣的原因是什么，这家公司具备哪些条件才能取得成功，公司未来发展面临哪些障碍。这个两分钟的独白既可以只是一个人小声自语，也可以用让站在你旁边的同事们能听清楚的音量宣讲。如果连一个小孩子都能听懂你的分析，那就表明你已经真正抓住了这家公司发展的精髓了。

在我这里，科沃斯大致有这几条：其产品是To C的生活改善型的可选消费，商业模式符合潮流，未来发展空间大，怎么赚钱看得懂能理解，过往财务业绩优秀，竞争地位突出，公司治理没问题。未来风险主要集中在行业技术功能风尚冲击的应变能力方面，行业变动影响大且难预测；如果行业不变动则技术功能不能差异化，竞争加剧，将进入成本竞争。大体来说，在我分析完科沃斯的时候，我觉得这是一家好公司。

除了自白，去和其他关心科沃斯的投资者聊一下，也会对你的分析有帮助，我去找了博士同学中一位很有名气的基金经理，主要想求证一下对于扫地机器人这个行业的看法。我们两人看法大体一致，认为扫地机器人行业技术功能变革快，竞争格局尚未定型，未来变动比较难预测，还是要给予比较高的风险补偿。

通常，普通投资者做到这一步后，下面就是投资决策了，首先需要考虑的是价格和价值之间的关系。理论上讲，在价值低于价格，且具有适当安全边际的情况下，应该是买入信号。至于买不买和买多少，需要进一步综合投资组合和资金安排思考，作为一本财务分析的书，后面这部分不是我们的关注点，我们要完成财务分析的最后一步：估值。

科沃斯这个项目，我采用梁宇峰博士的动态估值法。预测未来3年盈利，以第3年盈利采用出售假设从而以PE估值法估计永续价值。以3年之后的未来增长率和实现增长率的可能性得出估值用的PE（我也把它称为梁氏PE）。以四个风险维度：技术变革和技术颠覆的可能性；行业新进入威胁、行业供求关系；行业周期波动、可预测性；政策抑制或打压的可能性，综合考虑折现率。梁博士动态估值法估值参数详见本书第二章。

首先需要未来3年的盈利预测，直接用Choice数据中的券商分析师一致预期数据，当然你也可以自己预测。我的原则是，当我不能做出有信心的预测，或者无法判断我自己的预测与一致预期两者的差别时，就用一致预期数据，效率更高。科沃斯营收和增长率预测如表4-27所示。

表4-27 科沃斯营收和增长率预测

类目	2016年	2017年	2018年	2019年	2020年	2021年	2022年F	2023年F	2024年F
收入/亿元人民币	32.77	45.51	56.94	53.12	72.34	130.86	168.51	215.63	270.67
净利润/亿元人民币	0.51	3.76	4.85	1.21	6.41	20.10	23.21	29.46	37.33
收入增长率/%	21.60	38.88	25.12	-6.71	36.18	80.90	28.77	27.96	25.53
净利润增长率/%	-71.51	637.25	28.99	-75.05	429.75	213.57	15.48	26.92	26.71

根据盈利预测，对未来增长和护城河的判断得出PE，我认为中性情况下可以给20.00倍PE，悲观情况13.00倍PE，乐观情况26.00倍PE，并根据未来风险因素得出对应的折现率。需要强调动态估值PE和折现率参数都是梁宇峰博士个人风险偏好下的经验值，梁宇峰博士是一位资深价值投资理念践行者。我们的风险偏好可能与梁宇峰博士的有差异，需要自我认知和调整。动态估值法中的折现率是按照客观风险因素推测的，同时这个折现率也是预期收益率，反映估值主体对于科沃斯风险补偿的需要。动态估值法也可以自主变形使用，PE根据自己对于科沃斯3年后能卖出去的市场PE估计，折现率的确定需要考虑对科沃斯的未来不确定性所需的风险补偿，也可以用资本资产定价模型来做，再根据个人风险偏好调整。本质就是两个数，第一个是未来3年出售科沃斯的估计PE，第二个是折现率。剩下的就是将这未来3年盈利和按PE计算出售的终值按折现率折成PV。在梁宇峰博士的动态估值法中，估值包括两部分：第一部分是未来3年分红，未来3年盈利假设按照30.00%分红率合计，考虑这部分因素占比较小就不再折现。第二部分是第3年出售价值作为永续价值进行折现。在2022年10月5日，中性状态下，采用一致预期，未来3年在售出PE为20.00倍、折现率为17.00%的情况下，科沃斯估值493.13亿元人民币，9月市场均值401.95亿元人民币，有23.00%的低估（如表4-28所示）。

表4-28 科沃斯动态估值

类目	悲观	中性	乐观
立足于FY3—2024年,长期增长率估计	中低	中高	高
护城河	一定	一定	一定
3年后梁氏PE/倍	13.00	20.00	26.00
贴现率调整			
技术变革和技术颠覆的可能性/分	0.00	0.00	0.00
行业新进入威胁、行业供求关系/分	0.50	0.50	0.50
行业周期波动、可预测性/分	0.00	0.00	0.50
政策抑制或打压的可能性/分	2.00	2.00	2.00

续表

类目	悲观	中性	乐观
得分	2.50	2.50	3.00
贴现率/%	17.00	17.00	15.00
动态估值/亿元人民币	329.99	493.13	665.14
市场价值/亿元人民币（截至9月均数）	401.95	401.95	401.95
低估率/%	-17.90	22.69	65.48

注：估值日期为2022年10月5日。

估值结果是一个点数据，例如，表4-25中科沃斯估值是493.13亿元人民币，但是我们在估值过程中也看到，实际上并不是那么精确，从预测盈利开始就不是精确数据，PE、折现率更是不精确，是我的估计，因而对点数据的估值一定要保持谨慎的态度，这不是一个精确值。

有一次，我和我的导师严弘教授聊起折现率，尽管资本资产定价模型可以算出来一个似乎客观的数据，这个数据反映的是市场偏好，但是折现率的本意是估值主体的风险偏好，而这个偏好很主观，差一两个点很正常，问题是差一两个点对于估值结果却影响很大，因此我感到很困惑。严弘教授笑道：“所以你要做敏感性分析，把各种因素变一变，看看最终结果变成什么样，这样对于估值的理解就会更进一步，不会掉进点数字的陷阱里。”对此，《投资新革命（珍藏版）》作者伯恩斯坦指出，绝大多数预测不是一个点预测，或者一个可能的中间值，决策和风险测度的范围才是重点。①

因此，2022年10月我对科沃斯的估值范围是329.99亿—665.14亿元人民币。

避开点估值的陷阱，还可以看看这个估值历史上与市值的对比（如图4-14所示），找找感觉。从科沃斯估值与市值的对比看，如果我们持这样的估值水平，在过去大多数时间是不敢碰科沃斯的，而这个估值又将市值慢慢拉回到正常水平。考虑到过去每一个时间点对科沃斯未来增长的预期是不一样的，用单一PE去做历史估值的局限性还是很大。

---

① 伯恩斯坦.投资新革命(珍藏版)[M].高小红,迟云,钟雄鹰,译.北京:机械工业出版社,2010.

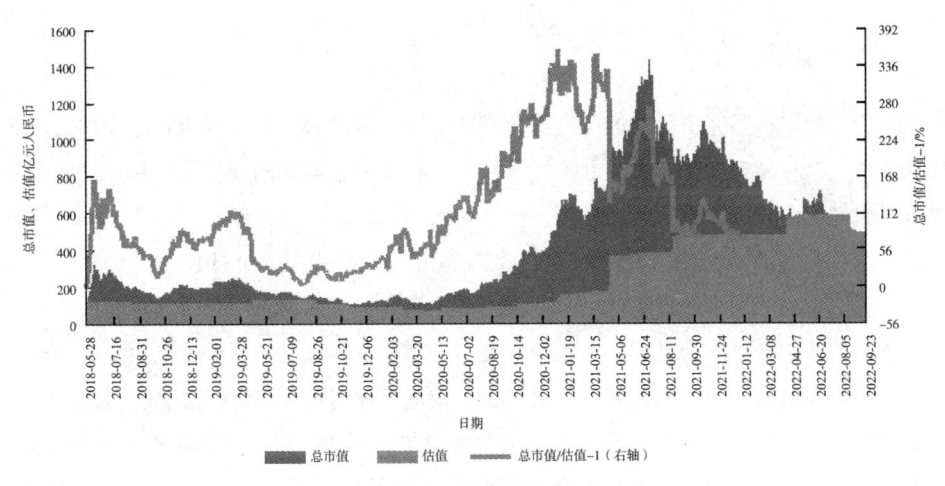

图4-14　科沃斯动态估值（PE=20.00，r=17.00%）

我们可以用每一个时间点的一致预期增长率作为在那个时间点的PE。根据PEG估值法，这里取PEG=1，对应的PE=预期增长率×100。与固定PE历史估值图形相比（如图4-15所示），在2020年1月—2021年1月这段时间里，一致预期增长率偏低，因为2019年科沃斯在转型，业绩不佳，市场难以判断未来扭转的时间点，因而未来增速预期较低。到了2021年初，看到2020年业绩复苏很快，券商分析师有了足够的信心，预期增长率上来了，此时市值比估值高不了多少。随后，券商分析师预期科沃斯未来增长率会放缓，而市场反应滞后于券商分析师预期，且市场对增长预期的负面反应过度，市值反而低于估值。

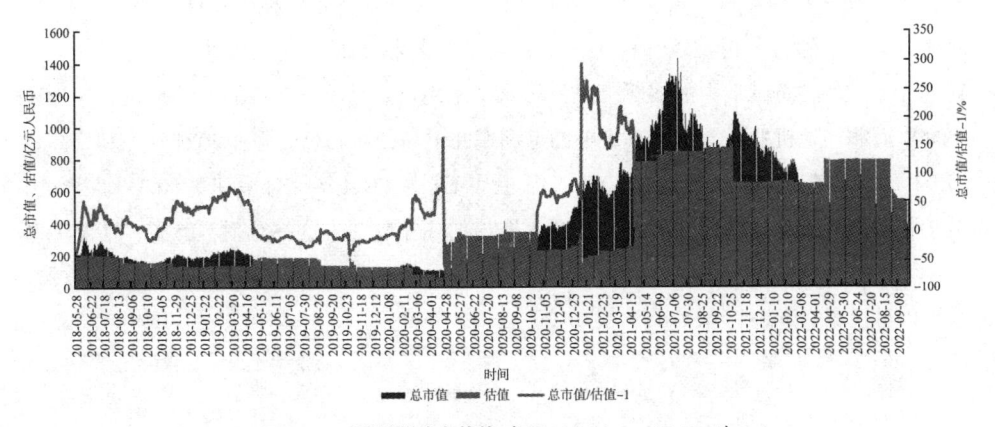

图4-15　科沃斯动态估值（PE=20.00，r=17.00%）

| 简明财务分析：
| 数据背后的商业模式与投资价值

◎ 写在最后

科沃斯的案例写完了，花的时间远比我实际做分析的时间长，因为我需要向读者解释我为什么这样做或者那样做。在实际分析中，读者并不需要向任何人解释，把数据列出来，自然就会有一些疑问或者领悟，接下来就是求证的过程，新的证据新的信息可能证实读者的假设，也可能证伪，还可能没有答案，我们就在这个过程中反反复复。最后，在一定时间范围内，我们能触及的资料都被研究过了，这个项目的财务分析也就告一段落，读者的脑海中会形成一种判断。此时，就要执行林奇的两分钟自白，将这种隐含的判断显性化，这个自白就是我们对这家公司的商业驱动力理解的总结，可能是一个肯定的结论，也可能是没有结论。我经常发出这样的感慨：没看懂。查理·芒格说过，我们将公司分为好公司、烂公司和看不懂的公司。看不懂，也是一种结论，往往代表这家公司在我们能力范围之外。

在前面科沃斯的分析中，我留了一个伏笔，读者如果仔细看，应该能发现。如果没发现，可以倒回去再看一遍。

一开始我们就把科沃斯定位在扫地机器人的赛道，这是一个高科技的赛道，对研发技术要求很高。而科沃斯并不是一家纯粹以研发技术为驱动力的公司，坊间对它的诟病主要在重市场轻研发，当然科沃斯自己并不承认。客观而言，科沃斯研发投入总额并不少，但是其更像是一家会做市场会做生意的家电公司。扫地机器人技术迭代快，使得行业起伏，所以2019年科沃斯业绩大幅下滑，2020年行业复苏，2021年科沃斯业绩大增。问题是，我们通过分析发现，科沃斯2020年业绩复苏和2021年业绩暴增，除了扫地机器人业务之外，贡献最大的实际上是添可这个家用电器品牌，其核心是洗地机，这属于小家电而非扫地机器人。传统小家电的毛利率并不高，而添可品牌在2021年毛利率高达54.93%，扫地机器人毛利率才49.77%，加上代工最后2021年综合毛利率50.71%。因此，关于科沃斯的未来，仅仅知道扫地机器人赛道的商业驱动力这一点就不够了，还要琢磨下小家电。为什么科沃斯在小家电上能这么厉害，这种盈利能力能持续吗？有兴趣的读者可以自己琢磨下。

本章小结

* "七步法"分析财务数据：

  第一步，看营收数据。观察收入、利润和现金流的体量、构成、历史、质量，以及三者之间的关系。

  第二步，看成本费用构成。毛利率和期间费用率是重点。

  第三步，看增长。增长是时代主旋律，增长也是企业未来。

  第四步，看业务构成。领会驱动力的重要窗口。

  第五步，看资产负债。好公司不是关键要素，只要没有异常就好。

  第六步，看投入产出。分析工具"三板斧"：WC、固定资产和人员投入。

  第七步，看收益率。收益率是投入产出效率综合指标。

* 财务数据与非财务信息双循环。财务数据和非财务资料反复循环、互相印证。财务数据提供线索，非财务资料编织因果驱动。非财务信息提供故事素材，财务数据印证故事的现实性。

第五章　财务分析的要点和原则

本章导读

本书大部分内容都是在情境中分析案例，目的是让读者体会到我的思考过程，这种思考过程是让我们获得洞察的唯一手段，保持好奇心，不断操练，洞察能力自然提升。在思考过程中，也有一些共性的工具能帮助我们提高效率。我们总是站在前人的肩膀上观察世界，工具就是之前经验的总结。本章讲述这些工具。

我的经验

◎财务分析的目的

梁宇峰博士认为，财务分析有4个目的：一是理解公司商业模式；二是评估公司竞争力；三是预测未来公司财务数据；四是衡量风险与不确定性。这4个目的是层层递进的。

首先，理解了商业模式，也就是理解了公司是怎么赚钱的。

其次，评估公司竞争力。在理解商业模式的基础上，判断企业发展空间有多大，赚钱能力强不强，有什么竞争优势，这些优势能不能持久。

再次，理解了商业模式和竞争力，找到了驱动力和驱动基本面业绩变化的因果关系，自然而然就可以预测未来公司业务会怎样演变，并将这个预测以财务数据的形式表达，形成估值的基础。

最后，预测是对未来的判断，未来尚未到来。按照达摩达兰的观点，对于未来的可能性，存在一个从绝无可能到必然发生的可能性连续体。这就决定了预测的概率性质，我们需要时刻意识到，任何一个确定的财务预测数据表达的是在某一概率下的表现，是在某种可能性下的数据。此时，需要对未来的风险和不确定性进行识别，并将这种识别在估值中进行表达。

◎ **财务分析的框架和指标**

虽然在财务工作中有一些常用的方法，但并不存在一个普世的财务分析框架，或者，我们并不需要一个普世的框架。

道理是这样，企业商业千变万化，不同生意模式的驱动力很不一样，如果要搭一个普世的框架必然要面面俱到，这样的框架太"重"了。对于一个具体分析而言，大而无当，在现实分析中，耗时太多，也使这些"重"框架无法落地。

例如，目前商学院主流财务报表分析与估值教材是哥伦比亚大学佩因曼教授的《财务报表分析与证券估值》。这本书非常好，不过现实中很少有人照着佩因曼教授的方法做财务分析。主要问题在于他的方法的基础需要重构报表，这个难度有点大，花费的精力也比较大，前者需要会计知识和金融知识，后者需要比较多的分析时间，适合对一家公司深度研究。二级市场普通投资者一方面不具备会计技能，另一方面往往需要在较短时间内完成一次不是那么完美但是够用的财务分析。因此，佩因曼教授的"完美"方法往往只出现在商学院课堂上。

现实中，绝大多数时候，我们做财务分析仅仅需要抓住驱动力的核心、重点即可，并不需要面面俱到，既无必要，又无时间。

我总是说，心中有剑胜于手中有剑。不过，毕竟我需要表达，无论是本书的读者，还是我课堂上的学员，都需要一个框架来帮助理解，框架用要点、原则和问题清单来表达。

同时提醒读者，这仅仅是我个人做财务分析的一些习惯，仅仅是为了表达方便，读者完全可以使用其他人的分析框架，也可以有自己的分析框架，只要自己觉着好用就好。理解底层逻辑是关键，实质胜于形式。

至于报表分析形式，我们在前面一章分析科沃斯案例的格式骨架已经可以覆盖大部分基本分析。当然，我们分析具体案例时，侧重点会不一样，会增增减减。现实中我自己做财务分析也是一样，拿一个以前的格式先套一下，基本信息都有了，顺着线索看什么没有，再补充一下。至于具体哪些信息对具体分析是关键的，我借芒格的话来回答。

有人问芒格,在分析一家公司时,他更看重投资收益率这样的定量指标,还是品牌优势、管理层素质这样的定性因素?芒格回答:"我们关注定性因素,也关注其他因素。"总的来说,在具体情况下,什么因素重要,我们就关注什么因素。什么因素重要,需要具体问题具体分析。

四个要点

◎估值驱动、决策导向

财务分析过程信息量很大,内容很多,面面俱到是不可能的,也是常人精力所不能及的,抓住重点是关键。商业活动千差万别,不同行业,不同商业模式,关注的重点也不同,怎样才能抓住重点?

我的体会是,不忘初心,方得始终。在阅读资料的时候,牢记我们做财务分析的目的——要做一个投资决策。对于基本面投资者而言,做投资决策的核心就是对企业的价值作出判断,包括当下的价值,也包括未来企业价值变动的预判,所有资料中涉及价值判断的都是芒格语境中的关注点和决定性因素。如果在做财务分析的时候,时刻以此为标准,便能手中无剑,心中有剑。

打个比方,有个朋友说,经常听我侃侃而谈读过的书,为何他看过的书往往都记不住?我的诀窍在于读完一本书后必然要做一个读书报告,有的是书面的,但多数是口头的,讲一下这本书我看到了什么。他又问:"你这么做的时候,不会发现脑子里似乎很多东西,但似乎又没有东西,讲不出来吗?"我说:"这是因为你在看书的时候,没有做读书报告这个目的,也就是没有目的的框架。如果有,你看的时候就会很留意,这些是重点,那里是金句,圈出来,小纸条标记好,等看完书,再把这些标记的地方浏览一下,基本就可以开讲,而讲出来的这些就会成为你自己的东西。"

做财务分析与读书同理,数据资料纷繁复杂,我们往往没有精力和时间全面研究第二次。因而时刻牢记分析的目的,最后我们要做到输出。读到有用的资料要记下来,形成观点的时候再次浏览记录下来的这些关键资料,事半功倍。

最后形成的分析结论最好是写下来,哪怕寥寥数语,因为我们的记忆往往随着时间流逝、场景变化而扭曲。行为心理学的研究证明,当事后结果出来的时候,我们往往会扭曲之前对事情的判断,因而写下来很重要。在心理学上,事后的记忆扭曲,被称为

"后见之明"或者"我早知道效应"。心理学家巴鲁克·费斯科霍夫在尼克松首次访问中国之前,做了一项调查。受试者需要对尼克松此次破冰之行可能出现的15种可能性作出评估。尼克松访问结束后,费斯科霍夫让那些人回想这些预测。结果很明显,如果一个事件真的发生了,人们会夸大自己此前作出的预测的可能性;如果可能的事件并未发生,受试者就会错误地回忆说当初自己一直都认为此事发生的可能性不大。

所以,财务分析的结论最好写下来,相当于你的读书报告,这家公司估值怎样,怎样得出这个估值。你的开场白可能是这样:这家公司生意是这样做的,核心驱动力有这么几点,这家公司我看好或者不看好,我觉得目前估值是多少,支持这个结论的依据是……带着这些要写的问题开展研究,有的放矢。

◎理解商业模式是根本

理解商业模式包括几个核心要素:识别商业驱动力、预测前景、识别风险。对于基本面投资者而言,做出估值是投资决策的基础,估值的基础是对于企业商业模式的理解。

听着学术,实际很简单。所谓理解商业模式,就是要搞清楚这家企业怎样赚钱,靠什么赚钱,有什么本事,这些本事是怎么来的,未来会怎么变化。一句话,生意是怎样做的。

我们从一个故事开始。

多年之前,我还在某外资集团当财务经理。集团在松江,上下班坐班车,随着交通拥堵加剧,半小时的车程逐步延长到1个多小时。怎样打发这段无聊的时光,特别是晚上下班,有个好聊伴是一件幸福的事情。我很幸运,很快找到了集团研发中心的陈博士。每天下班,天南地北一通神聊,无聊时刻变成了每个工作日老友的快乐时光。

除了聊到哲学、历史,也会聊到各自的工作。陈博士在集团研发中心,是研发团队的领头人,主要搞一些前瞻性技术研究。这些研究和大学里陈博士原来搞的东西差不多,不过陈博士对此并不满意,希望将研究向更有实用价值的领域发展。集团是做印刷线路板(Printed Circuit Board,PCB)制造的,模式类似集成制造,工艺环节很多,大多由设备和耗材厂商提供解决方案。例如电镀,设备厂商提供设备和配套药水,也可以由专业药水厂商提供配套药水,这些药水往往是保密配方,很多是按实际使用来结算,例如实际生产了多少平方米PCB,按每平方米多少钱结算,PCB厂商买回来用就是了。从

简明财务分析：
数据背后的商业模式与投资价值

这个角度看，如果陈博士的研发要深入或者更有用，必然是向设备或者药水发展。

陈博士的想法获得了集团管理层的支持，开始展开新工艺和配套药水的研究，组建了几十人的研究团队，大手笔投资实验室和配套中试生产线。在闲聊中，得知陈博士有成功的喜悦，也有失败的沮丧，还有看不清方向的焦虑。

后来，我离开了这个集团，班车闲聊成了美好回忆。几年之后，陈博士来找我，说他准备创业，需要找VC融资，希望我能帮忙。原来，集团老董事长退休，研发本来就是老企业家的自留地，儿子接班，画风大变。陈博士搞的这一摊，按照小老板的说法，不符合公司价值观，是与公司的伙伴（供应商）竞争，不能玩下去了。此时，陈博士的团队已经在一些新工艺和药水方面取得了重大突破，自然不舍得放弃。团队一合计，自己干行不行，就和老板提出来，能否将这块剥离出来，公司技术投入再给点钱，团队也出点钱，开个集团控股的合资公司，他们来运作。毕竟技术是集团投了好些钱发展出来的，几十人的团队已经干了好些年。

没想到，小老板大手一挥，你们去玩吧，我们不要了。天上掉下大馅饼，陈博士的团队决定自己干。为什么这么有信心？因为这些年，陈博士的团队确实在一些创新工艺上做出了原创性的突破，例如一种叫黑孔的创新工艺。稍微解释几句，PCB往往是多层结构的，每层的线路之间要导通，通常做法是先钻孔，再通过电镀在孔中填铜形成导电柱。问题是，单层PCB两层铜箔中间是绝缘层，通常是环氧树脂材料FR4，既然是绝缘层，不导电，那么电镀金属也就无法附着。因此传统工艺是在不导电的FR4孔壁上附着一层导电层，成分主要是金属钯，随后再进行电镀，这个工艺称为"沉铜"。由于金属钯稀有，价格很贵，"沉铜"工艺成本高。PCB产业是大规模制造，存在工艺先进性和成本竞争双重属性。在大多数时候，工艺大家都会，主要是成本竞争，因而降低成本是核心竞争力。陈博士的团队通过正向研究发展了一种黑孔工艺和配套药水，通过改性碳粉替代金属钯，大大降低成本。这个方法他们团队是世界第二、中国首创，由于是正向研究，他们掌握核心原理和配方可以进一步发展，可以说具有相当的技术领先优势和潜力。有了金刚钻才揽瓷器活，陈博士的团队信心满满，毕竟已经完成了研究和中试，就剩产业化了。

听完陈博士的描述，我喜忧参半。

喜在于，首先陈博士的团队确实有很好的基础，有研发能力，这个能力是集团花了好些钱才慢慢培养成的，现在送给陈博士，解决了创新型企业早期投入大、风险高的问题。其次，陈博士的团队虽然是正向研究的科学家团队，但是并不是象牙塔里搞学术的科学家，而是解决实际产业技术问题的工程师。他们离现实很近，在业内有些名气，具有商业化、产业化的基础条件。最后，陈博士的团队的核心在于配方，所以生产设施投入并不是很大，资本要求不是很多，比较容易起步。

忧在于，陈博士的团队非常纯粹，都是非常优秀的科学家和工程师。研发我不担心，但是现在他们要创业，就是要做生意，要完成从科学家、工程师到企业家的转变。在一个生意中，技术很重要，但这并不是企业成功唯一的要素。

从财务分析的角度看，我喜欢用一个投入产出模型来帮助理解，投入产出模型是以利润表为中心，收入是龙头，利润是关键，现金流是目标。从收入起步，匹配资源，到预测模型收尾。

企业选择的行业千差万别，怎样做生意也各有千秋，但底层逻辑是一样的，都可以抽象成一个资金或者现金的循环，也就是一个生意的循环。

如图5-1所示，企业总有个开始，就如陈博士准备创立的企业，从现金流动角度看，开始股东投入资金，其中陈博士的团队先投入一部分钱，再从投资者手中筹集一部分钱，这两部分钱都构成股东投入。刚开始的时候只有股东投入，生意运转起来，还可以从债权人那里借一些，例如从银行借的有息债务，从供应商那里赊账借的无息债务。股东投入和债权人投入的现金构成了企业启动的源头。当然，资产也很重要，例如对于陈博士而言，之前的IP归属就是关键。

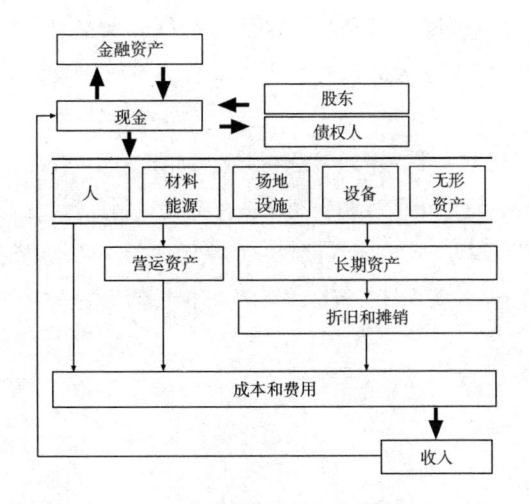

图5-1 非金融企业投入产出模型

| **简明财务分析：**
| 数据背后的商业模式与投资价值

对于企业而言，钱很重要，钱能生钱更重要。以陈博士要创立的制造企业为例，需要生产设备和无形资产。具备了生产条件，要生产需要备料，买原材料，产品出来卖给客户，客户可能延期付款，这些就是运转起来需要垫付的流动资金。最后还有人，团队要发工资。最终，客户满意，付了钱，现金又回来了，再次投入生意的循环中。

从资金循环的角度看，企业或者一个生意就是让投入的资金循环起来。首先是能活下去，资金循环不能断，断了就破产了。其次是资金越来越多，企业就赚钱了，就发展了。最后，在企业结束之前，这是一个川流不息的资金循环，如同一条流淌的河流。

生意成功的底层逻辑在于服务客户。德鲁克说过，企业的宗旨只有一种恰当的定义，那就是创造顾客。我们将资金投入企业的目的是为服务客户创造条件。客户满意了，并为服务买单，企业资金循环就跑起来了，如果回来的钱大于投入的钱，企业就产生了利润，也就赚钱了。

判断一个企业赚不赚钱，对于股东而言，理论上可以将企业清算，把所有债务还清，将所有资产重新变成现金，与原始投入现金比较，赚了还是亏了。不过，现实中并不允许这么做，债权人、不参与经营的股东，他们无法等到清算结业，他们每个月都要知道经营情况。现代簿记，也就是会计，应运而生。我们会计在川流不息的企业资金循环河流上，砍一刀，在横截面上拍张照片，就是我们的资产负债表。在这个时间点上，企业拥有什么资产，这是资产负债表左边，再看看这些资产哪里来的，股东投入和债权人投入这是资产负债表右边，可以直观地理解为这些资产的资金来源。

年头拍一张，年尾拍一张，中间就是一个会计年度，中间收入成本累计起来就是利润表。按照会计规则，资产负债表和利润表按权责发生制计量，而实际企业运行是资金循环。所以，会计上还有一张现金流量表，用来观察年头到年尾现金账户的变化情况。说穿了会计数据只是企业生意循环、资金循环的一种计量方式。财务三张表的关系如图5-2所示。

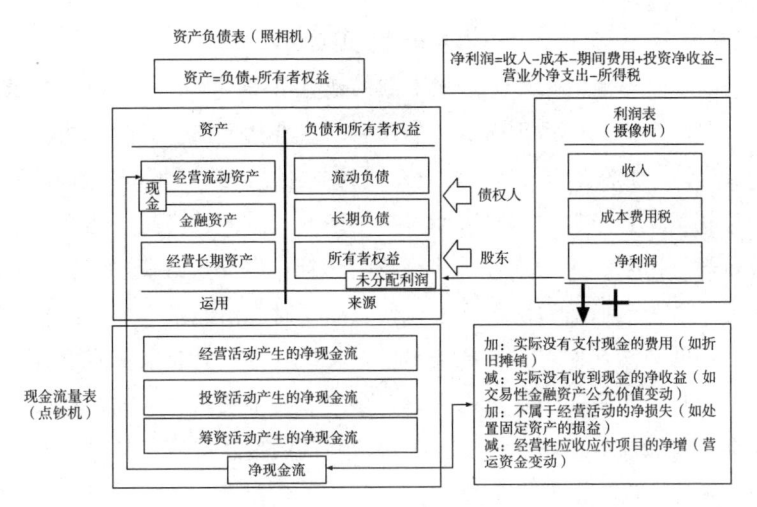

```
                    资产负债表（照相机）              净利润=收入-成本-期间费用+投资净收益-
                    资产=负债+所有者权益                营业外净支出-所得税

              ┌─────────────┬──────────────┐        ┌──────────────┐
              │   资产      │ 负债和所有者权益 │        │    利润表     │
              │             │               │        │  （摄像机）    │
              ├─────────────┼──────────────┤        ├──────────────┤
              │ 经营流动资产  │   流动负债    │ ⇐债权人 │     收入      │
              │  现金        │              │        ├──────────────┤
              │ 金融资产     │   长期负债    │        │  成本费用税    │
              │ 经营长期资产  │  所有者权益   │ ⇐股东  ├──────────────┤
              │             │  未分配利润   │        │    净利润     │
              │   运用      │    来源      │        └──────┬───────┘
              └─────────────┴──────────────┘               │  +
                                                          ▼
              ┌──────────────────────────────┐   加：实际没有支付现金的费用（如折
              │   经营活动产生的净现金流         │    旧摊销）
              │                              │   减：实际没有收到现金的净收益（如
   现金流量表  │   投资活动产生的净现金流         │    交易性金融资产公允价值变动）
   （点钞机）  │                              │   加：不属于经营活动的净损失（如处
              │   筹资活动产生的净现金流         │    置固定资产的损益）
              │        净现金流              │   减：经营性应收应付项目的净增（营
              └──────────────────────────────┘    运资金变动）
```

图5-2　财务三张表的关系

一个生意要成功，在资金循环上表现为，投入产出的现金流能够匹配，不会断裂。现金流断了，不能清偿到期债务，循环也就进行不下去，企业就破产了。在投入产出模型中，投入在前，产出在后，投入是为了形成服务客户的条件，而产出是客户满意以后支付形成的收入。

回到陈博士的故事，根据投入产出模型，我帮他搭了一个财务预测模型，看起来在中性条件下，一年之内就能实现经营现金流的平衡。后来，陈博士也顺利融到了第一轮投资。

几年之后，陈博士的公司有了稳定的客户，成规模的收入，利润也不错。

你一定会说，陈博士团队独有的黑孔技术是他们成功的关键吧。

生意就是生意，总会和书呆子想法不一样，我和陈博士都是书呆子。

在过去的几年，陈博士和我寄予很大希望的黑孔技术一直打不开局面。事后看，道理也很简单，尽管陈博士团队的新工艺能大幅降低成本，该工序的成本在PCB制造总成本占比不高，但是也很重要，是一个关键工序。企业对这种成本占比不高但是重要的工序，并不是成本优先，而是品质稳定优先。这样一来导致大企业接受陈博士团队新工艺的门槛变得很高。大厂内部关系复杂，几个博士打通技术环节不难，要进商务渠道，那是另外一重天地。几个书生交了不少学费，耽误了很多时间，始终也不得其门。而且每个月的工资要发，每个月的房租要交，实验要做……很快，现金流出现了问题，幸好陈博士的家里有些家底，又遇到几个贵人相助，但也举步维艰。

天无绝人之路，他们在一个意想不到的地方取得了突破。陈博士的团队在业界有点名气，是一个少数能做正向研究的团队，生意找上门。当时石油价格上涨导致液碱（氢氧化钠）价格上升，PCB企业降低成本迫切需要一种代替液碱的清洗剂。国外有，但比较贵，客户找他们看看能否搞出来低成本的替代品。几个博士一看，简单，很快就研发出来，因为觉着没什么技术含量，也没当回事。没想到产品推出以后大受欢迎，因为他们的清洗剂比液碱便宜。同时，清洗是一个非关键工序，不用液碱换成他们的清洗剂即可，设备也不用改动，厂方决策起来很简单。加上博士们在商场摸爬滚打一年多，学费也交得差不多了。技术没问题，成本降低满足企业需求，也学会了大厂商务运作那一套，很快清洗剂的生意就做了起来。液碱是大宗商品，PCB企业的用量本来就不是很大，所以也不会专门来和陈博的清洗剂搞价格竞争。而其他想介入这个产品的，多数技术上不过关，这样一来，这个小众产品的竞争格局就变得很好，陈博士他们的生意红火了起来。

在陈博士创业的故事中，我们理解了他的生意是怎么做的，这是一个To B的生意，为PCB企业提供某种工艺解决方案，具体形式是销售化学品配方。他的团队为什么能做这个生意，是因为继承了之前在集团投入巨资的研发成果，形成了专有技术和团队能力。但是在商业化的过程中，看似能够为客户带来价值的新技术，却并不受欢迎。此时，他的团队积累的正向研究能力发挥了作用，顺利转向，并获得了客户认可，生意得以发展壮大。

◎ 财务分析的范围

只看合并报表

这是财务分析的技术细节，上市公司报表有两套：合并报表和母公司报表。在我的分析框架中，只需要关注合并报表，有以下两方面原因。

一是避开操纵因素和噪声。

这来自我的经验。我做过较长时间的企业财务负责人，在合并范围内各公司的财务数据往往由我来安排。而这种安排有时并非经营原因，与企业经营没有关系。如果将这些因素导致的财务数据变化纳入分析框架，就会与我们想知道的商业驱动因素混淆，误导在所难免，只用合并数据就避开了这种误导。举个例子。

第二篇
财务分析的方法和工具

我看到一篇资深会计专家写的文章，其核心是，2022年上半年海天味业母公司资产负债表预付账款51.11亿元人民币，而上年末预付账款只有12.91亿元人民币，半年大增38.42亿元人民币。注意，这里是母公司报表不是合并报表，同期，合并资产负债表预付账款2.12亿元人民币，期初是1.62亿元人民币。作者研究了以后的结论是，由于全资子公司大笔现金分红51.80亿元人民币给母公司，子公司货币资金紧张，母公司以预付款的形式调拨货币资金到子公司。

当然，作为会计研究者，我觉着这是个问题，研究一下无可厚非。不过本书核心场景不是会计，而是外部投资场景。我们希望通过财务分析了解企业经营情况，寻找商业驱动力。此时，企业内部的安排并不会给我们带来任何额外有用的信息。因为这些信息都与我们关心的竞争和经营关联度不大，甚至会成为干扰信息，因为外部人并不了解企业这样操作的真实原因，这些信息就是卡尼曼所说的噪声。

我们如何判断是信息还是噪声，很简单就是看合并报表层面是否产生明显的变化。这个例子中，尽管母公司报表预付款大增38.42亿元人民币，但是在合并报表层面，预付款数量很少，且余额变化很小，说明这个数字对于我们判断海天味业的经营没有增量信息，这仅仅是海天管理层的内部安排。

因此，我在做财务分析的时候很少关注母公司报表，而是把公司看成一个整体思考它的过去、现在和未来。

第二是识别企业边界。

我们在谈论一个企业的时候，经常使用销售收入、净利润等这些会计术语，这些会计术语应用的企业边界在哪里？在没有特别说明，并使用会计术语的场景，我们默认，这个是一个合并口径，即由母子公司组成的企业集团，我们会把母子公司视为一个企业整体，企业的边界把确认为母子公司的个别企业包裹在内。这时我们谈论这个企业的销售收入、净利润、总资产之类的会计术语时，使用的是合并口径，即这个企业集团合并报表上的数据。

企业的边界不是天然的，是人为制定规则识别出来的，使用会计术语的就是使用会计的准则。我们也可以类比自然界的自然边界，例如一头牛，由各个器官组成，它的边界就是它的皮肤。

牛皮是自然形成的，很容易识别，而会计上企业集团的边界是由人根据一定规则判定的。如果不是使用会计术语的场景，例如经济学家谈论的企业边界，就是另外一回

171

事，科斯在《企业的性质》一文中回答了企业出现的逻辑起点，以及企业与市场的界限问题。提出市场和企业是两种可以相互替代的配置资源的手段。在市场上，资源配置由价格机制自动调节；在企业里，资源配置由权威的组织来完成。但无论用市场机制还是企业组织来协调生产，都是有成本的。企业之所以会出现，是因为有些交易在企业内部进行，比通过市场进行所花费的成本要低，但是企业的组织成本与企业是形影不离的，它伴随着企业规模的扩张而扩张，当在企业内组织交易的成本扩大到等于市场组织交易的成本时，企业与市场的界线也就划定了。

合并报表的逻辑在于从母公司（控制者）视角出发，把母公司控制的所有公司视为一个企业集团（整体），报告这一企业集团的会计信息。如图5-3所示，假定箭头代表控制，则A公司合并是从A作为母公司视角出发。

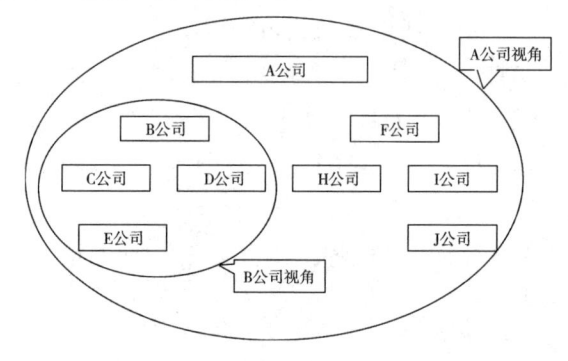

图5-3 合并视角示意图

合并之后，要按照母公司的会计制度进行会计调整，编制合并报表全面反映集团的盈亏情况，抵消集团内部企业之间关联交易带来的虚增利润和成本，更好地体现企业的盈亏情况，防止人为虚增利润和成本。

◎ **非金融企业原型**

本书讲述的财务分析方法是非金融行业原型，偏制造业和软件行业，这与我的经历有关系，我对制造业和软件业熟悉，对金融行业不熟悉，因而我选的案例和方法也是循着这个思路。

非金融企业活动又可以分为经营活动和金融活动。经营活动是指企业为了满足客户需求而开展的活动。此外，稍有规模的企业也存在理财需求，多出来的资金也需要管理，出于财务收益目的进行各种投资，这些活动本质是企业理财，而非主业的经营活动。

非金融企业活动=经营活动+金融活动，重点在哪？显然在于经营活动，这是我们要寻找的企业发展驱动力，如果一个非金融企业金融活动占比较高，需要将这部分剥离后分别分析，并将两部分分别估值。

八个原则

◎不可分原则

不可分原则：财务与非财务一体两面，关键在一体。

财务分析就其名称而言似乎是一个财务专业的事情，聚焦财务数据。也不意外，大部分讲财务分析的书，都是以财务报表为核心，因此在财务分析中，财务报表及财务报表附注是分析的重点。

但是，我的经验告诉我，仅仅关注财务数据的财务分析是不够的。

投资场景的财务分析最终必须对企业未来做出判断，或者对基本面投资者而言，财务分析的终极目标是估值，而估值的核心是对企业未来做出判断。财务信息是过去的历史信息，是企业过去商业活动在会计规则和货币维度的计量，是企业商业活动结果。这个结果很重要，是我们观察和理解企业商业活动的重要窗口，能够为我们提供量化数据，提供研究线索，也能为现实商业逻辑提供证据。

同时财务信息的局限性也是根本性的。一是财务信息是历史信息；二是财务信息不过是企业商业活动的影子，并不是商业活动本身。

英国哲学家大卫·休谟发现，我们用历史经验预测未来的归纳推理中隐藏了关键假设。我们考虑一个利用历史经验进行未来推理的例子：

在我们过去的经验中，太阳总是从东方升起
所以未来，太阳非常有可能继续从东方升起。

这是一个由过去推断未来的标准形式，表述如下：

在我们过去的经验里，□总是（或者至少有规律地）发生

简明财务分析：
数据背后的商业模式与投资价值

  所以未来，□非常有可能继续发生。

  哲学家理查德·德维特教授指出，这个推理过程中并没有什么不同寻常之处，我们在日常生活中经常使用。然而，休谟发现这种推理包含隐含而又关键的前提：未来会继续像过去一样。

  前述推理重新表述：

  在我们过去的经验中，太阳总是从东方升起。
  【未来会继续像过去一样】
  所以未来，太阳非常有可能继续从东方升起。

  事实上，所有预测未来的归纳推理，隐含前提必须存在，只有在"未来会继续像过去一样"这个前提下，过去的经验才能为未来提供指导。

  历史信息与未来是否一样，取决于企业商业活动的外部环境和内在驱动要素没有发生结构性变化，这就需要我们能够识别和理解这些驱动要素。只有这样，过去的历史财务信息才能对未来做出指引。有专家说，数据不会说谎。非常有道理，但是同时，数据也不会自动告诉你数据背后的故事。要预判企业未来，除了财务数据，还需要了解形成财务数据的商业活动。说到底，企业本身才是我们关注的对象，财务数据不过是企业活动的影子，我们更想知道这些影子背后的商业活动和驱动这些商业活动的原因。财务信息的高度抽象性在这里成了短板，我们需要通过非财务资料去弥补。通过阅读非财务资料，我们获得企业商业活动的故事，故事就是以因果联系方式对企业商业活动的理解，这些故事是我们解释和理解财务数据背后驱动力的关键。所以，在现实中的财务分析，恐怕需要把一半的时间放在非财务资料上。

  非财务资料也有缺陷，故事没有标准，往往迎风飞翔。梦想有多大，空间就有多大。此时，财务数据就成了故事的风筝线，美好的故事如果没有财务数据落地也只能是梦幻泡影。

  财务数据和非财务资料都是了解企业商业活动的窗口，窗口不是我们的目的，我们最终要关注的是企业商业活动本身。

  所以说财务与非财务一体两面，关键在一体。

第二篇 财务分析的方法和工具

◎ **重要性原则**

重要性原则：模糊正确永远大于精确错误，化繁为简。

4点理由：

第一，在财务分析中追求精确性是一件不可能的事情。

我举个例子，之前去旁听香港中文大学会计系吴东辉教授的"企业估值和分析"课。这是面向专业会计硕士的财务报表分析和估值课。教材采用的是佩因曼教授的《财务报表分析与证券估值》。我们知道佩因曼教授的财务分析方法非常好，不过有个缺点就是分析基础需要重构财务报表，有技术难度和工作量要求，第一步就是要重构资产负债表，将资产负债表重新分类为金融（资产、负债）和经营（资产、负债）。第一个分类科目就是现金，专业名词是货币资金，要将货币资金分为营运现金和金融现金，营运现金就是维持此企业经营活动的现金，金融现金是企业多余的现金未来将用于金融投资的现金。现实中的资产负债表上往往只有货币资金一个金额，你怎么拆？如果我是这家公司的财务总监也许会有办法，但是财务分析的场景是外部投资，企业并不会披露你想要的信息。此时，佩因曼教授推荐的方案是按照收入的0.50%算经营现金。有没有道理，我不知道。实际上，这种颗粒度的细节对于外部财务分析并不重要，是0.50%还是5.00%，即使相差10倍，通常也不会对你的财务分析产生方向性影响。我们的财务分析本来就是方向性的对商业驱动力的领悟，像会计做账一分钱也不差，没有可能。

第二，在财务分析中追求精确性是一件没有必要的事情。

我举个例子，在泰格医药的案例分析中，理解泰格医药商业驱动力的关键在于将泰格医药的利润划分成经营利润和金融利润分别来观察，指标分别来算，这对于理解泰格医药的商业模式是关键，否则业务活动和金融活动混在一起，哪个也看不清楚。我采用的方法是将公允价值变动损益和投资收益都当作金融利润，净利润扣除金融利润当经营利润。有朋友就指出这里面有问题，第一个是利息收入所得税应当作为经营利润的税盾进行调整，第二个是投资收益中如果企业是战略投资，应当划为经营利润。这两点在会计技术上都对，但在这里，我认为没有必要：第一，利息收入税盾数量不大，可调可不调，不影响大局方向。第二，投资收益中哪些是战略哪些是财务，不太好分，取决于管理层的意图，外部人往往没有信息做判断。一个变通的办法是将联营、合营企业投资收益算经营活动利润，其他算金融活动利润。我觉着也没必要，大概看一下投资收益体量,不是很大,此时就没必要分,我们的目的是看经营活动和金融活动两者各自的情况。这种颗粒度的精细,你有精力可以做,但是我觉着没有什么必要。因为我们最终的财务分析结果并不能直接导出未来预测,未来预测是在财务分析数字上的升华,这个过程绝对不会被一些细节数字的精确性左右,所以这种正确的精确性在这里是没有必要的。

第三,我们精力有限。

二级市场的特点是标的多,目前A股已经有超过5000家公司。我常说企业工作存在路径依赖,有道是人怕入错行。为啥,一旦干上,转换成本高,所以要干一行精一行。二级市场的特点是转换方便,这家不好换一家,这行不顺风换一行。这就要求以投资决策导向财务分析的投入产出效率要高,你不能在一个公司花特别长的时间,往往抓住重点能做出决策即可,所有对决策没有影响的细节都可以省略,抓住重点是关键。例如,之前我看分析师研究报告,往往要分析负债。此时,你就要有个判断,如果这是一家欣欣向荣的、我们对其成长抱有很大期望的公司,债务问题扫一眼即可,这不是重点。如果我们分析的是一家困境反转公司,债务问题是重要的,需要花点时间研究。补充一句,当然,对于重仓标的,需要在我们这里讲的财务分析之后继续深入研究继续跟踪,包括现场调研、客户调研等等,那个时候研究深度就不一样了,投入的精力也不同,不过那时,重点研究的标的也只剩下几个了。

第四,更多的细节未必导出正确的方向。

塔勒布在《黑天鹅:如何应对不可预知的未来》一书中提到过两个实验案例。

一个实验是消火栓实验。把一张模糊到无法认出上面是什么的图片给两组人看。其中一组,分10次逐步提高图片的清晰度,另一组分5次提高清晰度。在图片达到某个相同清晰度的时候停下来,请他们说出看到是什么。经过较少中间步骤的那一组能更快地辨认出消火栓。塔勒布指出,这意味着你提供的信息越多,他们就会形成越多假设,他们的结论就越糟糕,因为他们看到了更多的随机噪点,并将噪声当成了信息。

这个实验让我想起我刚入行风险投资时,我特别关注细节,在一个项目细节上穷追不舍。后来我的领导私下和我讲,看这种早期项目,往往是一个方向性把握,如果看得过细,往往后面发现的都是负面信息,最终就不敢干了,而这些细节信息在事后看来都是噪声。

另一个实验是心理学家保罗·斯洛维克让赌马者从88个他们认为对计算胜率有用的

变量中做出选择。这些变量包括各种各样关于历史赛马结果的统计信息。赌马者先得到10个最有用的变量，对赛马结果做出预测，然后他们再得到10个变量，再做出预测。信息的增加并没有增加预测的准确性，只不过他们对预测的信心极大地提高了。

基于上述理由，我认为在财务分析中，精确性并不重要，模糊的正确永远比精确的错误要好。我们要适当简化，抓住最关键的要素即可，没有必要对每个企业都去做全面的、精确的财务分析。像佩因曼教授那样完美、精彩的重框架在现实中用得并不多，它适合更高阶的专业投资者。

◎ 场景原则

场景原则：不同商业模式的关注点和工具大相径庭。

场景原则是重要性原则的延伸。理论上，回答前文的非财务信息"八问"相关的内容都是重点。不过在具体的企业分析时，我们会发现有的问题更重要，更具有决定性，此时对这个企业的分析往往只要抓住这一点就可以大致得出结论。

举一个例子，2022年10月我遇到一位研究军工的"老法师"，我们随口聊起来，大环境下军工是潮流之一，不过军工历来对于财务分析不太友好，主要是军工信息不透明，传统的盈利指标经常处于失效状态。我很好奇他是怎样看，他笑道："你说得都对，财务分析在军工上面就很不一样，我不看利润。军工领域都是国家采购，利润不高，无法按传统PE估值。那看什么呢？主要是依据历史估值来判断，基本面主要关注收入增长，而收入增长的前导指标是合同负债，也就是合同项下的预付款。军工产品都是定制化的，合同负债大小意味着未来国防采购的力度。所以，在军工这个场景下，在目前这个历史阶段，我们传统财务分析工具多数是没有什么信息价值，也就不需过多浪费时间。"

很多项目具有关键要素特点，这些关键要素，我常用的有7种，从两个方向思考，第一是资源投入产出"三板斧"，第二是洞悉商业模式的4个维度。

先看资源投入产出"三板斧"。在科沃斯案例中，我们演示过3种资源投入产出，WC、固定资产和人，有些公司只要抓住某一个，就抓住了理解该企业商业模式的精髓。例如，后面我们会分析的闻泰科技，虽然手机ODM业务净利润率很低，但却是一个能提供净现金流的业务，这样就为闻泰向其他领域拓展打开了资源之门。再比如，为什么京东方这个具有社会价值的企业会成为股东价值的毁灭者？只要明白了京东方的固定资产

简明财务分析：
数据背后的商业模式与投资价值

投入特性就很容易理解。

再看洞悉商业模式的4个维度。我们要回答的问题清单是我们要的结果，在切入研究的时候，换个角度更方便。在我的分析框架中，4个研究视角：环境、行业、生意、人，有时4个维度都重要，但很多时候在某个场景下，其中某个维度是决定性的，我们只要牢牢抓住，就如同牵住了"牛鼻子"。举几个例子。

例如，2021年底，当时恒瑞医药股价腰斩，有些朋友跃跃欲试，问我的观点。理解这事的核心是环境，恒瑞医药面临的问题是集采，是宏观环境问题。集采改变了原来仿制药的生意逻辑，仿制药未来可能向化工制造靠拢。这样恒瑞医药仿制药的历史财务数据就对未来失去了预测价值，恒瑞医药转变策略全力创新药，你要判断恒瑞医药的未来就需要理解创新药的生意逻辑。

再比如，百润股份2014年的收入1.57亿元人民币，净利润0.57亿元人民币，2015年的收入暴涨到23.51亿元人民币，净利润涨到5.00亿元人民币。实际上发生了行业转换，原来百润股份是做香精的，行业空间比较小。2015年，它合并了做低度预调酒的巴斯克酒业，预调酒是饮料大消费，行业规模完全不一样。从香精到低度酒本质是行业转换，行业不同，空间玩法自然不一样，理解这一点，就是理解那个阶段百润股份的关键，也是理解后面几年业绩起伏的抓手。

商业模式是本书的研究重点，大部分公司的核心驱动力可以在商业模式中找到理解突破口。例如AA股份案例，从轮胎检测设备，到光伏切片设备，到切割金刚线耗材再到代客切片服务，业务生意模式、市场空间和财务表现都不一样，这是理解AA股份过去和未来的关键要素。

◎ 洞察原则

洞察原则：财务分析不是数学，获得洞察是根本。

价值投资的精髓在于确定企业的内在价值，估值建立在对企业未来预测的基础上，所以财务分析的终极目的是对企业的未来做出判断。

财务分析，特别是财务数据的部分，我们要用大量的电子表格和精确数据，往往会让我们有一种学数学的感觉，觉着能用这些数据和模型对未来进行量化预测。换句话说，未来可以通过历史财务数字计算直接得出。很不幸，现实并非如此，这种看法被塔勒布称为精确性幻觉。

第二篇 财务分析的方法和工具

20世纪90年代，我刚参加工作，主要工作是写可行性研究报告中的经济评价，具体内容之一就是对现存的一个经济体、一家企业（公司）、一个细分的市场和行业，科学地分析它的历史，寻找出它的历史规律，以及与之相对应的参数和指标，也就是找出企业（或者发展）的因果关系，建立一个数学模型，再来预测它的未来，听起来很熟悉，对吧？

在这份工作中，我最引以为傲的就是使用逻辑和数学的工具，开始就用纸笔和计算器，后来有了计算机，通过编程序来处理我的财务分析问题或者预测模型。在我看来这些数学模型就是真理本身，是我工作中最有价值的部分，我和同事曾经用foxbase和C语言编了一个经济评价软件，程序清单有半米高，还得过软件奖。后来有一次，我参加重庆康明斯的合资谈判，第一次见到美国人用一个电子表格建立的直观的财务模型，当时是Lotus123，还没有Excel，那真是如获至宝，统计分析变得如此方便，量化模型的建立和修改万分便利。对那时的我而言，线性的量化模型就是真理。

记得有一次，做关于大客车的市场研究，相当大的一个合同。过程都是一样的，调研，获得各种历史相关的数据，建立模型。到了最后，问题来了，我们的研究结论是什么？我的老师，一个老专家，在看完我们项目组的所有数据和推论后，得出了一个结论，这个结论让我万分惊讶——尽管我们有如此众多的论证和数据，但是并不能以逻辑的、数学的方式导出他的结论。那时我很年轻，第一次对我的数学知识和逻辑工具产生了怀疑，不禁觉得我们看似严密的、逻辑的、科学的推论，只不过是他惊人想法的背景伴奏。

直觉决策大师加里·克莱因对于我这种困境有经典解释，称之为超理性的困扰。克莱因说："超理性是一种心理混乱状态，它指的是个体在处理所有决策和问题时，希望使用纯粹的理性途径，仅仅依赖逻辑分析和推理分析的方法。"[1]

克莱因以人类的视觉形成和视觉疾病做了一个类比，解释了超理性的困扰。人类的视觉由两部分构成，一部分是位于视网膜中央的中央凹位，内含锥体视觉细胞，负责眼球的精细分辨功能，有一种眼病叫黄斑变性就是中央凹位受损，导致视觉功能受损。另一部分是边缘视觉，位于眼球的其他位置，这部分视觉细胞负责笼统的视野，色素性视网膜炎主要损害边缘视觉。克莱因原来以为黄斑变性是最严重的眼病，每当患者盯住一

---

[1] 克莱因.如何作出正确决策[M].黄蔚,译.北京:中国青年出版社,2016.

> 简明财务分析：
> 数据背后的商业模式与投资价值

个物体，都需要将其置于视野的中心位置，结果影像却消失了。后来克莱因发现其实边缘视觉的损失才更要命，你可以伸出自己的手臂模拟一下，尽量伸直，抬起拇指，盯住你的指甲，此时整个指甲区域就是被中央凹所捕捉到的视野，其他部分则属于边缘视野，倘若你失去边缘视野，那么你的两盏"聚光灯"只能摇来摇去，没有边缘视觉，精确视觉也就没法定位。这是兑莱因的类比，理性（逻辑）分析精确得如同中央凹位，而直觉系统如同边缘视觉提供背景视野，如果没有直觉系统的辅助，理性就会失去方向。

由于工作性质以及个人兴趣，我对于经济体或企业家的成功抱有浓厚的兴趣，经常研究这个研究那个，总是试图找到他们成功的要素。我也喜欢对各种商业活动或经济活动做出预判，可是经常是错误的，而我周围很多朋友，没有那么多理论、逻辑、模型等理性的或者量化的工具，仅仅凭感觉做出的判断却常常是对的，这经常让我万分惊讶和困惑！我认识不少这样的人，尽管他们没有我有那么多的理论和逻辑，但他们都有惊人的预判能力。

有一次，我读到德鲁克的《卓有成效的管理者》里面的一段话，茅塞顿开，在"管理者要面对的现实里"这一节里，德鲁克写道："对于外部的情况，真正重要的不是趋势，而是趋势的转变。趋势的转变才是决定一个机构以及其努力的成败关键。对于这种转变必须有所察觉，转变是无法计量、无法界定、无法分类的……人的逻辑性虽然不是特别强，但是人能察觉，这正是人的优点所在。"[①]关于这个趋势的转变怎样获得，他又说："人的察觉，即人的洞察力。"德鲁克的书值得多读几遍，就像哲学家怀特海曾说过，一部西方哲学史不过是柏拉图哲学的一系列脚注。这个我觉着可以类比德鲁克，搞经济搞管理的朋友一定要多看看。

趋势的转变又叫拐点，或者叫"黑天鹅"，不熟悉的可以找塔勒布的著作《黑天鹅》看看。

伟大的哲学家维特根斯坦曾说过，那构成逻辑之基础的东西是非常"不逻辑的"。

当然，我们可以用卡尼曼的思维双系统来解释判断的形成，感性系统形成判断，理性系统根据现有的信息和脑子里原有的信息来解释产生这一判断的合理性。这一过程正好和我们熟悉的逻辑推理过程相反。

2017年，诺贝尔经济学奖获得者塞勒教授在《"错误"的行为》中写道："我的直

[①] 德鲁克.卓有成效的管理者[M].许是详,译.北京:机械工业出版社,2018.

觉是，随着决策的重要性不断提高，依靠别人做定量分析的倾向将逐渐减弱。当冠军之位或者公司的前途处于风险之中时，管理者往往依靠自己的直觉。"①

在我们的财务分析当中，确有一部分企业在较短的期限内，例如一个季度，适用趋势外推的线性模型。根据天风证券吴先兴2018年的研究报告《改善一致预期》，他估计大约31%的公司在下一季预测中，线性外推模型是有效的。更多的研究显示，大部分情况下，分析师的预测要优于时序线性模型。这种优势来源于分析师对于企业商业驱动力的洞察。这种洞察是一种思维上的飞跃。只要你做财务分析必然经历这种飞跃。大体的形态是，在考察了财务和非财务分析资料以后，对企业发展的驱动力有了一种直觉性的领悟，最终变成对企业未来发展的判断。

波兰尼在《个人知识：迈向后批判哲学》中将直觉定义为默会知识，他描述了一个医学系的学生参与用X光照片对肺病进行诊断的过程。他在一间暗室中注意到，在置于患者胸前的荧光屏上有一些影迹，并且听到放射科医师用专业语言对他的助手评论这些阴影的重要特征。一开始，这个学生完全茫然不解，因为他从X光胸片上只能看到心脏和肋骨的影像，以及它们之间的少许蛛状斑。专家们似乎是在大肆渲染他们虚构的想象。而他却看不到他们所谈论的东西。之后，他又继续听了几个星期，仔细观看一些其他的、不同病例的照片，他的头脑中会萌生一种尚不确定的理解。渐渐地，他会忘记那些肋骨而开始看到肺。最终，如果他理智地坚持不懈，一幅内容丰富、包含了重要细节的全景图就会展现在他面前：生理变异和病理变化、疤痕、慢性传染病以及急性病的征候等。他进入了一个新的世界。虽然他仍然只能看到专家们所能看到的一部分，但是现在，那些照片和对它们的大部分评论确实变得有意义了。

这种默会知识是人类认识、理解世界的方法，你想一下学习游泳或者骑自行车的过程，尽管你都已经掌握要诀，但是下水或者骑上自行车还是不行。手忙脚乱之中，你就会了，而且一辈子也不会忘记，但是此时让你复述一下你是怎样学会的，你一脸茫然，你就是会了。正如波兰尼所说，我们进入了一个新世界。这就是人类特有的能力——洞察。

我们做财务分析的目的就是获得对企业未来发展的洞察，这个洞察未必能按逻辑推导，大多数情况也不可能如科学定理或者解数学方程那样获得。这一点是我对财务分析

---

① 泰勒."错误"的行为[M].王晋,译.北京:中信出版社,2016.

简明财务分析：
数据背后的商业模式与投资价值

本质上的理解。

获得财务分析中默会知识的途径只有一条：实践。看得多了，有时一眼就能看出问题的关键。我感觉捷径是不存在的，唯有多实践。

◎ 对比原则

对比原则：数据在对比中才有意义。

对比原则是一个操作原则，例如我们说科沃斯2021年收入130.86亿元人民币，归母净利润20.10亿元人民币，这两个数据有什么意义，恐怕很难得出结论，所以我们要去历史比较，去年是多少，涨了还是跌了，还要和同行比较，把科沃斯的数据与竞争对手石头科技的放在一起，我们对数字的理解就上了一个层次。财务数据和财务指标对比能帮助我们发现很多问题，这种比较贯穿了全书，有结构性比较、历史比较和行业对手比较。一句话，不比较，不要轻易下结论。

另外，产业链各环节的比较也很重要，很多行业产业链各环节联系紧密，需要把数字放在产业链中去看。例如，2022年锂电池材料碳酸锂价格暴涨，上游锂矿企业赚得盆满钵满。不过这种情况是在压缩下游利润的基础上实现的，毕竟最后锂电池还是要装到新能源汽车上卖给消费者。整车市场是充分竞争的买方市场，消费者并不会为碳酸锂电池涨价买单，尽管碳酸锂似乎短期内处于卖方市场。由此，我们分析得出，碳酸锂价格高是不是一个可长期持续的现象。如果未来资源释放，价格终将回归，利润在产业链上的分配终将洗牌。所以在看待2022年锂矿企业高利润的时候，需要认识到这一点。又比如，风电产业，我们看整机厂，大型化和海风化是潮流，行业景气度很高。但是大型化对于风电某些零配件厂家来说却不是好事，因为大型化意味着单台功率上升，风机数量减少，而很多零配件厂家的产品与风机数量有关。理解这一点对于分析风电零配件行业至关重要。

总之，财务分析仅仅静态看某个财务数据或者指标意义不大，需要在企业活动的不同面向上进行对比，在历史中对比，在行业中横向对比，在产业链中纵向对比。在对比中，获得数据的意义，获得洞察。

◎ 递进原则

递进原则：重点聚焦与层层深入，犹如剥洋葱。

在科沃斯案例中，我把主要财务数据导出来，列表自己理了一遍。有些朋友会说，这个机械性的工作是不是编个程序效率更高，确实有很多金融软件有这些功能，帮助整理数据。又或者，我自己研究时间有限，是不是让助手去整理。这两种方法我都尝试过，后来都放弃了，还是自己来，原因有2个。

第一，问题非标与格式标准化的矛盾。

企业千差万别，商业模式重点各异。实际上，一开始并没有一个很细致规范的格式，而是要在看数据的时候不断感受哪些地方有疑问，我要再深入看看，哪些问题对于判断商业驱动力价值更高，我要多看几眼。一个标准格式往往要照顾所有的问题，会变得充斥着无效信息，真正重点却淹没在噪声之中。

所以，我列表格整理数据的时候大结构大方向是有的，但是细节每个公司都会不一样。有些地方觉着不重要甚至数据都没列出来，扫一眼就过去了。重要的地方，或者有价值的地方会进一步追问。为了写这本书，我曾经想将格式整理下，发现我自己做的分析案例相当随意，是跟着问题走的，而不是跟着格式走的。

第二，洞察是在细节中逐步建立的。

能不能让助手帮你整理数据，帮你阅读研究报告、年报等材料，然后做一个摘要，甚至直接给你一个结论。这些方法我也尝试过，好处是能放大研究范围，但是后来我基本放弃。了解一家公司，我要自己列数据看材料，因为在列数据和浏览材料的过程中，我能形成自己的观点和判断，而看助手帮助整理的材料，实际上是在助手的观点和判断上做二次判断。有些人可以，我不太行，也许个体差异，所以我还是坚持自己从基础资料开始，自己找感觉。

在这个过程中，我的办法是，好奇我才研究，有问题我才深入了解。问题层层分解，最终找到答案。对于企业商业活动的理解是一步一步递进，手法就像剥洋葱。

◎ 能力圈原则

能力圈原则：个人小圈与世界大圈的关系，弱水三千，但取一瓢。

在财务分析中，我的好奇心经常得到满足，很多问题得到了答案。也有很多项目，分析了财务数据，研究了各种材料之后，仍然有很多问题没有答案，没搞清楚。想来你也会碰到这种情况，不用灰心，财务分析不是万能的，有时能有结论，这个结论还可能是错的，更多时候得不出结论。我记得梁博士对于分析师研报的"两不看"——不看评

> **简明财务分析：**
> 数据背后的商业模式与投资价值

级，不看目标价。原因就在于分析师必须得出一个结论，他们不能分析了半天没搞懂、没结论。

我们需要认识到没搞懂才是常态。芒格说公司分为三类：好公司、烂公司和没搞懂的公司。在现实中，没搞懂的公司在我的分析经历中才是多数。承认自己的无知是自我保护最有力的武器，知道自己不知道比不知道自己不知道安全很多。最可怕的就是自我欺骗。

时刻警惕我们分析能力的有限性，很重要。道理也很简单，有3个限制：信息限制、知识限制、能力限制。我们是企业外部人，信息总是不完备的，例如量价信息多数时候没有。有些行业离我们的生活很远，在知识上我们没有储备，很难理解他们的竞争优势和生意做法。例如生物制药，通常要经过足够的训练才能有足够的知识去理解信息。我们都是普通人，能力是有限的，在我们熟悉的领域具有的能力往往不能简单外推到陌生的领域。

基于上述三重限制，我们的能力圈是个小圈圈，投资世界很大，是个大圈圈。我们能有把握的是在交集之处——小圈圈和大圈圈的交集之处。林奇让我们在自己生活中找项目其实就是这个意思。一种，我们就是消费者，比较容易理解产品和商业模式。另一种是自己从事的行业，这个部分大概是懂的，每个行业都有一些特定的规律，往往行外人难以知晓。

现代心理学和脑科学指出，人类思维的特点是先有结果再对结论进行解释。卡尼曼指出原因是人类思维系统特点决定的，人类思维可以分为直觉与理性双系统。直觉系统无时无刻在自动运转，很多时候大脑实际并不真正知道，直觉系统仍然会自动给出答案，随后理性系统会对这个答案进行解释，在这种情况下思维的理性系统只是扮演直觉的代言人。行为心理学研究指出，在合作演化中，社会型灵长动物包括人类祖先，都会发展出一种欺骗和反欺骗的心理机制。欺骗可以让自己获利，反欺骗可以防止被剥削，在欺骗和反欺骗的博弈中，发展出自我欺骗的心理机制。物理学家费曼告诫我们：当心不要把自己骗了，因为我们自己最好骗。

认识到自己的能力圈，以及能力圈的有限性非常重要。没搞懂就是没搞懂，承认自己的能力圈有限不丢人，反而是保护自己的有力武器。最怕盲目自信，不懂以为自己懂。

◎ 双循环原则

在不可分原则中，财务数据和非财务资料一体两面，关键在一体。说的是所有工具仅仅是工具，我们目的不是工具，是这些工具反映的企业活动本身。在实际财务分析操作中，我们不管是从财务开始，还是从非财务着手，都需要财务和非财务两个方向循环互动。在财务数据上发现问题，在非财务资料里寻找背后故事和答案；在非财务资料中看到故事，需要到财务数据中寻找支持和证据，反复循环，最终得到答案。

在我的《这就是会计：资本市场的会计逻辑》的第二章中讲了一个实际案例分析，其中要点就是财务数据显示的特征与企业资料相互验证，最终揭开弥天大谎，本书中绝大部分案例或多或少都采用了财务与非财务双循环的思路。

财务分析框架

◎ 框架结构

我的财务分析框架如图5-4所示，概括为"四经""四维""两方向"。

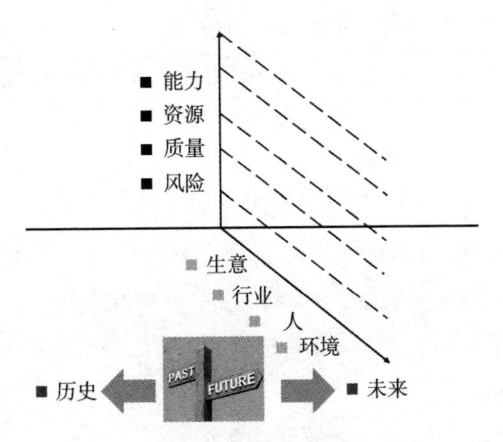

图5-4 财务分析框架

"四经"是指财务的四个研究角度。

（1）能力：获得利润和现金流的能力、数量与比率、过去与未来、绝对与相对、收入利润增长率。

(2) 资源：支持盈利能力和增长的资源投入、固定/资本性支出、WC、人、资源效率（周转率）。

(3) 质量：利润结构、利润品质、盈利与现金流关系、规模效应、边际效应、ROE、ROA、ROIC、RNOA。

(4) 风险：目标风险与识别能力、财务造假和内控风险的可能性、债务危机可能性、关键驱动要素丧失、外部环境和竞争的冲击。

"四维"是指非财务的四个研究角度。

(1) 生意：商业模型、to B、to C、to G（Government，政府用户）、差异化与成本竞争、核心竞争能力、产业链关系、企业生命周期、技术优势、成本优势、客户关系、品牌力、边际递增、网络效应。

(2) 行业：行业空间、竞争格局、行业位置、行业演变和周期。

(3) 人：创始人与实控人、核心团队、公司治理、企业发展的历史。

(4) 环境：PEST、政治、经济、社会、技术、顺风还是逆风。

两个方向：

(1) 过去。我们站在当下，望向过去，所有财务数据、非财务数据都是过去的，我们回望过去的目的是理解企业是怎样走到现在的位置。

(2) 未来。我们站在当下，望向未来，展望企业未来的可能性，这是我们财务分析的终极目的。

◎ 问题清单

分析框架是切入财务分析的路标。相应的，分析结论是我们要回答的问题，这些问题在我们开始分析之前就要牢记心中。以终为始，方得始终。

如果只有一个问题：这家公司是怎样赚钱的？其他问题都是围绕这个问题展开。通常我的问题清单如下：

(1) 顺风还是逆风？（认识身处的宏观环境）

(2) 空间有多大？（认识企业未来发展的天花板）

(3) 竞争格局好不好？（认识行业竞争的玩法）

(4) 靠什么赚钱？（认识企业生存发展的核心驱动力）

(5) 有什么优势？（与同行相比，企业有什么占优势的竞争能力）

(6) 管理层行不行？（人行不行，公司治理有没有问题）

(7) 风险在哪里？（会不会"爆雷"，没达到预期的薄弱环节在哪里）

(8) 未来会怎样？（对未来做出预测）

◎ 非财务分析工具

财务数据是格式化的，就是那么多内容，但是解释财务数据的非财务资料千变万化，具体案例各有特点。管理理论就像类型模板，可以让我们把某一类企业运作模式识别出来。就像围棋的定式，虽然数量多，但是只要识别某个定式，照着下大概率不会错。我常用的工具有以下这些，有些是竞争和管理理论，有些是我的总结，有兴趣可以继续研究。

(1) 规模效应。立足于增长类企业分析的核心理论，当企业规模变大的时候，盈利能力变强，在财务数据上表现为边际效益递增、边际利润增加、边际投入小于边际产出、期间费用增速低于收入增速等现象。

(2) 成本竞争VS差异化竞争。可以将企业竞争类型做成本竞争和差异化竞争二分，关注不同的驱动力核心。可阅读波特的竞争理论和五力模型，对本书中所有案例进行思考，看看对应哪个类型，采取了何种竞争策略，在财务上的表现是怎样的。

(3) 护城河类型。护城河是企业维持竞争优势的能力，通常有四种护城河类型：无形资产（品牌、特许经营权、客户关系、专利技术等）、网络效应、转换成本、成本优势。

(4) 竞争壁垒VS效率取胜。格林沃尔德教授将波特的五力模型进行发展，提出首先进行二分，观察是否进入壁垒，进入壁垒则企业核心能力聚焦于此。如果没有进入壁垒，企业进入以效率竞争取胜的策略。

(5) 企业生命周期。企业具有生命周期是我们观察企业的重要视角，产品业务也具有生命周期，因而企业长期发展取决于不同产品业务生命周期业务迭代，S曲线理论很有帮助，观察企业历史上第一曲线的周期、第二曲线的成长，可以帮助我们理解过去，展望未来。

(6) 客户类型之辩（To B、To G、To C等）。不同的客户类型，决定企业的核心能力不同。例如To B、To G，客户关系是核心，开拓新客户是挑战。To C模式品牌力是关注重点，销售费用最终能否形成品牌力是观察To C企业未来能力的重要窗口。

(7) 赚钱"三问"：靠产品、靠钱还是靠人。这是从核心驱动力视角的经验划分。

(8) 定制（项目）商业模式VS标准产品模式。这是从商业运作与财务表现的经验划分。

本章小结

* 财务分析的四个要点：

　　(1) 估值驱动、决策导向的财务分析。

　　(2) 理解商业模式是根本。

　　(3) 财务分析以合并报表为分析范围。

　　(4) 分析方法与企业类型有关，本书采用非金融企业原型。

* 财务分析框架的八个原则：

　　(1) 不可分原则。财务与非财务一体两面，关键在一体。

　　(2) 重要性原则。模糊正确永远大于精确错误，化繁为简。

　　(3) 场景原则。不同商业模式的关注点和工具大相径庭。

　　(4) 洞察原则。财务分析不是数学，获得洞察是根本。

　　(5) 对比原则。数据在对比中才有意义，企业活动的不同面向、历史演化、行业横向、产业链纵向。

　　(6) 递进原则。重点聚焦与层层深入，犹如剥洋葱。

　　(7) 能力圈原则。个人小圈与世界大圈的关系，弱水三千，但取一瓢。

　　(8) 双循环原则。财务与非财务互相验证，从财务到非财务再到财务，周而复始。

* 财务分析框架："四经""四维""两方向"。"四经"是指财务的四个研究角度：能力、资源、质量、风险；"四维"是指非财务分析的四个研究角度：生意、行业、人、环境；"两方向"指立足当下，分析历史与展望未来。

* 不忘初心，方得始终。牢记问题清单：顺风还是逆风？空间有多大？竞争格局好不好？靠什么赚钱？有什么优势？管理层行不行？风险在哪里？未来会怎样？

第六章　投入产出分析工具

本章导读

　　财务分析的目的是理解企业商业模式，找到企业发展的核心驱动力，找到驱动业务发展的因果关系，据此理解企业的过去，展望企业的未来。我们可以将企业理解成一个以服务客户为目的的投入产出系统，企业产出就是客户服务。客户为服务买单，财务上衡量产出就是销售收入。企业产出有前提条件，需要先投入资源，形成服务客户的能力，这就是企业的投入。企业的投入产出相匹配，具有逻辑关系，理解了投入和产出的逻辑关系对于我们理解企业的商业模式非常关键。

投入产出分析"三板斧"

　　财务分析的目的是理解企业商业模式，找到企业发展的核心驱动力，据此理解企业的过去，展望企业的未来。

　　管理大师德鲁克认为，企业存在的唯一目的就是服务客户。

　　我们可以将企业理解成一个以服务客户为目的的投入产出系统，企业产出就是客户服务。

　　在市场竞争中，客户选择了企业的产品服务，并且满意，企业取得收入，覆盖服务客户产生的成本，实现盈利和现金流闭环，形成正向商业循环，企业得以发展壮大。反之，企业在竞争中失利，客户选择了别人，企业无法获得足够的收入，不能覆盖成本，也无法形成现金流闭环。此时，只能股东继续投入，或者企业走向终结。

　　客户服务是企业产出，客户为服务买单，财务上衡量产出的指标是销售收入。

简明财务分析：
数据背后的商业模式与投资价值

企业产出是有前提条件的，需要先投入资源，形成服务客户的能力和条件。投入和产出相匹配，具有逻辑关系，理解了两者的逻辑关系对于我们理解企业的商业模式非常关键。

企业投入的资源可以从3个角度理解：资金、人、关系。

资金和人，我有3个分析指标，分别是WC、固定资产和人员投入，我将其称为投入产出分析"三板斧"，在大部分财务分析场景中是我必使用的3个分析指标。

关系包括私人关系和公共关系。在To B商业模式中，私人关系非常重要。公共关系包括品牌和社会影响力。在大部分To C的商业模式中，最终的核心竞争力在于公共关系。对于关系资源，我没有好的分析工具，往往依靠定性分析和从结果倒推方式，利润率高，说明有关系资源。依赖私人关系的企业需要高度关注企业治理。依赖公共关系的企业需要，高度关注销售费用与收入之间的关系。

投入企业的资金来源于股东和债权人，表现为资产负债表中的权益和负债。这些资金投入形成的资产是企业服务客户的能力和条件。如果是制造企业，生产设施是需要预先投入的资源，这些设施是服务客户的前提条件；如果是贸易型企业，需要预先投入流动资金，例如先要进货才能销售。

在资产负债表上，资产分为流动资产和非流动资产，这是从资产变成现金的周期来衡量的。为了更好地理解资产的作用，我从2个角度切入，分别是固定资产和WC。在此，我使用2个投入产出指标，分别是1元收入需要的固定资产和1元收入需要的WC。

1元收入需要的固定资产=固定资产/销售收入

固定资产=固定资产余额+在建工程+工程物资–固定资产清理

上述数据通常直接使用资产负债表中的年末数，如果跨年数据波动剧烈，则考虑使用年平均数，期初数加期末数除2，一般来说观察连续数年的数据，采用统一的期末数也可以接受。正确和精确的做法是调整为平均数，我觉着差别不是很大，对比基础统一即可。采用年度数据，季度数据或者半年数据可能存在波动噪声。把固定资产和在建工程放在一起看，这是因为在现实中，在建工程转固定资产存在企业操纵的可能性，边界不清晰，在建工程也是固定投入，因此把两者相加后观察。

1元收入需要的固定资产代表企业产生收入的固定资产条件，从这个指标可以看出企业商业模式的固定资产特征。通常这个指标较高，说明企业为了产生收入，需要投入较多的固定资产，包括设备、场地等。固定资产的使用周期长，回收周期也长，具有预先投入的特点。因此重资产业务模式的企业，通常具有比较高的经营杠杆，产能利用率非常关键，容易陷入价格战，保产能利用率。在现金流模型中，CAPEX先支出，现金流后回收，固定资产在当前环境中是CAPEX的主要构成，需要股东预先垫付资本。固定资产在技术更新下也需要更新，重资产业务模式往往需要企业不断投入，产能形成周期，但往往市场需求周期不同步，呈现价格周期波动和加产能去产能周期。后面我们会用京东方的例子来讲述。

1元收入需要的WC=WC/销售收入

WC=投入运营的流动资产−同期的营运流动负债=（应收账款和票据+存货+预付账款+合同资产）−（应付账款+预收账款+合同负债）

企业投入生产运作的净流动资金水平这个指标可以告诉我们企业商业模式在流动资产投入方面的特征。企业用于运营的流动资产，还需要减去企业供应商为企业提供的融资，差额是企业维持正常运营净投入的WC。

1元收入需要的WC除了反映企业流动资金占用特征以外，还能够反映企业与客户之间、企业与供应商之间的竞争地位。企业竞争地位强，往往占用供应商资金，甚至完全占用别人资金做生意。

1元收入需要的固定资产和1元收入需要的WC，在预测企业未来的时候也很有用，预测通常从服务客户开始，从销售价格预测未来收入，匹配相应的成本计算毛利，再计算相应的期间费用和税收，得出税后净利润。随后，计算增量WC投入，利润加上非付现成本扣除增量WC后就是经营现金流。经营现金流再扣除形成收入利润的CAPEX就是需要预测的自由现金流。

1元收入需要的固定资产和1元收入需要的WC是投入产出分析"三板斧"的前2个。

第3个是人。任何商业模式，没有人也是万万不能的。这很容易理解，但是人在商业模式中的作用却不一样，定制类商业模式完全依赖人，人的数量与产出直接相关，要更多的产出需要更多的人参与。标准化产品，特别是依赖生产设施的标准化产品，或者复制边际成本极低的软件产品，它们的研发与人高度相关，生产环节与人数相关性低。例如卓越新能，生物柴油由成套化工装置生产，与人数关系不大。凌志软件业

简明财务分析：
数据背后的商业模式与投资价值

务是定制软件，每个项目都需要程序员编代码、写说明书，因而程序员的数量是生产能力。

衡量人的投入产出指标，我用的是人均指标，最主要的是人均收入，还可以看看人均归母利润、人均扣非利润、人均薪酬，都是用年数据与当年平均人数或者年末人数对比，人均指标特别适用于人力驱动型商业模式的企业分析。

狂飙的京东方：固定资产投入产出分析

◎京东方"血战"20年背后的商业模式

本节用京东方的案例，讲述固定资产投入产出分析在理解重资产商业模式的视角和切入点。

2021年9月，梁博士在《价值三人行》节目选题群里发了一条信息：我们做一期京东方的案例分析？储兄（储兄是上海畋道资产管理公司的投资经理储贤杰）看到信息便自告奋勇接下了列节目提纲任务，隔了几天，他将提纲发到群里，开篇是这样写的：

京东方从2001年复权后，直到2021年股价一直没涨。在A股市场7次增发募集约917.00亿元人民币，而累计分红只有87.73亿元人民币；固定资产累计投入3383.31亿元人民币，截至2020年20年累计实现利润总额只有224.92亿元人民币左右。京东方被称为"资金黑洞""股东价值毁灭者"。然而，京东方大量生产的液晶显示屏让亿万消费者受益，也推动了相关产业集群的进程，可谓功莫大焉。

2021年8月30日晚，京东方发布2021年半年度报告，上半年营业收入突破千亿元人民币大关，达1072.85亿元人民币，同比增长89.04%；归母净利润127.62亿元人民币，同比增长10.24倍，扣非净利润116.62亿元人民币。回忆一下，前20年扣非净利润合计32.11亿元人民币，是不是京东20年的"血战"已经结束，从此过上了幸福生活？京东方的未来会怎样，这是投资者最需要关心的问题。

未来扑朔迷离，怎么看得清楚。当然，如果你是液晶行业专家，这就不是问题，对于我而言，不懂液晶行业的发展，自然也不懂未来技术的变化路线，那么从哪里下手呢？

我既没有能力又没有精力去钻透每一个行业，可是，如果不研究，那不是投资而是投机，在有限的能力和精力双重约束下，我该怎么办？

思考商业模式，即生意是怎样。

带着京东方的生意是怎样的这个问题，我花了几个小时看半年报、年报和2021上半年业绩说明会纪要，也在网上搜索了一下，很多朋友的分析非常有价值，总结下来，我对京东方的生意，也就是商业模式，有了3个印象：（1）技术快速迭代；（2）重资产投入；（3）成本竞争模式。

3个印象也是层层推进的。

液晶显示屏行业的技术迭代快，导致企业不得不持续投入的更新设备形成重资产模式。

重资产模式带来高固定成本、高经营杠杆、高盈亏平衡点。"三高"导致参与者理性选择不断扩大生产规模，试图以规模带来的低成本垄断市场。

企业的理性选择，从竞争者角度来看，就是不理性地疯狂扩大产能，最终导致产能远大于需求。在供应大增、需求平缓的环境里，成本竞争是本质，不惜亏损的价格战成为必然。失败者破产，产能出清，供需恢复平衡，行业寡头形成。一旦失败者借技术卷土重来，或者行业外企业试图以新技术弯道超车，满身伤口的寡头的好日子又结束了，又开启新的一轮价格战，直到下一个脆弱的均衡点出现。

当然，还有一种可能，寡头在新技术上取得代际优势，此时才能从成本竞争走向差异化竞争。

◎ **5个问题看京东方的未来**

前面讲了京东方的3个标签，分别是技术快速迭代、重资产投入、成本竞争模式，这是京东方"血战"20年的历史总结。

投资者更关心未来，2021年上半年京东方的业绩大涨，是不是从此寡头垄断地位形成，价格战不再持续？我从以下5个方面思考。

第一，别人是怎么说的？

市场有分析，认为巨头们扩充产能已告一段落，电视（Television，TV）面板的市场格局已经形成。

除TV以外，其他显示领域方兴未艾，如有机发光二极管（Organic Light Emitting Diode，OLED）技术、柔性OLED技术、有源矩阵有机发光二极体（Active Matrix Organic Light Emitting Diodes，AMOLED）。日韩厂商基本放弃LCD竞争转向OLED领域，

简明财务分析：
数据背后的商业模式与投资价值

并具有技术优势。京东方在OLED领域也投入巨资，如果京东方将MicroOLED技术继续用于现有的LCD产线，会在一定程度上改变竞争态势。

不过，这些分析我都半懂半不懂，技术快速发展的行业对于外部投资者而言，认知门槛比较高，我承认我搞不清楚，如果你也搞不清楚，那么对未来的研判就要谨慎，毕竟是在一个技术快速迭代的行业里，把握不了技术脉络，也很难看清未来。

第二，财务能预测吗？

从财务角度看未来呢？我引用京东方2021半年报业绩说明会中的几个问题，你感受下。

> 问题22：刘总，公司认为未来的成长是靠产品结构的优化。那可否对营收结构重新分类呢？电视屏占多少，手机屏占多少，笔记本电脑屏占多少？现在这个分类，除了显示面板，还是显示面板，其他业务根本就没有可比性啊。
>
> 答：谢谢您的提问。在我们公司内部管理中，电视屏、手机屏、笔记本电脑屏等都是独立管理、单独核算的，只是对外披露时以显示面板整体业务披露。其他的物联网创新转型业务正在积极培育中，后续会为集团的业务增长做出贡献。
>
> 问题54：为什么今年上半年面板价格在高位的情况下，有的产线仍然不怎么赚钱？从披露的几个子公司来看，几乎就是公司的大部分利润了。其余的几条线，如鄂尔多斯的5.5代线，合肥的8.5代线，并购的两条线却看不到盈利数据。特别是鄂尔多斯产线，建成好几年了，就没有看到过盈利数据。同时，我也注意到，投资越大的高世代线的盈利能力连续几年都不如合肥的6代线。高世代线真的有必要吗？
>
> 答：您好，数据没有在公告中体现，我们鄂尔多斯的5.5代线、合肥的8.5代线是盈利的。
>
> 问题61：为什么同样是8.5代线，同样的产能，北京的8.5代线上半年盈收超过200.00亿元人民币，而福州的8.5代线连100.00亿元人民币不到？
>
> 答：您好，多种因素影响，如在产品结构和模组化比例等因素影响下营收会有一定的差异，谢谢。

根据上面3个问答，一句话总结为：外部人的困惑。

京东方的公开数据并没有提供外部投资者进行财务判断所需的详细信息。例如，根据咨询机构统计的口径，8月的TV面板价格有10.00%—15.00%的下降，预计9月还会有一定幅度的下降。京东方上半年业绩不错就在于TV面板涨价，现在价格要往下走了，会有什么影响？但是京东方并没有在披露数据中进行分类，怎样判断？

第三，价格战结束了吗？

京东方"血战"20年的根源是价格战，现在京东方已经成为LCD龙头，每4块LCD就有1块是京东方生产的。很多厂家都退出了竞争，京东方到了收获垄断利润的时候了。是不是这样？我们还是从京东方2021年半年报业绩说明会中找找答案。

问题28：面板开始降价，公司可以向产业链上游转嫁一部分压力吗？（问的是寡头地位能否转嫁价格压力）

答：谢谢您的提问。面对市场降价的压力，我们主要通过精细化管理、优化产品设计等方法提升内部运营效率，提升产品竞争力。当然我们也会和供应链伙伴一起合作，共同研讨降低成本的方法。

问题46：高总好，是否可以这样认为，目前虽然产能集中度在提升，但是总体供应仍然超过需求，特别在目前美国等取消补贴，国内消费受到挤压，面临需求端压力的情况下，面板降价就成了必然？如果需求厂商预测面板价格下降，是否会一直降低采购需求以使得面板价格进一步下降，感觉这不是一个很健康的产业生态，未来最终是在什么情况下价格才可能稳定下来呢？（问的是垄断何时形成）

答：您好，在一定时期，面板的波动是正常的，这是由供需关系影响的，而供需关系是整个经济的大形势，那么集成电路（Integrated Circuit, IC）供给、物流运输、海运运输、政府政策等，要稳定就是供需关系一定要平衡。

问题69：TV面板为什么会降价？头部公司不降价销售，市场价不就稳定住了吗？（问的是价格战还要打吗）

答：您说得非常对，问题是头部公司不都是这么想的，所以行业整合和头部集中是必然趋势，谢谢。

我得出3个结论：价格下降没有办法转嫁，供需平衡尚未完成，价格战还得继续打。

第四，新技术站住了吗？

简明财务分析：
数据背后的商业模式与投资价值

在技术快速迭代和重资产的行业中，最怕的就是新技术冲击，如果没有及时跟上技术发展，一是失去市场客户，二是过去重金投入的设备以及运转中的专用材料就没用了，在财务上表现为资产减值。我们继续从京东方2021年半年报业绩说明会中找答案。

> 问题36：上半年OLED出货面积多少？同比增长多少？
>
> 答：您好，感谢您的关心，OLED的市场占有率已经实现国内第一、全球第二，柔性OLED出货量不断提升，目前它市场占有率已接近20.00%，谢谢。
>
> 问题45：目前公司的AMOLED手机面板产线处于盈利状态吗？
>
> 答：实话实说，目前没有进入到盈利状态，一方面研发投入很大，另一方面折旧摊销压力很大，各方面还没实现盈利，谢谢。
>
> 问题96：（2021年）中报显示B11净亏损8.90亿元人民币，存货跌价准备新增26.80亿元人民币。请问刘总，B7净亏损是多少？存货跌价准备是否绝大多数来自柔性OLED？原材料计提11亿元人民币的原因是什么？
>
> 答：谢谢您的提问。我们的OLED业务目前处于产能爬坡期，整体业务确实处于亏损状态，B7目前也是亏损的。存货跌价准备很大一部分来自柔性OLED，原材料也是根据市场变化趋势计提的。

看起来，OLED还在爬坡，需要LCD赚的钱来支持。未来OLED会不会重蹈LCD价格战的局面？

第五，能否脱离成本竞争的红海？

能否脱离成本竞争的红海，进入差异化发展的蓝海？这也是投资者在京东方2021年半年报业绩说明会上问得最多的问题之一。我看了几篇2021半年报的研究员报告，一个核心推荐思路：从周期到成长，京东方"血战"20年的历史在那里摆着，归类为周期，现在露出了成长的苗头。

> 问题67：面板会从周期转向成长吗？
>
> 答：您好，谢谢提问。通过我们的努力，市场已经呈现成长型的趋势，成长型的趋势应该通过技术提升、产品结构优化来实现，而不是同质化竞争，谢谢。

脱离成本竞争就需要差异化，京东方业务模式是 To B 的，消费者通常不关心自己买的电视机屏是哪一家的，品牌和经济商誉较难建立，差异化只能在功能先进、技术先进上努力。如果技术遥遥领先，人无我有，有可能实现差异化。如果做不到人无我有，那就只能重回成本竞争。如果这个逻辑是对的，我们就需要分析，人无我有的可能性有多大。这就又回到技术分析，第三次超出了我的能力圈。如果你有这方面的专业素养可以分析一下。但我只知道显示技术的一点皮毛，熟练说出几个名词并不代表具有对行业的理解和洞察，还是"知道自己不知道"比较明智。"知道自己不知道"往往比"知道"更重要。

闻泰科技"蛇吞象"背后：WC 投入产出分析

◎ 起家

本节通过闻泰科技收购安世半导体来解读 WC 这个指标在理解商业模式时的作用。

2006 年，31 岁的张学政创办了闻泰通讯。也是在这一年，飞利浦将其半导体业务分拆，这就是后来赫赫有名的恩智浦。不过那个时候，张学政不会想到十多年后会与恩智浦有深度交集。他在大学就是学半导体的，毕业后在意法半导体待过，后来去了中兴通讯。

白牌手机崛起源于联发科的交钥匙芯片方案，从此手机从摩托罗拉、诺基亚这些巨头玩的私密游戏变成了众多中小玩家踊跃参与的产业链世界。

手机产业链的一个重要环节就是手机设计公司，也叫方案商（Independent Design House，IDH），它们负责设计功能，配主板，把方案交给白牌手机商去运作。闻泰通讯也是当年众多的 IDH 之一，创业 2 年后，张学政就在嘉兴买地建厂，从设计领域向制造领域发展，这就是后来闻泰科技核心业务手机 ODM 的由来。

2008 年金融海啸后，手机品牌大幕拉开，白牌手机市场受到颠覆性冲击，品牌商往往将设计方案掌握在自己手里，方案商短暂的辉煌过去了。

最后剩下的 IDH 很少是纯粹做方案的，都如闻泰通讯一样，向产业链的下游，如贴片组装延伸，或者向产业链的上游，如结构件延伸，进行垂直整合，逐步从交方案演化成交成品。

简明财务分析：
数据背后的商业模式与投资价值

◎ **资本市场**

到了2014年，闻泰通讯总资产达到19.00亿元人民币，收入达到41.00亿元人民币。看起来收入挺多，可是净利润只有1.00亿元人民币，毛利率只有12.00%，净利率只有2.00%，可谓是利如纸薄。

这也不令人意外，手机产业链是典型的微笑曲线，两头（器件和品牌）附加值高，中间的加工组装都是力气活，流水大、利润低。

ODM在产业链价值最低端，要想爬上来，无外乎3条路：一是往上游走，搞器件；二是往下游走搞品牌；三是原地做大，以量取胜。不过，不管哪条路都是荆棘重重。微笑曲线就像一个碗，一个铁球滑下去容易，上来就难，需要提供新的能量，才能实现势能跃迁。在大家一起狂奔的手机产业链中，如果没有新的势能注入，哪一条路都不好走。张学政找到了他的新势能：资本市场。

2016年，房地产上市公司中茵控股集团有限公司（简称"中茵集团"）发布公告，拟发行股份购买闻泰通讯51.00%的股份，估值30亿元人民币，闻泰通讯承诺2015—2017年净利润合计9.80亿元人民币，这是张学政曲线借壳的第一步。第二步，中茵集团又发行股份，并用地产资产置换购买闻泰通讯49.00%股份，加上原实际控制人转让一部分股份给张学政，完成了中茵集团实际控制人变更。2017年中茵集团更名为闻泰科技。2015—2017年，闻泰通讯顺利完成收购业绩承诺，2017年的收入169.16亿元人民币，净利润3.35亿元人民币。顺利完成借壳业绩承诺，一分钟也没耽误。2018年4月，闻泰科技宣布收购安世半导体，拉开了势能跃迁的大幕。

2019年底，闻泰科技宣布安世半导体合并报表，标志着闻泰科技从手机ODM摇身一变成了世界半导体的重要玩家。

◎ **安世半导体**

安世半导体是全球知名半导体IDM公司，半导体企业有两种运营模式，分别为Fabless模式和IDM模式，主要区别是自有晶圆厂。Fabless模式即无晶圆加工线设计模式，设计公司负责设计，加工找晶圆代工厂。数字芯片多采用Fabless模式。IDM模式即垂直整合制造模式，企业拥有自己的圆晶厂、封装厂和测试厂。分立器件、功率半导体和模拟器件多采用IDM模式。

第二篇 财务分析的方法和工具

安世半导体有60多年半导体研发和制造经验，总部位于荷兰奈梅亨，客户超过2.5万个，产品种类超过1.5万种，每年新增700多种新产品，全部为车规级产品。

根据Omdia数据，安世半导体的电源分立元件和模块位列全球第十，主要产品在细分市场占有率均位列全球前三。其中，分立器件和ESD保护器位列第一；逻辑器件、车用功率MOSFET器件位列第二；小信号MOSFET器件排名第三。特别提一下，安世半导体的产品都是车规级的，与消费电子等其他工业场景相比，对用于汽车的半导体的质量要求更高，认证周期更长，门槛更高。

除了业界地位，安世半导体的财务表现也一直优秀，收入100.00亿元人民币、利润10.00亿元人民币左右，现金流充沛。闻泰科技收购安世半导体以后，安世半导体成为中国唯一的世界级IDM半导体公司、中国唯一的车规级汽车电子半导体公司和中国最大的模拟电路半导体公司。

在控股安世半导体不到一年的时间，闻泰科技从一百多亿市值，成功步入千亿市值，市值最高峰超过1800.00亿元人民币。

一方面，市场对于安世半导体寄予了很大的期望，除了稳定行业地位和财务业绩外，大家还看好安世半导体的未来。安世半导体的主要产品是车规级的功率半导体器件，纯电动车中半导体价值量大幅提升，其中功率半导体从90.00美元提升到350.00美元。同时，闻泰科技收购安世半导体后加大资本投入，英国和德国的晶圆厂纷纷扩建，投资18.00亿元人民币在无锡新建封测厂。另外，闻泰科技控股股东还在上海临港投资120.00亿元人民币新建12寸晶圆厂。2021年7月，闻泰科技宣布安世半导体收购英国最大的晶圆厂Newport Wafer Fab。

安世半导体的业绩也很稳定，2020年受疫情影响，业绩有所下滑，收入99.00亿元人民币，净利润9.90亿元人民币。但是，由于下半年全球汽车半导体缺货，安世半导体很快走出了下滑期，并快速上涨，安世半导体2021年一季度收入34.00亿元人民币，毛利上升到34%，净利润6.10亿元人民币。

看起来都是正面消息，但是我们看了闻泰科技的市场表现后发现，收购安世半导体后，其市值曾经冲到1800.00亿元人民币，随后一路下滑，最低到2021年5月的1011.00亿元人民币。

市场在担忧什么？

当然，原因可能有很多，例如，有人认为安世半导体还是外国公司应该按外国公司

简明财务分析：
数据背后的商业模式与投资价值

来估值，不能从自主可控进口替代角度来看，收购安世半导体产生214.00亿元人民币商誉，可转债发行后，负债率大增，手机行业增速放缓，以及元器件涨价对ODM业务盈利产生不利影响等。

我觉着还有一个原因：市场对公司治理的担忧。

从ODM变成世界级半导体+ODM，ODM业务量变不是核心，关键是安世半导体。

毕竟安世半导体是一家成熟的企业，闻泰科技还处于"年轻期"，并无整合这么大体量异质文化的企业经历。闻泰科技要怎么整合？能整合好吗？会不会遇到美的收购库卡遇到的障碍和问题？如果整合不好后果是比较严重的，毕竟收购安世半导体带来了214.00亿元人民币的商誉。回顾美的收购库卡也是这个级别的商誉，但它的业绩一直下滑甚至亏损，这些年一直坚持不计提商誉减值，市场不安之声不绝于耳。

◎ 困难与应对

张学政一定了解市场的焦虑，2020年闻泰科技年报里谈到安世半导体，开篇讲的就是整合问题。

顺利完成整合，把握汽车电动化机遇，半导体业务重回快速发展阶段

2020年上半年，闻泰科技聘请第三方机构作为收购后安世半导体整合的全球顾问方，并顺利完成了相关整合工作。安世半导体在董事会层面重新任命了战略管理委员会、财经管理委员会、审计委员会、提名与薪酬委员会，由闻泰科技管理层与安世半导体管理层共同构成上述委员会主要成员，并由闻泰科技董事长兼CEO张学政先生出任安世半导体CEO，经营管理的整合与融合工作快速落地，推动半导体业务经受住疫情的考验，并在2020年下半年重回加速增长态势。

上面这段话有以下几层意思。

第一层：闻泰科技作为唯一股东已经控制了治理层，即董事会。

第二层：免了原来的CEO，张学政担任安世半导体CEO，介入运营管理业务。

第三层：请了咨询公司参与沟通。

第四层：整合结果是好的，用业绩说话。

继续往下看，又有一段话：

> 2020年以来，面对疫情的反复，闻泰科技迎难而上，积极解决安世半导体在经营管理中的遗留问题，加快经营管理效率的提升。

听话听音，这句话隐含着，在整合过程中确实遇到问题了。

监管层和我们的想法一样，在2021年年报问询中，交易所问到了这个问题，整合顺利吗？遇到"经营管理中的遗留问题"是什么？怎样解决的？还有就是2020年安世半导体的业绩有所下滑，商誉要减值吗？

闻泰科技的回答比较长，我简化一下。

第一，安世半导体2016被建广资产代表的中方财团从恩智浦收购，闻泰科技2018年是从中方财团手上收购安世半导体，2019年年底完成控股权转移。原来，2016—2019年建广资产由于是财务投资者，只控制了治理层，即董事会，安世半导体的管理层和运营人员为原班人马。

第二，闻泰科技接手前，安世半导体设立的KPI主要是以收入及市场份额为导向的经营决策机制及经营决策风格为主。2019年闻泰科技接手后，安世半导体的KPI向利润及现金流导向转变。这个转变，就是年报中所称的"经营管理中的遗留问题"。

第三，为了上述决策和经营风格的改变，闻泰科技干了4件事：闻泰科技控制治理层，董事会3席，闻泰科技2席，管理层1席；在董事会增设战略和财务委员会；张学政任CEO，全面介入日常管理；在财务、投资、内控、内审和客户资源方面与闻泰科技整合，满足监管和协同要求。

想想也很正常，安世半导体作为一家历史悠久的由职业经理人运作的企业，过去这些年，收入和利润基本就在一个水平上，2018—2020年，安世半导体分别实现收入104.00亿元人民币、103.00亿元人民币、99.00亿元人民币，净利润分别为13.40亿元人民币、12.60亿元人民币、9.90亿元人民币。2020年受疫情影响，除此之外，一个稳字。换个词：不思进取。反观闻泰科技，张学政从手机业务中拼杀出来，5年收入涨了10倍。按照闻泰科技官方表述这是从"收入市场份额导向"转向"利润及现金流导向"。

两种战略思路会导致一系列决策和运营策略的转变，关注现金流，潜台词就是，短期忍受扩张投入可能带来业绩不佳，看历史，张学政一直靠这种高举高打、大投入大产出、快速发展做大企业。

简明财务分析：
数据背后的商业模式与投资价值

◎ 登上时代的列车

在闻泰科技回复上交所年报问询函中，有一句关键的话：安世半导体的运营策略从以收入市场份额为目标，转向以利润和现金流为目标。

我觉着以现金流为目标一直是张学政的底层思维，因而我们看到闻泰科技收购安世半导体后大举扩建在英国、德国的晶圆厂，在无锡建封装测试厂，收购英国的晶圆厂，联合上海市政府在临港投资超百亿元的晶圆厂，大幅扩大产能。

我们也知道半导体影响盈利的重要原因是设备投入大、折旧多，前几年安世半导体处于稳定赚钱状态，很大程度上是由于设备折旧提完了，成本降低，而现在大力增加资本投入，短期内会对盈利产生影响。张学政自己也很清楚，所以他说上海的晶圆厂他来负责，渡过了亏损期再由闻泰科技接管。现在想想，当时建广和旷达最终放弃竞购，可能也有这方面的考虑。

综合行业研究员的观点，半导体在整体上处于平稳低增长水平，汽车半导体在未来相当长时间内会处于一个供不应求的高增长状态。

当历史的列车从身边隆隆驶过，我们可以选择继续徒步，也可以奋身一跃，也许跌得头破血流，也许从此登上时代的列车。

本章小结

* 将企业视为投入产出系统，是在投资场景下的有利视角。有投入才有产出，过去的投入创造了过去和现在服务客户创造盈收的前提条件。通过投入产出分析可以理解未来可能产生收入的资源条件，帮助理解企业商业模式的本质。

* 京东方向我们展示了一个重资产投入、技术持续迭代的竞争环境，以及在这种环境下企业财务模式的特征和陷入保产能保市场份额的价格战，持续投入导致自由现金流不能自洽，需要股东不断投入。

* 闻泰科技收购安世半导体的案例揭示了一个利润很差的行业为何要玩下去的秘密。尽管手机ODM业务利润不高，但是手机ODM业务是一个正现金流业务，因为业务特点出现负WC，能够在账上累积可观的类似浮存资金，从而能利用这些资金实现进军半导体行业，实现势能跃迁和企业发展第二曲线。

第三篇

在实战中领悟财务分析

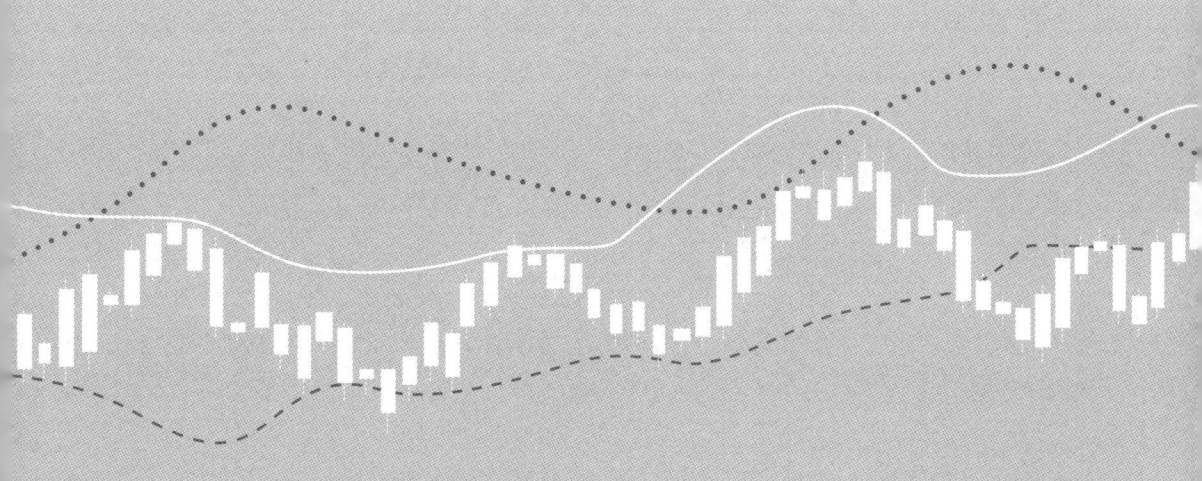

第七章　在财务数据中寻找驱动力

本章导读

本章的案例都是我在现实中遇到的。

为什么东方财富的市值能超过中信证券的市值？为什么中公教育在职业培训黄金赛道折戟沉沙？为什么片仔癀作为药企不投入研发还能持续增长？

有了疑惑就想知道为什么，好奇心驱使我去研究这些公司的财务数据和商业模式，搞清楚他们的生意是怎样做的，他们业务发展的核心驱动力是什么。我的老师吴毓武教授曾经说，读财报如读侦探小说。问题引起我们好奇，好奇心驱使我们去研究，像侦探一样从财务数字迷宫中寻找答案。寻寻觅觅中，突然灵光乍现，觉得自己抓住了关键，解开了谜团，找到了问题的答案！

还等什么，让我们开始吧。

东方财富的市值为何能超越中信证券的市值？[①]

一个行业的龙头易主这样的事总会吸引我们的眼球。2021年5月19日，证券行业迎来了历史性的时刻。当日收盘，东方财富市值3033.55亿元人民币，第一次超越了中信证券的市值（3025.72亿元人民币），媒体发出惊叹，这自然引起我的好奇。

我一直把东方财富当作万德（wind）第二，以前公司舍不得买昂贵的万德，只好买个东方财富的choice客户端，据说功能差别不大。我十多年前就已经领悟了金融信息是个好生意：采集编辑成本相对固定，多卖出去的都是边际利润。

---

① 本节数据来源于choice客户端和华金证券研究报告，薪酬数据采用应付薪酬当年增加数。

简明财务分析：
数据背后的商业模式与投资价值

后来东方财富、同花顺等来挑战。东方财富的 choice 客户端也不错，价格却便宜很多。不过高端客户对价格不敏感，黏性又大，据行家说老二想赶上很难。看财务数据，金融信息业务在东方财富收入中占比很低。后来，我听说东方财富开始卖基金，2015年它收购了券商牌照，开展互联网券商业务，把佣金降得很低，引起行业价格战，股民受益。

不过除了这些，我并没有其他了解，因此当我听到东方财富的市值居然超过中信证券的市值，我大感困惑。毕竟两家公司的体量差异较大，拿2020年来说，中信证券收入543.83亿元人民币，净利润155.17亿元人民币，东方财富收入82.39亿元人民币，净利润47.78亿元人民币，相差甚远。再看资产规模，中信证券总资产1.05万亿元人民币，净资产1858.83亿元人民币，东方财富总资产1103.29亿元人民币，净资产331.56亿元人民币，根本不是一个量级。

看了财务数据，困惑并没有解决。当时刚好见到梁宇峰博士，梁宇峰博士担任过券商研究所所长，对券商行业门清，我把问题抛给梁宇峰博士。

梁宇峰博士轻描淡写地说道，东方财富的市值超越中信证券的市值是早晚的事，不奇怪。你看看传统券商怎么挣钱的，以及挣的什么钱就知道了。如果你把投资收益拿掉，这些传统券商获得的利润就没了，这说明什么，他们赚钱就是靠炒股票（投资）。你再看东方财富，是唯一一家依靠自己产品赚钱的券商。

这与我的认知差异太大。毕竟在我印象里，券商都是高大上的。

仔细看了看中信证券的利润表，果然，2020年净利润155.17亿元人民币，而投资收益却有184.93亿元人民币，拿掉投资收益，就不赚钱了。相比之下，东方财富的投资收益对净利润贡献就小很多。

张磊在《价值》一书中指出，分析企业用4个因素：人、生意、环境和组织。不同的人可能有不同的分析框架，不过其中一定有一项：生意是怎么做的？

企业是营利性组织，搞懂生意是怎样做的是分析企业的基础，学术用语是商业模式。

不同行业、不同企业由于环境、资源禀赋不同，采取的商业模式也不同，例如有的靠差异化，有的靠成本优势，有的靠人，有的靠生产设施，有的靠技术创新，有的靠规模优势，等等。

券商行业，国外叫投资银行，业务种类包括证券经纪、资产管理、财富管理、投资银行等，多种多样，我也说不清楚。不过，我们要透过表象看本质。

从本质上讲，多数生意可以分为3类：靠产品、靠人和靠钱。

靠产品指通过标准化的产品满足客户需求，其财务特点是前期固定成本高，后期边际利润高，例如office软件、iPhone手机、大宗商品等。

靠人指通过具体的服务满足特定客户的需求，例如定制服务、项目开发、非标设备等。投行业务是典型的靠人业务。

靠钱有两种情况：第一种，钱就是生意本身，例如金融机构提供的商品就是钱，投资机构管理的就是钱；第二种，钱构成竞争优势，加上足够杠杆提升ROE。

以中信证券为代表，在传统顶流券商的业绩表现中，投资收益在过去5年对净利润的贡献率为95%，仅凭这一点，他们就是靠钱的公司。以钱生钱，以钱为生，这类生意的本质是有多少资金可以用。金融都是有管制的，可以动用的资金与自有资本的比例也就是杠杆率，管制主要在杠杆率上。

当然，我国顶流券商的杠杆率是非常克制的。

一个靠钱的公司怎么估值？华金证券研究员认为，传统券商通常采用PB估值法。专业理论是一方面，另一方面，我们可以用常识去理解。第一，靠钱赚钱的天花板在于净资产多少，这就是PB估值法中的B（净资产），有了B才能放杠杆，增加资产规模。第二，为何不用PE估值法？PE估值法的关键在E（利润），这里面有个假设，利润是持续经营产生的，未来继续产生。而对于投资，具有历史不连续的特点，炒股的朋友都理解，今年做得好，不代表明年就会做得好。

华金研究员认为，东方财富与传统券商不同，公司重点发展轻资产业务，受资本的约束小，可使用PE估值法。从使用的估值方法，我们也能琢磨出他们生意模式的不同，传统券商靠钱，东方财富靠产品。

我印象里传统券商除了投资，其他业务也都很厉害。投资这事如果不是梁宇峰博士指点，我之前都没有意识到，如果剔除投资，其他业务对比会是什么样子？

传统券商报表基本上一样，收入里面包括几部分：一是手续费及佣金收入，传统的经纪、投行、财富管理等业务都在这里；二是利息收入，主要是两融业务等；三是投资收益。东方财富的报表与传统企业的报表类似，收入包括经纪业务、基金代销和两融利息收入，投资收益放在后面，并不放在主营业务收入中。

我们把传统券商的收入减去投资收益，口径就和东方财富的收入大体一致。中信证券2020年扣除投资收益后的收入，我们权且叫业务收入（只是为了方便），为358.90亿元人民币，过去5年平均300.28亿元人民币。东方财富多少呢？2020年79.23亿元人民币，过去5年平均38.90亿元人民币。

两个感受：第一，两者不是一个体量；第二，东方财富的业务收入增长速度挺快。

简明财务分析：
数据背后的商业模式与投资价值

我马上产生了新的疑惑？中信证券有300多亿元人民币的业务收入，怎么不挣钱呢？

不靠钱的生意，要么靠人，要么靠产品。用常识理解，券商业务中，投行是典型的靠人的生意，每个项目都不一样，都需要团队具体操办，做完一个再做下一个。券商经纪业务大体是靠产品，开户营销也许人的成分多一点，后期客户只要使用产品（通道）就要给钱。传统券商为了服务大客户还要搞研究所，那都是很昂贵的人力资源投入。相对而言，东方财富既没有投行业务，又没有研究所，这是定性印象。靠人还是靠产品，还有一个观察视角，那就是人均成本与人均产出。利润=收入-成本，既然收入这么多，不挣钱的原因大多出在成本上。

秘密就在图7-1中，2020是股市大年，券商的日子都不错，中信证券和东方财富的人均业务收入差不多，东方财富甚至还高一点。他们的人均薪酬告诉我们这两家公司的玩法完全不一。中信证券的薪酬代表了传统券商的高贵形象（贵是昂贵的贵），东方财富的薪酬是一般企业的水平，顶流券商与中信证券的薪酬水平差不多，中金的更高。当然大家的人员结构也不一样，券商的至少是本科，以硕士为主，博士也有一大把。精英必须多发钱，多发钱能不能多挣钱，这是一个问题。

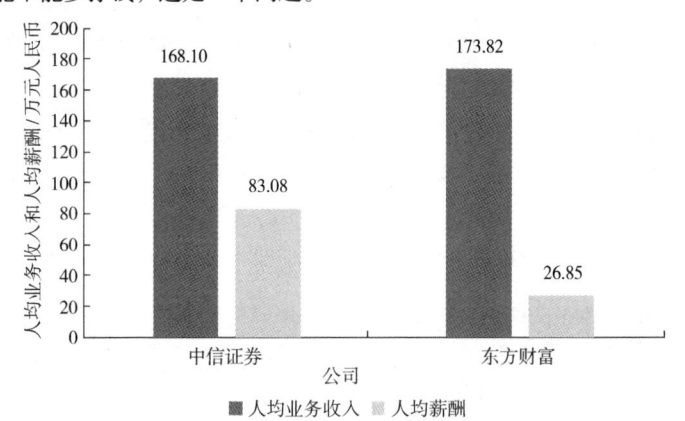

图7-1 2020年东方财富与中信证券人均业务收入、人均薪酬

人均薪酬反映了传统证券行业的情况，东方财富显然是证券行业中的另类。

假想一个生意频谱，两个因素：人和产品。一边纯粹靠人，另一边纯粹靠产品，中间是两个要素各占一定的比例。直观感受，中信证券代表的传统顶流券商在靠人的一边，东方财富在靠产品的一边。

你问我哪个好？咱们也先搞清楚视角。如果你去券商行业上班，好啊！薪酬比较高如果还是领导，那太棒了，薪酬会更高！如果投资传统券商，你得想想投资这么多钱是不是能创造股东价值。如果人均薪酬只有中信证券1/3的东方财富也能创造一样的人均业务收入，哪家公司赚钱多、哪家公司对股东有利？不言自明。

再换一个视角，既然投资收益是传统券商净利润的主要来源，那么投资业务应该做得很好吧。中信证券2020年毕竟创造了184.93亿元人民币的投资收益，对吧？不对，投资业务做得好不好不能看绝对数，要看收益率，关键看投了多少钱，用了多少资源产生的投资收益。中信证券2020年投资收益184.93亿元人民币，金融资产平均余额4406.65亿元人民币，收益率4.20%。实际上顶流券商都差不多，7家顶流券商过去5年的投资收益与持有金融资产的比值是4.30%。

现在看来资本市场给体量小得多的东方财富超越中信证券的估值，是不是也不令人意外了？

中公教育为什么业绩"爆雷"？

◎ 业绩"变脸"

第一次听说中公教育是在许知远的《十三邀》节目中，那一期的嘉宾是胡润。

第二次听说中公教育，是梁宇峰博士把我和研究员拉进了一个微信群，说中公教育业绩"爆雷"。他们之前研究过这家公司，当时觉着基本面各方面都好，就是市值贵点，现在整个情况反转，要复盘。"爆雷"？新东方、好未来等K12教育公司是因为政策原因，中公教育是职业培训黄金赛道龙头，为什么？看一下数据（如图7-2所示），确实。

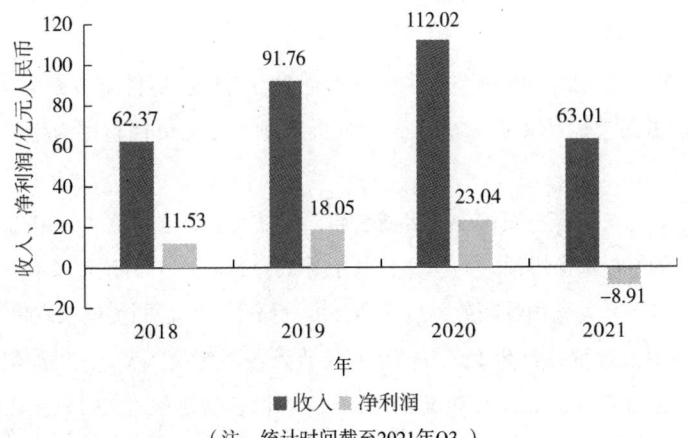

（注：统计时间截至2021年Q3。）

图7-2　2018—2021年Q3中公教育的收入和净利润

简明财务分析：
数据背后的商业模式与投资价值

2018年，中公教育借壳亚夏汽车上市，承诺2018—2020年业绩合计38.80亿元人民币，结果这3年业绩突飞猛进，合计实现净利润52.62亿元人民币，远超承诺业绩。

在借壳上市高速成长3年后，中公教育于2021年陷入困境，过去3年赚了52.62亿元人民币的中公教育，前3季度净利润亏损8.91亿元人民币。是偶然还是必然？这是每个投资者都需要思考的。

我们知道会计利润不好有时并不是真实的经营困境，例如亚马逊的会计数据很多年都不好，但是现金流特别好，那也没问题。不过，中公教育2021年的现金流似乎也不乐观。

2021年1—3季度，中公教育的经营净现金流-36.46亿元人民币，自由现金流-64.73亿元人民币。从借壳上市以来，到2021年第3季度，合计自由现金流归零了，这意味着借壳上市3年来，通过经营获得的现金流净额在扣除购买固定资产等长期资产的资本开支后归零了。

特别令人震惊的是，2021年第3季度销售商品劳务的现金流为-5.05亿元人民币。

这太震撼了。我们都知道，中国教育行业惯例，先交钱再培训。因此，教育企业一定是现金先流入，在会计上计入预收账款或合同负债。会计确认收入需要满足条件，一般在培训服务完成后确认，再从预收账款或合同负债转到收入。在报表上表现为会计收入比现金收入滞后，当期销售商品劳务的现金流往往大于当期的销售收入。

中公教育2018—2020年也是这样，销售商品劳务收到的现金大于会计销售收入。

企业投入的WC往往很少或者为负数。WC为负数的经济含义是，企业可以通过市场地位由客户或者供应商垫资经营。

负WC这种生意模式在强势企业中常见，企业不用自己垫付流动资金，由上下游客户垫钱，企业占用他们的资金做生意，财务上表现为无息负债超过为生意垫付的流动资产。

教育行业的特点是客户先付款再接受服务，所以大多是这种负WC模式。

中公教育的WC和我们预想的一样，由于是教育行业，中公教育没有存货只有很少的应收账款，但是有大量预收账款，后来会计准则修改，叫合同负债，意思类似。

2020年，中公教育每产生1元人民币销售收入，不用投入WC，反而能从客户那里获得0.44元人民币的资金。2021年前3季度末，合同负债仍然有23.13亿元人民币，WC仍然是-22.73亿元人民币。不过，一反往年销售商品劳务收到现金大于销售收入的情况，

2021年前3季度，销售收入63.01亿元人民币，销售商品劳务收到现金只有37.64亿元人民币。这个数据很不妙，如果商业模式没改变，那就是后面收到的钱少了，销售收入确认的是之前预收款对应的服务，后面没人交钱，未来岂不会糟糕。

从季度数据看，2020年第4季度的情况已经开始不妙。

2019—2020年，年均销售商品劳务现金120.19亿元人民币，单季度30.05亿元人民币。2020年第4季度只回收了12.57亿元人民币，某个季度出现波动也正常，但是后面2个季度没能扭转局面，2021年第3季度更是出现−5.05亿元人民币。

销售商品劳务收到的现金为负数，这发生在一个先收费先有现金流入的企业身上，确实很难理解。为什么？答案在于中公教育商业模式的核心——"协议班"。

中公教育的课程形式以线下开班面授与线上课程结合，虽然线上收入增速很快，但是收入主要来自线下。2019—2020年线下开班面授收入比重分别为92.85%、88.64%、73.92%。线上、线下是形式，都有普通班和协议班。

普通班好理解，就是我们常识中的先交钱再培训。协议班前半部分与普通班一样，先交钱再上课。协议班还有后半部分，中公教育的培训主要是考试型，中公承诺，如果协议班的学员没通过考试，就退学员大部分学费，甚至全部的学费。

下面是中公网站发布的2023年公务员国考在上海奉贤的一个协议班类型，学费5.98万元人民币，如果没通过笔试、面试，退费4.50万元人民币。

课程详情

・授课方式：面授

・适用考试：2023国考银保监会、证监会考试公告

・授课内容：国考：政治综合能力实训讲练结合25天25晚（走读+国庆集训7天7晚（含住）行测申论

　　　市考：实训班45天（走读）行测申论

　　　市考赠送所报专业类别的专业课

　　　两期封闭：笔试/面试封闭班（每增加一期封闭补缴3000元）

・课时：笔试+面试

课程详情介绍，国考25天25晚走读上课加上包住宿住集训7天7晚。如果把晚上算半天，这是一个48天的课程培训，收费5.98万元人民币，折合一天1245.83元人民币。

对于刚毕业的大学生而言，5.98万元人民币不是个小数目，国考录取率只有1.43%，如果是我，那是要掂量掂量。不过中公教育的协议班采用不过退费模式，如果没通过就退4.50万元人民币。没通过的培训费是1.48万元人民币，还含住宿7晚。一下子就把客户决策门槛降下来，通过率是不高，但是如果考不过，培训费也只有1.50万元人民币，如果考过了，掏6.00万元人民币也值。

这样的好事，客户买账，从2017年开始尝试开办协议班，中公教育的收入连续高增长。

从客户端看，协议班确实有利，不过从供应端看就不那么妙。考试毕竟是一个筛选机制，不可能大家都过。虽然省考、事业单位、教师等考试录取率比公务员的录取率要高，但是仍然是僧多粥少的局面。这对于中公来说，岂不是要给大部分人退费？

这下我们就可以理解为何中公教育2021年第3季度销售商品劳务收到的现金是-5.05亿元人民币，交钱算现金收入，退费是现金收入减项，2021年第3季度收到的现金少于退费现金。换句话说，2021年第3季度收入预缴学费远远少于过去季度那些班的退费，形势不妙。

◎ 毁灭的力量

阿尔弗雷德·马歇尔在《经济学原理》一书中指出，如果公司的生产成本随着市场份额的增加而下降，一家较早获得较高市场份额的幸运的公司就能够打败竞争对手。

显然，中公教育在职业教育行业中已经是龙头，但是其成本并没有随着份额增加而下降，因而其商业模式缺乏规模优势。理解了中公教育生意的本质和特点，我们就不难理解为什么2021年中公教育的业绩大幅下滑了。

没有规模优势是根本问题，增长只能够靠摊大饼，看似收入、利润体量不断增加，实际就是要素资源的同比例投入。高固定成本形成高经营杠杆和高盈亏平衡点，产能利用下滑会带来边际利润更大幅度下滑，企业不得不把生产能力利用率提升作为第一目标，协议班应运而生，协议班承诺考生不通过即可获得退费的模式可以快速扩大招生，提升产能利用率。

中公教育商业模式的最终结果是没有规模效应，在经济学上，这种模式被称为收益递减，"复杂经济学"创始人布莱恩·阿瑟认为，在收益递减的市场中，越通过增加市场份额或扩大市场规模来取得领先优势，越会导致成本增加或利润降低，越会快速陷入困境。

协议班的副作用也是明显的。协议班将以考试结果为导向的培训业务，转变成培训+保单模式，从公司角度而言，培训服务变成了依赖通过率的概率生意，通过率的变化直接影响退费率和公司的利润现金流。

为了将预缴培训费有困难的客户，以及那些犹犹豫豫的客户也纳入进来，以理享学为代表的学员贷为协议班业务加上金融杠杆，打开了潘多拉的盒子。

2021年12月29日，中公教育答复深圳证券交易所第2次问询时说，2019年度总体退费率为44.14%、2020年度的为46.54%、2021年1—9月的为65.81%。2021年前3季度亏损和现金流恶化主要因为退费率大幅上升，退费率大幅上升又与协议班加理享学模式占比上升有关。

我们前面分析过，协议班类似于培训服务加一个保单。保险业务是基于总体样本出险概率制定模型来计算收费与赔付平衡。在保险业务中，最大风险来自道德风险和逆向选择，因为保费是按总体出险概率计算，但是在个体层面，由于信息不对称，可能来投保的都是容易出险的群体。又或者投保后，由于逆向心理，觉着已经投保，行为疏忽，实际出险概率大增。如果投保的群体出险率高于总体概率，保险盈利的模型就出问题了。

回到中公教育，约80.00%的协议班导致中公教育盈利模式的关键不再是培训服务的质量，而是退费率的高低。

中公教育的资料显示，2019年和2020年的退费率为44.14%和46.54%，相当于将近一半的通过率，与实际公务员考试个位数级别的总体通过率相比高了很多，也说明协议班集中有偏样本的策略有效。

但是，以理享学为代表的学员贷扭曲了协议班模型，为客户提供无息贷款实际上无底线地降低了门槛，将本来不具备通过条件的学员也拉进协议班。这些学员仅仅因为学员贷降低了培训门槛而来，自身并没有决心和毅力坚持复习考试，导致通过率大幅降低。中公教育2021年前3季度的退费率为65.81%，较2020年的46.54%约高出19.27%，亏损在所难免。

从这个角度，我们再次领悟，为客户提供价值才是生意的核心驱动力，协议班和学员贷都只是降低客户决策门槛的工具，并不是考试培训的本质，通过率才是。短期看，这些工具都能快速起作用，快速把量做起来，但是当这些工具变成生意的目的，异化发生了，企业不再追求真正的客户价值，手段变成了目的本身，创造价值的力量化身为毁灭价值的力量。

正如马歇尔·麦克卢汉所说，开始的时候，我们创造工具，后来它们造就我们。

片仔癀的核心竞争力在哪儿？

◎ 片仔癀VS恒瑞医药

我作为一个资深会计，首先还是要看财务数据。数据有趣的，我把解释放在一起，当然，实际分析的时候，不一定是这个顺序。

资本市场最关心的是收入和利润的增长。先看收入和净利润，恒瑞医药和片仔癀完全不是一个量级的，恒瑞医药2021年收入259.06亿元人民币，片仔癀2021年收入80.22亿元人民币，恒瑞医药2021年净利润45.30亿元人民币，片仔癀2021年净利润24.31亿元人民币。

再看增长。如图7-3所示，两者增长有差别，恒瑞医药2021年中断了连续增长，收入、利润均出现下滑，不意外，集采冲击和创新药策略都会冲击原有体系的连贯性，恒瑞医药处于转型的阵痛期，业绩下滑并不令人意外。

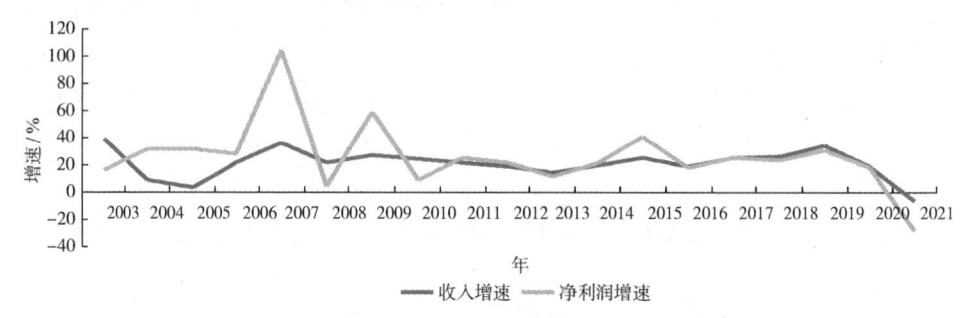

图7-3 恒瑞医药2003—2021年收入增速和净利润增速

片仔癀倒是在2021年取得较大的增长，2021年的收入增速为23.21%，2021年的净利润增速为45.39%。图7-4是2021年恒瑞医药和片仔癀的增速对比。

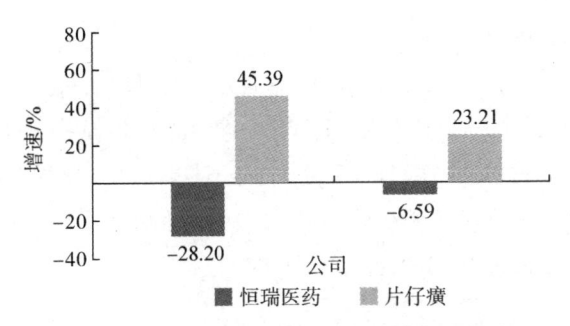

图 7-4　2021年恒瑞医药和片仔癀的增速对比

由于2021年的收入增速和净利润增速出现下滑，恒瑞医药的5年复合增速也远低于片仔癀。

观察表7-1，有趣的点，你发现了吗？

表7-1　2017—2021年恒瑞医药和片仔癀的5年增速对比

类目	恒瑞医药	片仔癀
收入5年复合增速/%	18.48	28.28
净利润5年复合增速/%	11.45	35.31

注：表中的5年指2017—2021年。

为何片仔癀净利润5年复合增速大于收入5年复合增速？这值得思考。

最后看盈利能力。2021年恒瑞医药的毛利率为85.56%，片仔癀的毛利率为50.72%，似乎差别很大。净利润率却又反过来，2021年片仔癀净利润率高达30.30%，恒瑞医药的只有17.49%，这说明恒瑞医药的期间费用支出很大，那么费用花在哪里了？我们知道恒瑞医药是做处方药的，要进医院，而进医院的药都涉及销售费。

2017—2021年，恒瑞医药的销售费用率始终在35.00%以上，片仔癀的销售费用率在8.00%—11.00%。

片仔癀的业务分为3个板块，分别是医药制造、医药流通与化妆品和日化。

第一，医药制造板块，主要是片仔癀药品，传统肝胆药物，2021年医药制造板块收入39.71亿元人民币，其中片仔癀药品就占了37.01亿元人民币，另外一个新星是用于治疗心血管的安宫牛黄丸。

第二，医药流通板块，2021年收入31.46亿元人民币，占了半壁江山。

第三，化妆品和日化板块，量都不大，销售收入只有8.86亿元人民币，化妆品年利润1.31亿元人民币，很少。

在片仔癀3块业务中，医药流通是冲收入规模，毛利率10.00%出头。化妆品和日化就是战略门面，但是化妆品和日化收入利润都是配角的配角，主角还是片仔癀药品。

看看片仔癀肝病药81.00%以上的毛利率，是不是就解释了前面的疑惑。恒瑞医药的毛利率约86.00%，而片仔癀只有约51.00%，主要是因为商业板块拉低了毛利率，片仔癀药品的本身毛利率是很高的，2021年也有81.79%。

◎"药中茅台"片仔癀

何谓片仔癀，即一片即可退癀。其中，"仔"为闽南方言中语气词，"癀"为热毒肿痛，当时片仔癀切片分服，每次一片即可消除热毒肿痛，因此民间俗称"片仔癀"，主要用于治疗肝胆疾病。

片仔癀于1999年12月由漳州制药厂改制创立，有中华老字号和国家级非物质文化遗产认证。

片仔癀在华南地区有深厚的群众基础，近些年扩展到保健领域。

片仔癀药品的外包装显示，其成分是天然麝香、天然牛黄、三七以及蛇胆。近些年，麝香、牛黄不断涨价，尽管片仔癀药品本身也在涨价，甚至有一阵市场上炒价片仔癀药品。

片仔癀的收入从2016年的23.09亿元人民币涨到2021年的88.22亿元人民币，其中价格因素只占28.00%左右，主要还是靠销售量。虽然成本在上升，但是成本占比不大，毛利率在涨价支撑下5年只下降了6.00%。

◎片仔癀药品的"金手指"

片仔癀药品没有纳入医保目录，得自费。

好事坏事？看对谁来说。对药企来说是这两年最大的喜讯，集采免疫，恒瑞医药不就是受到集采的影响，PD-1几十万元价格打到几万元，把市场预期信心全打没了。

不纳入医保目录就没有集采问题，价格随行就市。

再说这些年，片仔癀主打保健功能，强身健体，那是所有人的追求。

华安证券研究报告认为，片仔癀药品以其医疗和保健双重功效而著称。医疗功效上，片仔癀药品可以清热解毒，凉血化瘀，消肿止痛，用于热毒血瘀所致急慢性病毒性肝炎，痈疽疔疮，无名肿毒，跌打损伤及各种炎症。保健功效上，片仔癀药品能够有效消除人体内的"湿、热、毒、邪"等，达到祛邪安正、预防疾病、保护健康的效果。双重功效加持下，片仔癀药品受到越来越多医药专家和消费者的青睐。按照研究员当时的预测，未来片仔癀主要在保健方向发力，到2023年药用量约占21.00%，其余都是各类保健用途。

中华老字号、独家绝密配方、明代御医故事等，这些本身就具有传播性，加上片仔癀药品本身具有深厚的区域民间认知基础，销售费用不用投入那么多也能把东西卖出去，可以理解。

除了销售费用差别大，片仔癀的竞争对手——恒瑞医药毛利高但净利润低的因素之一是研发投入。

实际上，恒瑞医药2021年净利润率为17.49%也不能说低，在很多行业这是高净利润率，只是相对片仔癀的30.30%净利润率而言较低。

这也是让我特别惊讶的，恒瑞医药2021年研发投入62.03亿元人民币，其中资本化了2.00亿元人民币，用于研发费用的60.03亿元人民币，占收入的23.94%，恒瑞医药的研发投入比片仔癀的39亿元人民币售药收入还要高不少。片仔癀2021年投入研发2.00亿元人民币，全部费用化，占收入的2.49%。

从研发投入的费用来看，一目了然，恒瑞医药的策略是创新研发，创新药依靠研发投入，研发投入主要是研发人员，虽然两家公布的技术人员不全都是研发人员，对比下技术人员数，差太多，很直观，如表7-2所示。

表7-2　2017—2021年恒瑞医药和片仔癀的技术人员数量

单位：人

类目	2017年	2018年	2019年	2020年	2021年
恒瑞医药	2167	3116	3442	4724	5478
片仔癀	394	389	388	414	414

◎关公战秦琼

有媒体在评论两家公司的文章中这样写：

> 商业模式优劣立判，新药研发高风险高投入，即使成功，还要面临灵魂砍价、

简明财务分析：
数据背后的商业模式与投资价值

专利悬崖。出海还可能面临FDA的灵魂否定。而中药重在继承，以片仔癀、安宫牛黄丸为代表的头部产品，几乎不研发不创新不淘汰，时间越长越有价值，并拥有自主提价权。

说说我的观点。恒瑞医药和片仔癀，不是同一类型的公司，尽管好像都是做药的，一定要比较，就成了侯宝林先生的《关公战秦琼》。

恒瑞医药是做西药的，关注的是自然科学规则共识下的有效性判断。开发创新药，要按规则来，临床前后试验、双盲对照等等。在这种规则下，证明药有效，才能售出。这个过程耗时、费力、花钱。据统计，美国医药行业2011—2020年新药研发平均周期在10.5年。2009—2018年，一款新药研发的平均成本高达13.09亿美元。所以，恒瑞医药要走向世界，这点研发投入是正常的，不离谱。

根据心理学，存在客观事实和心理事实，我们承认世界具有客观性，但是每个人对于客观事实形成的心理事实却可能不一样。

按照心理学家乔治·凯利的理论，心理事实就是人的心理建构，每个人对于客观事实可以有不同的心理建构，用来理解世界，预测未来，指导自己的行动。

投资是一个很主观的活动，我们理解投资标的，依赖于我们私人的认知建构，这些认知建构很大程度上来自每个人的人生经验。

因此，你可以看好恒瑞医药，也可以看好片仔癀，还可以同时看好这两家，这取决于你自己的认知建构。

只不过在关注这两家公司的时候，从投资上讲，需要关注的焦点是不一样的。对恒瑞医药来说，需要关注它的创新药转型之路走得怎样，关心它研发管线中的产品进程。对片仔癀来说，需要关注它这个故事多大程度上能被社会接受和认可。

另外一个角度，我们可以从汪丁丁老师的三维分析入手。汪丁丁老师认为，社会分析大多可以从三个维度来分析，分别是物质生活、社会生活和精神生活。

汪丁丁老师说，普通人可能的生活路径是三维空间里的一条曲线，新生儿的发育阶段主要处于物质生活维度，但也有亲子交流这样的社会生活。在随后的阶段中，更多的是沿着社会生活维度发展，同时也有精神生活，但往往必须遭遇"意义危机"，生活路径才更多地转入精神生活维度。

从物质生活、社会生活和精神生活三个维度来理解恒瑞医药和片仔癀，恒瑞医药是做西药的，西药按照标准需要有疗效、能治病，治病的功能主要是体现在物质生活维度，似乎与社会生活和精神生活无关。你不会在拜访朋友的时候，给他一盒PD-1，即使朋友有某种疾病，你也不会将药物作为礼物。

我们观察不同类型的企业，需要用不同的认知建构或者思维模型。一个模型、一把尺子走遍天下，只是过于自信的幻觉，更多的时候，不过是希腊神话中"普洛克路斯忒斯之床"的思维版本。

关公的归关公，秦琼的归秦琼。

他们谁更厉害，取决你有怎样的认知建构。

本章小结

* 理解生意可以从靠什么赚钱开始，分析思路三分法：靠产品、靠人、靠钱。顺着这个思路我们很容易理解东方财富与中信证券商业模式的不同，东方财富靠产品盈利，中信证券靠自营投资收益，一个靠产品，一个靠钱，也就很好理解市场对二者估值体系的不同。

* 规模效应是企业增长质量的核心，是健康发展的基础。好企业在壮大的过程中变得更强，普通企业大而不强，抗风险能力差。中公教育在这个历史阶段的业务增长不具备规模效应，大而不强。为了保持高增长揠苗助长，采用退费式协议班模式，退费模式严重依赖概率模型，加上后期的金融模式破坏了概率模型基础，导致大幅亏损。

* 片仔癀与恒瑞医药可以理解为两种护城河，片仔癀是品牌文化无形资产，恒瑞医药是研发驱动的功能差异化。因而在理解他们的过去和未来的时候，核心驱动力是不一样的。理解了这一点对理解品牌文化无形资产的护城河极有帮助。

第八章 从财务数据看商业模式

本章导读

本章是财务分析专题集合,我挑选了既有趣又有料的案例,通过案例讲述相关内容。平日里,有意义有启发有趣,还能当故事讲的案例比较少,所以,你在做财务分析的时候,会感觉无聊,但这才是生活的常态。但是,我保证这些故事会很精彩。

理解ROE:一个财务分析的跨界案例比较

◎拓普集团和立讯精密

巴菲特说,如果他只用一个财务指标(选股),那就是ROE。

这一小节,我们通过一个财务分析的跨界案例比较来理解ROE,并通过ROE来理解企业的商业模式。

2021年底,我旁听益研究一位研究员的报告,这次讲的是拓普集团。拓普集团是一家做汽车零部件的公司,靠汽车减震器起家,慢慢扩展到内饰、地盘、汽车电子、热管理等,2020年收入65.11亿元人民币,净利润4.56亿元人民币。

根据这位研究员所说,这家公司的核心看点是它进入了特斯拉产业链。要知道经历了前几年的质疑和彷徨之后,2020—2021年特斯拉大获全胜,用扎实的业绩,彻底击溃了怀疑者,市场不再怀疑特斯拉这条电动车的造车路线不行,而是把特斯拉捧上新能源汽车的神坛。

人类思维最大的特点就是联想类比,当年苹果公司崛起时,国内参与苹果公司供应链的公司,被称为"果链"。当然除了炒作概念,确实在消费电子零部件和代工领域崛起了以立讯精密为代表的一批公司。

2011年之后,立讯精密成功进入苹果公司供应链,从iPhone和Macbook连接器电缆的制造起步。2017年是关键的一年,立讯精密押宝蓝牙耳机市场,正式切入苹果Airpods组装业务。2017年12月,苹果公司CEO蒂姆·库克到访立讯精密时称赞:"超一流的工厂,将了不起的精良工艺和细思融入AirPods的制造。"2019年,立讯精密已占据Airpods组装业务的7成市场份额,并且切入苹果手表和整机业务。2011—2020年,立讯精密的收入从25.56亿元人民币增长到925.01亿元人民币,增长了35.19倍,市值从90.98亿元人民币增长到3938.41亿元人民币,增长了42.29倍。

归母净利润从2011年的2.57亿元人民币到2020年的72.25亿元人民币,涨了27.11倍,同期股价也涨了28.11倍,完美诠释了业绩驱动的大牛股。站在立讯精密辉煌10年背后的是苹果公司,立讯精密稳稳地成为"果链"大赢家。

拓普集团2019年就进入了特斯拉供应链,不过那时特斯拉国内配套量还不大,上海的超级工厂正在如火如荼地建设。2020年随着上海超级工厂建成,特斯拉在中国的零部件产业链也开始进入市场。2020年在拓普集团65.11亿元人民币的收入中,约16.00%来自特斯拉。

拓普集团从2011年开始公开资料,2016年上市,这些年产品线从减震器扩展到底盘等8大产品线,客户也从吉利扩张到通用等众多汽车厂家。

从2017年开始,汽车市场呈现饱和状态,销量开始下滑。拓普集团的收入也在50多亿元人民币附近徘徊。随着"双碳"大方向和电动车发展趋势明朗,汽车行业又将开启一轮新机遇。图8-1为2011—2020年中国乘用车市场销量。

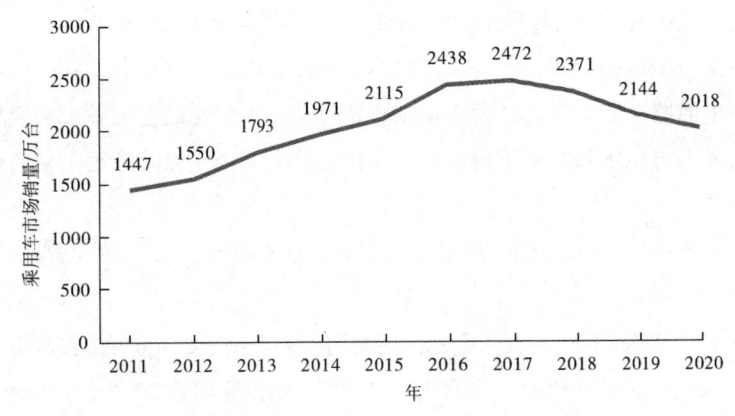

图8-1 2011—2020年中国乘用车市场销量

此时，在电动车领域取得先机尤为关键。国内比亚迪的生态较为封闭自足，造车新势力规模尚小，所以进入龙头特斯拉的供应链阵营成为抢占市场的关键。

拓普具有先发优势，已经是特斯拉重要的供应商，继续发力，未来可期，这一逻辑是成立的。

◎拓普集团的ROE为什么这么低？

立讯精密是我们这个时代最伟大的公司之一，在没有品牌力量的消费电子代工业，成了制造业"明星"，业界客户交口称赞，当之无愧。所以，立讯精密29.86%的ROE似乎在意料之中。

拓普集团也是一家相当优秀的公司，业绩、客户发展都不错，为何ROE会这么低？

我们从ROE的含义及驱动ROE的因素说起，一层一层来理解。

ROE，也称股东权益回报率，反映了股东权益的收益水平，可以衡量公司运用自有资本的效率。ROE是全面评价企业获利能力的指标之一，也是最常用的指标之一。ROE是企业活动的最终结果，一定程度上反映了企业的能力与决策的结果。

ROE代表股东投入企业资金的潜在回收效率，ROE越高意味着股东投入资源的收益率越高。

如果这么说，立讯精密岂不是比拓普集团好太多？按照巴菲特的说法，我们是不是应当选择立讯精密抛弃拓普集团？且慢。他说的是，在只有一个指标的情况下用ROE。这里面有两个潜台词：第一，在没有其他信息的情况下，首选ROE。问题是，我们做投资、做财务分析不会只用一个指标，没人这么约束你，你也不会这么做，巴菲特只是想说明ROE的重要性。第二，巴菲特是看好ROE，但是也没说用1年的数据，也没说用历史的数据就可以。过去的ROE肯定很关键，但我们更关心未来的ROE怎么样，要知道未来的ROE就需要了解过去的ROE是怎么来的，以及预测未来的ROE会怎样变化。

ROE的分子是利润，分母是股东权益，要提高ROE有两个方向，分别是提高利润或者降低权益。

降低权益，就是用更少的投入赚相同的利润。举个例子，100万的债券全部自己出钱，收益率10%，如果借50万，利息5%，收益10万扣除利息2.5万，收益率=7.5/50=15%。收益率提升靠什么？加杠杆，只要利息率低于利润率，收益率就提升。在国内，最常见的加杠杆是按揭买房子。企业运营也一样，很少全是股东自己的钱，总会加点杠杆，借点钱。

只要有负债，ROE高低就与杠杆率相关。此时，你可以通过观察另外一个指标——ROA来体会。

ROA的分子是净利润，分母是总资产，要提升ROA也有两个方法：第一个方法是提高利润，第二个方法是减少总资产，用更少的资产获得同样的利润。在企业运营中，提升分子，是提升盈利能力，盈利能力通常用销售净利润率表示。降低分母，降低总资产，实际是提升资产利用效率，通常指标是资产周转率。

ROE的核心三要素是销售净利润率、总资产周转率和权益乘数。

我们用杜邦分析看看立讯精密和拓普集团的ROE，表8-1是2020年立讯精密和拓普集团的杜邦分析对比。

表8-1 2020年立讯精密和拓普集团的杜邦分析对比

类目	立讯精密	拓普集团	立讯精密/拓普集团
ROE/%	29.86	8.29	3.60
销售净利率/%	8.10	9.68	0.84
总资产周转率/次	1.55	0.56	2.77
权益乘数	2.47	1.54	1.60

2020年，立讯精密的ROE为29.86%，是拓普集团的3.60倍。具体来看杜邦分析。

（1）销售净利润率。实际上两家公司在盈利能力上相差无几，拓普集团的销售净利润率为9.68%，略高于立讯精密的8.10%，但都没超过10%，这也说明他们的业务性质都是无品牌To B制造业，在强势客户面前，销售净利润率不会特别高。

（2）总资产周转率。立讯精密的资产运营效率是拓普集团的2.77倍，一方面可能是立讯精密的管理水平高，另一方面很可能是行业属性不同，立讯精密主要是消费电子代工和组装业务，可能生产周期较短，资产较轻。拓普集团生产汽车零件，可能加工周期更长，设备投入更大，资产更重。

（3）权益乘数，也就是杠杆率，立讯精密是拓普集团的1.60倍，说明立讯精密在资本决策方面更激进，或者立讯精密在资本话语权上更有优势。

虽然2020年立讯精密的ROE是拓普集团的3.6倍，但是我们用杜邦分析三因素一拆就发现，立讯精密的ROE高并不是来自盈利能力，而是来自高周转率和更高的杠杆率，这个结论还是挺反直觉的。

我们分别加上历史维度,再拆细,看看能发现什么。

◎ 盈利能力

盈利能力通常指企业创造利润的能力,分别从利润率、效率、质量和增长几个角度来看。销售净利润率经常简写为净利润率。

如图8-2所示,从净利润率来看,拓普集团的历史均值始终比立讯精密的高,考虑到立讯精密高超的管理和成本控制能力与业界口碑,应该判断为行业差异。尽管都是To B制造业,立讯精密在电子制造业具有的客户更加强势。另一种可能性是,立讯精密的组装业务多,零部件制造业务少。拓普集团以汽车行业的零部件制造业务为主,组装业务少,功能附加值高,所以拓普集团的净利润率就高一点,是否是这样?后面我们继续探索。

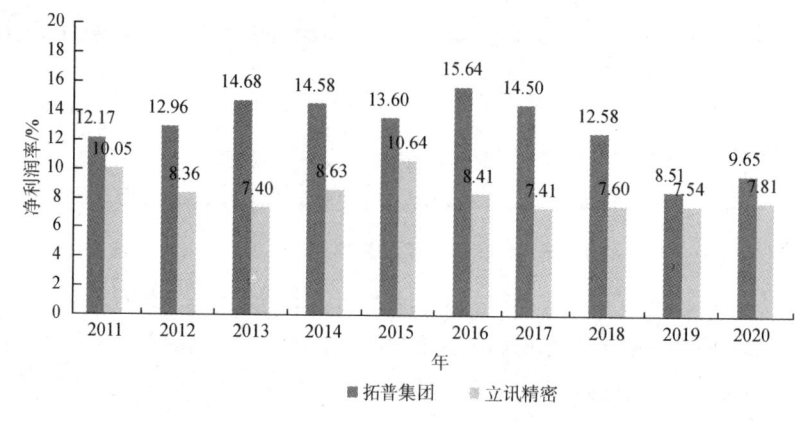

图8-2 2011—2020年拓普集团和立讯精密的净利润率对比

绝对量主要给我们一个数量级别概念,因为效率通常用相对量,用比率,如果没有数量级别校正容易给人误导印象,所以还是需要比较下拓普集团和立讯精密的归母净利润(如图8-3所示)。

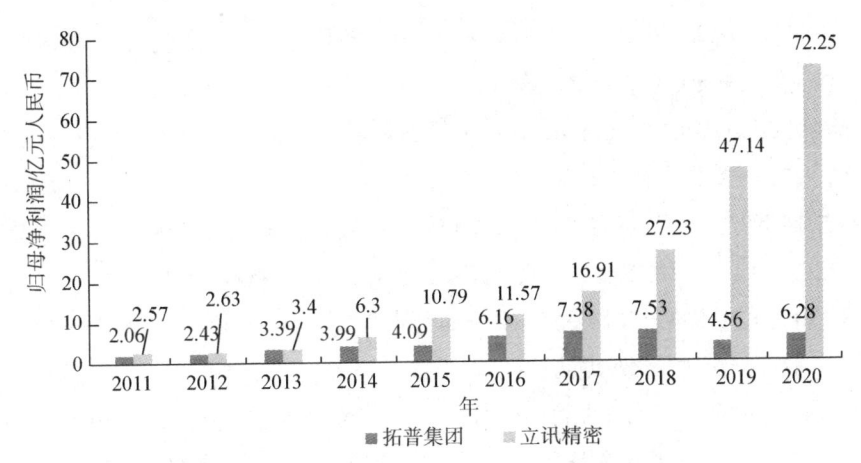

图8-3 2011—2020年拓普集团和立讯精密的归母净利润

2020年立讯精密的净利润72.25亿元人民币，拓普集团的净利润6.28亿元人民币，不是一个量级的。2011—2014年，两家的盈利能力实际相差不大，后来立讯精密狂飙，拓普集团略有起伏，除了企业的自身原因，可能更多还是行业趋势不同导致。立讯精密赶上了智能手机时代，拓普集团见证了汽车行业见顶徘徊。未来，智能手机见顶，新能源汽车大行其道，会不会风水轮流转？

净利润，我们通常用归属母公司股东净利润，观察净利润的质量，一看扣非净利润，二看经营净现金流。

构成净利润的来源可以是日常经营活动，也可以是非经常性损益，所以要看一下扣非净利润，按照证监会信息披露口径剔除与日常经营活动无关的利润，例如金融投资收益、政府补助等，构成扣非净利润，可以用来代表企业通过日常经营产生的利润。

2011—2020年，拓普集团和立讯精密的10年合计自由现金流都是负的。负自由现金流的直观理解就是经营现金流无法自洽，无法靠内生经营现金流覆盖设施扩张支出，需要外部融资才能维持。

造成负自由现金流的原因可能是经营不好、商业模式不好，也可能是在扩张阶段生产设施投入较大。考虑到拓普集团和立讯精密的利润、经营净现金流都不错，只有一个原因就是CAPEX、设施设备投入巨大，而且两家的CAPEX投入都显示主要投在后5年。

对于制造业而言，生产能力是服务客户、产生收益的关键，大笔投入只要能产生收入、利润，对未来而言也许是好事。

净利润除以CAPEX，代表1元钱CAPEX投入可以产生的净利润。2011—2020年的10年间，2016—2020年的5年间，立讯精密的1元CAPEX投入可以带来0.50元的净利润。拓普集团的这个指标更高些，不过5年数据较10年数据下降，说明2016—2020年的投入产出效率下降，可能是管理问题，也可能是新增产能还在爬坡中。

除了静态利润水平，我们更关心利润的变动趋势，即增长率。拓普集团和立讯精密都可以归入林奇分类中的增长类股票。

看表8-2，2012—2020年立讯精密的收入增长率惊人，除了2012年和2016年出现净利润增长率个位数，其他年份都是两位数，10年和5年净利润符合增长率高达39.60%和46.27%，2020年增长有所放缓，似乎进入了一个利润增速下降周期。当时根据业界判断，2021年的增速将大幅放缓，实际2021年的净利润增长率为-2.13%，也超出了大家预期。

表8-2 2012—2021年立讯精密收入增长率与净利润增长率

类目	2012年	2013年	2014年	2015年	2016年	2017年	2018年	2019年	2020年	2021年
收入增长率/%	23.12	45.92	58.89	38.97	35.74	65.85	57.06	74.38	47.96	66.43
净利润增长率/%	2.33	29.28	85.29	71.27	7.23	46.15	61.03	73.12	53.27	-2.13

2012—2021年，拓普集团的净收入增长率起起落落，考虑到新能源汽车的崛起，增长率在第三起中，由于2019年存在较大的负增长，净利润平均增长率只有9.00%—12.00%。在报告中，研究员对拓普集团未来的收入净利润的一致预期为2024年净利润达到29.44亿元人民币，复合年增长率高达47%。按照林奇分类，如果预期成真，拓普集团妥妥的高成长股。

最后看一下拓普集团和立讯精密的毛利率（如图8-4所示）。和之前的印象一致，拓普集团的净利润率高一点，主要还是来自毛利率较高。在不存在我有人无的竞争优势的制造业，或者说进入壁垒较弱的制造业，企业竞争是效率的竞争，毛利率由行业竞争格局和企业能力双重因素决定。净利润率的差距较毛利率的差距小，很可能是依赖于立讯精密的管理能力与规模效应。

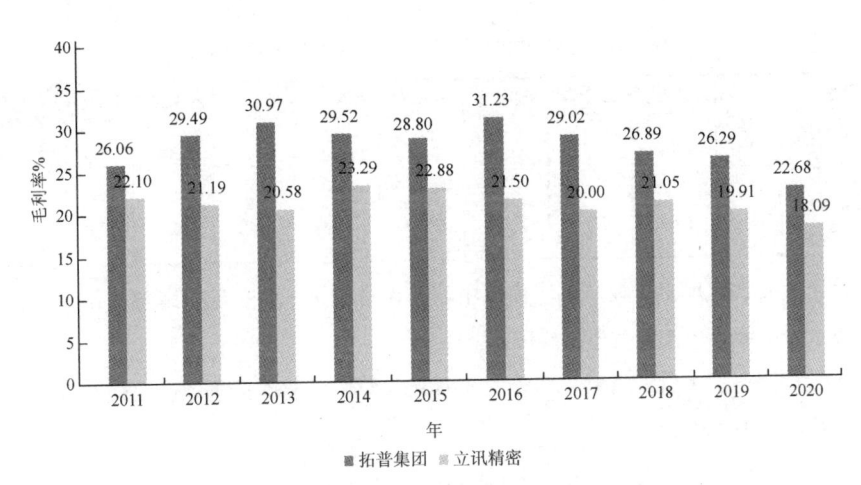

图 8-4　2011—2020 年拓普集团和立讯精密的毛利率

◎ 权益乘数

ROE 用杜邦分析三因素来拆，第一个因素是盈利能力，用净利润率代表，这是核心，一切都是盈利，长期盈利、不断增长的盈利。第二个因素是资产效率，用总资产周转率代表，说的是用多少资源投入产生盈利能力，这是个效率高低的概念。第三个因素才是权益乘数，投入形成盈利能力的资源中加了多少杠杆，有多少是借来的，借来的分为有息的和无息的。

无息，即不要利息，如供应商垫款和客户预付。无息借款取决于市场地位，例如茅台和五粮液的客户分销商，能把钱预交进去拿货反而成了实力表现，归根到底是茅台和五粮液的市场地位决定的。有息债务，包括银行借款、债券等，这里面有两个问题：第一，你能不能借得到；第二，你借来的钱有没有在增加企业价值的地方投资。

企业杠杆率，不仅仅是企业自身资本决策的结果，也是战略决策的结果，还是市场竞争格局的结果。

权益乘数=资产总额/股东权益总额=1/（1-资产负债率）

看表 8-3，从权益乘数上看，立讯精密较拓普集团的高。我们从无息债务和有息债务两个角度观察。

表8-3 2011—2020年拓普集团和立讯精密权益乘数

类目	2011年	2012年	2013年	2014年	2015年	2016年	2017年	2018年	2019年	2020年
拓普集团的权益乘数	1.90	1.74	1.54	1.60	1.44	1.39	1.59	1.58	1.52	1.54
立讯精密的权益乘数	1.53	1.89	2.34	2.29	2.10	1.94	1.98	2.23	2.40	2.47

无息债务，这里是企业从供应商那里获得无息融资，包括应付账款、预收账款和合同负债。无息债务主要由竞争格局决定。

从无息债务、主营成本看，拓普集团看起来对供应商的竞争地位更强一点，占款比例高一些（如表8-4所示）。

表8-4 2011—2020年拓普集团和立讯精密的无息债务/营业成本

类目	2011年	2012年	2013年	2014年	2015年	2016年	2017年	2018年	2019年	2020年
拓普集团的无息债务/主营成本	0.32	0.35	0.36	0.37	0.39	0.42	0.75	0.60	0.68	0.67
立讯精密的无息债务/主营成本	0.38	0.32	0.35	0.32	0.27	0.40	0.35	0.36	0.35	0.31

换个角度，看市场竞争地位的指标WC（如表8-5所示）。

表8-5 2011—2020年拓普集团和立讯精密1元收入需要的WC对比

类目	2011年	2012年	2013年	2014年	2015年	2016年	2017年	2018年	2019年	2020年
拓普集团的1元收入需要的WC/元	0.19	0.18	0.19	0.17	0.25	0.32	0.42	0.40	0.30	0.26
立讯精密1元收入需要的WC/元	0.32	0.28	0.28	0.24	0.23	0.20	0.19	0.16	0.06	0.05

2011—2020年，立讯精密的市场地位都在不断增强，虽然还没有到完全占用供应商无息资金做生意，不过自己垫付的流动资产占款已经都不多了。相比之下，拓普集团与供应商的竞争地位不高，需要自己垫付较多的流动资金。

如图8-5所示，从有息负债占总资产的比重看，立讯精密借了些钱。拓普集团基本上没借钱，如果未来行情看好，继续扩张产能，拓普集团还有比较大的加杠杆空间。

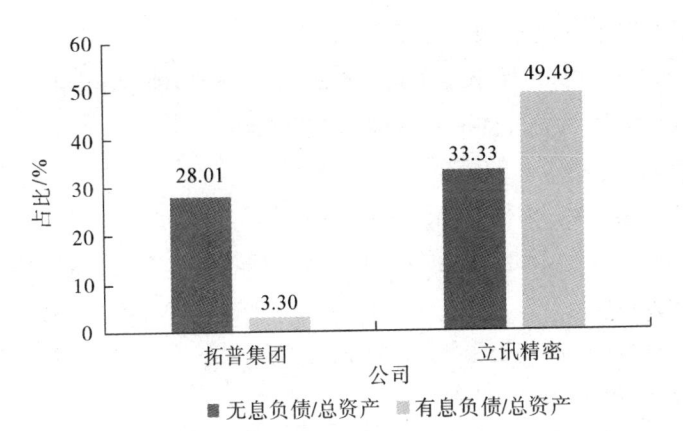

图8-5 2020年拓普集团和立讯精密的债务对比

◎是什么在驱动ROE变化？

2021年过去了，拓普集团和立讯精密的ROE怎样变化？看了上面的分析，你可以猜一下。表8-6为2011—2020年拓普集团和立讯精密的ROE对比。

表8-6 2011—2020年拓普集团和立讯精密的ROE对比

类目	2011年	2012年	2013年	2014年	2015年	2016年	2017年	2018年	2019年	2020年	2021年
拓普集团ROE/%	24.10	24.95	26.80	27.41	17.64	18.86	15.00	11.01	6.25	8.29	11.07
立讯精密ROE/%	14.78	13.52	15.55	18.24	21.32	13.79	13.98	19.15	26.34	29.86	22.31

2021年，拓普集团的ROE增加到11.07%，立讯精密的ROE降低到22.31%。2021年拓普集团和立讯精密的杜邦分析三因素如表8-7所示。

表8-7 2021年拓普集团和立讯精密的杜邦分析三因素

类目	拓普集团		立讯精密	
	2020年	2021年	2020年	2021年
ROE/%	8.29	11.07	29.86	22.31
销售净利率/%	9.68	8.88	8.10	5.08
总资产周转率/次	0.56	0.74	1.55	1.62
权益乘数	1.54	1.68	2.47	3.01

ROE变动的成因，看杜邦分析三因素，两家的销售净利润率都下降了，拓普集团通

过提升总资产周转率和权益乘数提升了ROE。

立讯精密的资产周转率和权益乘数都有提升,但不足以抵消盈利能力的下降。看起来手机市场本身的变化对立讯精密来说确实具有挑战。

几点启发:

第一,ROE很重要,但仅仅是财务分析的开始。

第二,理解驱动未来ROE变化的要素比理解ROE数字本身更重要。

第三,财务指标只有与非财务的行业、企业资料结合才有意义,我这里省略了大量关于两家公司的行业分析和企业分析,集中于财务分析。但是,如果没有背景分析,财务分析恐怕也得不出什么有用的判断。

第四,财务指标只有在比较中才能给你启发,有时跨界混搭的比较更能给我们洞察力。(感谢益研究孙文丰提供本节的数据和研究资料)

为什么好企业也会出现负的净资产?

◎ 课程作业

2021年12月,上海交通大学上海高级金融学院张春教授在工商管理课程"公司金融"的课堂上留了作业,计算轻负债上市公司借债回购股票。这里使用的是2015年茅台酒公司的数据。

2015年茅台酒公司简化的资产负债表如表8-8所示。

表8-8 2015年茅台酒公司简化的资产负债表

单位:亿元人民币

资产	金额	所有者权益和负债	金额
现金	368	短期借款	0
应收账款等	102	其他流动负债	201
存货	180	应付债券	0
非流动资产	213	非流动负债	0
		负债合计	201
		所有者权益	662
资产合计	863	所有者权益和负债合计	863

2015年茅台酒公司简化的损益表如表8-9所示。

表8-9 2015年茅台酒公司简化的损益表

类目	金额	类目	金额
营业收入/亿元人民币	335	股票数/亿	12.56
成本费用和其他/亿元人民币	−115	2016年初股价/元人民币/股	210
息税前利润(EBIT)/亿元人民币	220	市值/亿元人民币	2,638
利息费用/亿元人民币	0	每股净利润/元人民币	13.14
税前收益/亿元人民币	220		
所得税/亿元人民币	−55		
净利润/亿元人民币	165		

张春教授出的题目是假设发行1500亿元人民币债券，利率5.50%，按210元人民币/股回购股票，企业所得税率25.00%，估计回购后的市场价值和股价。

这是一道应用MM（Modigliani-Miller）理论的题目。MM理论简单说就是在其他假设不变的情况下，如果有所得税存在，通过变动资产负债表右边负债和所有者权益的结构，可以影响企业价值。思路也很讨巧，假设原价值不变，发债回购产生的额外价值就是税盾的PV，原价值加税盾PV就是回购后价值，税盾PV=（税率×利率×借债）/利率=利率×借债，有兴趣可以找《公司金融》的教材来看，本节重点不在这里。

◎ 负净资产

在课程中，使用茅台的数据只是为了方便，我们无需考虑现实约束。让我感兴趣的是后面会发生什么。

假设法规、政策监管允许上述回购，茅台酒公司的资产负债表将呈现表8-10所示的情况。

表8-10 回购后资产负债表

单位：亿元人民币

资产	金额	所有者权益和负债	金额
现金	368	短期借款	0
应收账款等	102	其他流动负债	201
存货	180	应付债券	1,500
非流动资产	213	非流动负债	0
		负债合计	1,701
		所有者权益	−838
资产合计	863	所有者权益和负债合计	863

简明财务分析：
数据背后的商业模式与投资价值

回购后茅台酒公司将呈现负所有者权益。

会计处理很简单，回购股票1500.00亿元人民币，对应放在库存股里，-1500.00亿元人民币，所有者权益原来合计863.00亿元人民币，减去库存股-1500.00亿元人民币，所有者权益合计-838.00亿元人民币。

道理很简单，复式记账会计铁律：有借必有贷，借贷必相等。

将来如果注销这些回购股票，从库存股去掉1500.00亿元人民币，于股本（面值1元人民币）去掉7.14（1500/210）亿元人民币，剩下依次冲销资公积和未分配利润，数额并无变化只是在所有者权益内部变化。

但是，如果茅台酒公司成功发债1500亿元人民币回购股票，在资产负债表上会形成一个奇怪的现象：负的所有者权益，负的净资产，这与会计常识和生活常识相悖。

所有者权益是指企业资产扣除负债后，由所有者享有的剩余权益，是所有者对于企业资产扣除负债后的剩余资产的索取权。从资产来源和运用角度来看，资产是投入企业运营的资源，资源也就是钱，来源是负债和所有者权益，负债是债权人借给企业的钱，属于债权人的追索权，所有者权益是股东投入的钱和属于股东的经营积累（公积金和未分配利润等）。

在通常情境中，所有者权益与资产之间的关系表达了企业利用负债经营的杠杆情况，较高的杠杆倍数意味着经营风险的上升。例如，在2008年金融危机中，美国投行贝尔斯登在被收购前，2007年总资产3953.00亿美元，所有者权益118.00亿美元，杠杆倍数高达33.50，此时只要持有的资产超过3.00%的负面波动，贝尔斯登就会面临资不抵债的风险，最终贝尔斯登在美联储的主导和担保下被收购。

在我们的常识中，所有者权益为负是一个非常糟糕的信号，但是如果茅台酒公司回购造成负资产情况，我们又作何理解？

在中国，公司法规定公司出于价值管理和注销目的回购的股票不得超过总股本的10.00%。因此，受法律约束，12.56亿元人民币总股本的茅台酒公司最多回购10.00%，即1.26亿元人民币。假定价格210.00元人民币，回购金额264.60亿元人民币，课件中的茅台酒的所有者权益863亿元人民币，所以，茅台酒公司回购成负资产情形仅仅存在于假想中。另外，所有权权益为负也就是净资产为负，在A股，第1年净资产为负要ST，连续2年为负就退市了。

但在美国，这种情况却真真实实存在。例如，达美乐比萨、星巴克和麦当劳等。达美乐比萨的业务持续增长，星巴克的市场地位稳固，麦当劳的经营稳健，共同特点是经营现金流充沛。在资本结构上不断回购股票，导致所有者权益为负。

◎ **麦当劳**

麦当劳你一定不陌生，不过你大概率没看过麦当劳的会计报表，我曾经也一样，但是人生总会有第一次，表8-11为2011—2020年麦当劳的财务数据。

表8-11　2011—2020年麦当劳的财务数据

类目	2011年	2012年	2013年	2014年	2015年	2016年	2017年	2018年	2019年	2020年
收入/亿美元	270.06	275.67	281.06	274.41	254.13	246.22	228.20	210.25	210.77	192.08
净利润/亿美元	55.03	54.65	55.86	47.58	45.29	46.87	51.92	59.24	60.25	47.31
经营净现金流/亿美元	71.50	69.66	71.21	67.30	65.39	60.60	55.51	69.67	81.22	62.65
自由现金流/亿美元	44.20	39.17	42.96	41.47	47.25	42.39	36.98	42.25	51.88	45.58

麦当劳的收入从2011年的270.06亿美元下降到2020年的192.08亿美元。当然，2020年是受疫情影响，不过看前几年也不甚乐观。净利润、经营净现金流和自由现金流倒是很稳定，与我们的预想相符，业务成熟，现金流充沛。

2012—2020年麦当劳的收入增长率和净利润增长率就乏善可陈（如表8-12所示），毕竟是一家非常成熟的企业。我们假定于2010年12月最后一个交易日买入其股票，持有到2021年12月15日卖出，加上历年现金分红，投资收益如何。麦当劳2010年12月的收盘价19.64美元，2021年12月31日的收盘价252.84美元。麦当劳每季度现金分红，加上这些分红，如果2010年12月买入，2021年12月31日卖出，年化收益率39.63%，相当不错。

表8-12　2012—2020年麦当劳的收入增长率和净利润增长率

类目	2012年	2013年	2014年	2015年	2016年	2017年	2018年	2019年	2020年
收入增长率/%	2.08	1.95	-2.36	-7.39	-3.11	-7.32	-7.87	0.24	-8.87
净利润增长率/%	-0.70	2.22	-14.82	-4.80	3.47	10.79	14.10	1.71	-21.49

在图8-6中，如果你留意会发现，麦当劳的ROE是-87.50%。2020年，麦当劳净利润47.31亿美元，负ROE，只有一种可能：负的所有者权益。当然，我们也知道麦当劳的经营正常。

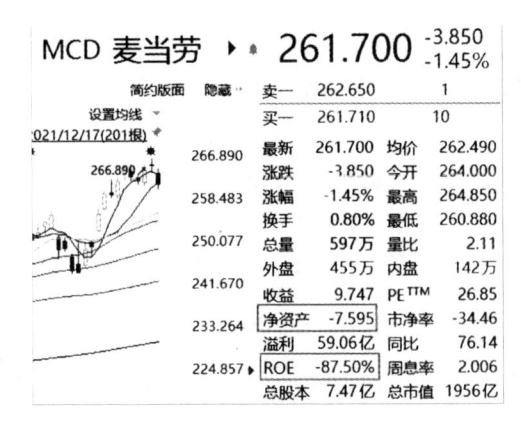

图8-6 麦当劳行情

表8-13为2011—2020年麦当劳的资产负债结构数据。2011—2015年，看上去很正常，一般企业也大多这个样子。到了2016年，负债率超过100%，所有者权益开始为负数，后面几年逐年扩大。

表8-13　2011—2020年麦当劳的资产负债结构数据

类目	2011年	2012年	2013年	2014年	2015年	2016年	2017年	2018年	2019年	2020年
资产负债率/%	56.38	56.78	56.29	62.51	81.32	107.11	109.67	119.07	117.28	114.87
总资产/亿美元	329.90	353.87	366.26	342.81	379.39	310.24	338.04	328.11	475.11	526.27
负债/亿美元	186.00	200.93	206.17	214.28	308.51	332.28	370.72	390.70	557.21	604.52
所有者权益/亿美元	143.90	152.94	160.10	128.53	70.88	-22.04	-32.68	-62.58	-82.10	-78.25

怎么回事？原来麦当劳这些年一直在回购自己的股票，造成库存股负数不断扩大（如表8-14所示）。

表8-14　2011—2020年麦当劳的库存股

类目	2011年	2012年	2013年	2014年	2015年	2016年	2017年	2018年	2019年	2020年
库存股/亿美元	-282.71	-305.76	-321.80	-351.77	-411.77	-521.09	-565.04	-615.29	-633.29	-670.66

2011—2020年的10年间，麦当劳当年支付的股息和回购股票的现金支出大多超过当年的净利润，甚至2016年达到当年净利润的3倍。

从自由现金流与支付股息现金、回购股票现金的关系也可以看出麦当劳的金融策略，2011—2021年，自由现金流合计远小于股息和回购，持续分红，借钱回购，这样的策略最大的受益者是谁？股东。

威廉·桑代克在《商界局外人》描述了巴菲特等8位伟大的CEO，他们的平均业绩是标普500指数的20多倍，是杰克·韦尔奇的7倍。我的感受：他们的手段各有不同，但是他们的共同之处都是从股东利益最大化出发。做好两件事：第一件事，高效管理运营活动；第二件事，合理配置从经营活动中产生的现金流。

◎ 负净资产的金融含义

通常情况下，会计资产负债表上出现负净资产（负股东权益）不是什么好事，往往代表企业陷入经营困境，资不抵债，这是负净资产的会计含义。

会计信息不是科学定理，在不同情境中的含义是不同的。

在麦当劳的案例中，我们都观察到，企业蒸蒸日上或者平稳健康，市场高度认可，股价节节攀升。此时的负净资产，反而成了正面信号，这是负净资产的金融含义。我感觉至少有如下3点。

第一，企业存在巨大经济商誉。经济商誉是巴菲特创造的术语，区别于会计商誉，除了资产负债表记载的现有资产之外，还有驱动企业发展获得超额收益率的非现有资产集合，例如品牌等。经济商誉或者成长机会代表了优势企业的持续竞争能力。

第二，管理层以行动表达"股东价值最大化"的公司治理方式，并获得市场认可。

第三，在货币宽松、低利率大环境、公司业务向好的情况下，管理层在负债权益端的金融策略非常成功。

从梦想到现实：自动驾驶的财务逻辑

创新技术企业的财务分析历来是一个挑战，高估值和糟糕的财务业绩让人头痛。特别是判断非自己专业范围的高科技企业，挺困难，经常研究了半天，没有明确结论，或者以为有结论，实际上不过是自欺欺人。

在商汤科技上市以后，我曾经写过文章借着AI技术讨论了颠覆式创新技术的投资视角和商业模式。通过分析，我发现当时以商汤科技等为代表的AI技术是一种间接服务的工具性技术，本身无法直接商业化，需要通过具体场景下的具体产品或者服务落地，这导致了在这一阶段AI四小龙的商业模式都是以做项目为主的To G、To B模式。

在真实场景中，由于客户要求的功能性很多企业都能满足，看不出以商汤科技为代

简明财务分析：
数据背后的商业模式与投资价值

表的AI四小龙具有显著的我有人无的技术壁垒。因此，技术优势并不能产生竞争优势和进入壁垒，结果是只能在效率和成本上比拼。在效率和成本上，以商汤科技为代表的AI四小龙并无特别优势，导致商业循环在短时期内现金流不能自洽，只能寄希望于未来AI技术产生质性改变，从而创造出新的垄断性需求。我们又判断颠覆性创新在事前不能够被预测，特别是对不了解技术知识的普通投资者来说，预知这些创新更加困难，因而紧密跟踪、等待商业模式成熟对于普通投资者而言是上策。如果高技术进入商业模式的成熟期，我们该如何判断，下面我们从一个案例入手。

2022年11月23日，纵目科技（上海）股份有限公司（简称"纵目科技"）科创板上市，上海证券交易所受理。纵目科技是国内第一家自动驾驶创业公司递交IPO申请的，因而我们可以从纵目科技IPO招股书中了解一下近些年大热的自动驾驶赛道的实际产业化情况。

自动驾驶是这些年很热门的高技术领域，特别是传统汽车向电动化、智能化转型。智能化的最大属性是自动驾驶，这将极大改变汽车出现以来的功能样貌，是本质上的飞跃。汽车无人驾驶，真正实现人们使用汽车的本质目的。自从汽车出现，交通事故一直是人类除疾病以外最大的威胁，绝大部分的交通事故是因为人类的注意力和能力限制造成的。汽车驾驶未来只是一种体验而非职业或者技能，这种变化将对社会产生重大影响，也隐含着巨大的商业机会。

2022年10月，我曾经到访过纵目科技。在去之前搜索了一下材料，大概印象是，纵目科技是做自动泊车的，现在也在向行泊一体发展。自动泊车是自动驾驶吗？

我带着疑问请教了一位熟悉自动驾驶赛道的投资人朋友。朋友介绍，纵目科技是自动泊车（Auto Parking Asiso，APA）和自主泊车（Automated Valet Parking，AVP）领域比较靠谱的创业公司。我当时就感到很诧异，自动泊车与我脑子里科幻感十足的自动驾驶想象相差甚远？

我脱口而出，泊车？这是自动驾驶吗？朋友笑道，怎么不是。例如，AVP，可能的场景是，你到了停车场出口，手机上发个指令，你的车就从停车位开出来，到你眼前，车上是没有人的，不需要人控制，不就是自动驾驶，只不过，这是低速环境下的自动驾驶。实际上自动驾驶分为几个级别——L1-L4，低速自动泊车属于L2辅助驾驶，而自主泊车技术上可以分类到L4。

对于纵目科技，我这位朋友称赞有加，说它是踏实做事情的创业团队。带着这些印象，我去拜访了纵目科技，因为当时IPO申报资料还没公开，所以只是聊了一下技术产品。和朋友介绍的一样，我觉着这是一个特别接地气的团队，尽管也会讲讲对未来智能驾驶的憧憬和现在做的技术准备，更多的是介绍他们怎样在现实环境中为中国汽车行业自动驾驶做服务。

刚开始的时候，他们主要从事环视算法及基于环视影像的智能驾驶辅助功能研究开发，为整车厂的一级供应商服务。从2018年开始，自己搞域控制器，研发高清摄像头、毫米波雷达和超声波传感器等智能驾驶传感器产品，自建产线和供应链，自己成为车厂的一级供应商。目前纵目科技已经成为国内提供泊车解决方案的主要厂家之一，客户包括塞力斯、长安、岚图、吉利、一汽等，已经形成年生产10万套泊车系统的能力。

这是之前我对纵目科技的印象，后来纵目科技的招股书公布，我们来看一下数据，如表8-15所示。

表8-15　2019—2022年Q1纵目科技财务数据

类目	2019年	2020年	2021年	2022年Q1
收入/亿元人民币	0.50	0.84	2.27	0.90
归母净利润/亿元人民币	−1.60	−2.09	−4.16	−1.55
扣非净利润/亿元人民币	−1.80	−2.29	−4.26	−1.57
经营净现金流/亿元人民币	−1.11	−1.98	−4.64	−1.66
自由现金流/亿元人民币	−1.37	−2.32	−5.44	−1.94
CAPEX/亿元人民币	0.26	0.34	0.80	0.28
毛利/亿元人民币	0.06	0.14	0.29	0.09
毛利率/%	12.00	16.67	12.78	10.00
研发费用/亿元人民币	1.20	1.72	2.69	0.87
管理费用/亿元人民币	0.55	0.50	1.51	0.56
管理研发费用/亿元人民币	1.75	2.22	4.20	1.43
销售费用/亿元人民币	0.11	0.12	0.24	0.08
财务费用/亿元人民币	0.01	0.03	0.04	0.00
期间费用合计/亿元人民币	1.87	2.37	4.48	1.51

尽管我有思想准备，看到财务数据还是有点吃惊，纵目科技的财务数据与高大上的自动驾驶有落差，而且离盈亏平衡还有相当大的距离。

纵目科技提供给客户的一个自动泊车的套件，包括智能驾驶单元和传感器，智能驾

简明财务分析：
数据背后的商业模式与投资价值

驶单元就是域控制器，包括芯片和软件，用来控制泊车操作。纵目科技使用高通的芯片，提一句，高通也是纵目科技的股东之一，纵目科技的投资人阵容十分强大。传感器包括摄像头、超声雷达和毫米波雷达。我问董秘一套售价多少，他说，这个和厂家需求相关，便宜的几百，贵的几千。

从纵目科技的招股书来看，2021年平均下来一个智能驾驶单元，域控制器980.00元人民币/个，传感器193.00元人民币/个，由于量还比较少，毛利波动较大，2021年毛利率只有12.78%。由于自动驾驶的研发投入巨大，2021年的研发费就有2.69亿元人民币，期间费用高达4.48亿元人民币，扣除股权激励股份支付，2021年的期间费用还有4.48亿元人民币，收入只有2.27亿元人民币，亏损自然难免。

我的疑问是，如果项目要盈利，需要做到什么样的业务规模？

在纵目科技的招股书中，他们比较国内的友商德赛西威，2021年德赛西威自动驾驶板块收入13.87亿元人民币，德赛西威年报称2021年他们提供了自动驾驶套件100万套，一套自动驾驶套件1387.00元人民币，毛利率20.78%。

鉴于纵目科技还在爬升阶段，假定稳定后，毛利率也是21.00%左右，参考2022年Q1期间费用扣除股份支付再年化，预计常态下纵目科技的期间费用至少需要5.00亿元人民币，盈亏平衡的销售收入需要25.00亿元人民币。假设一套自动驾驶套件2000.00元人民币，装车量125万台。如果按照2021年收入2.27亿元人民币，随后数年都是100.00%的增长，期间费用按10.00%的速度增长，估计2025年可以实现盈利1.00亿元人民币。

问题是，纵目科技上市前最后一轮的估值已经有90.00亿元人民币，这一定是哪里出了问题。

有以下两种可能。

第一，不能这么算。

我是按照目前自动泊车套件的毛利率来算，隐含的假设是未来几年的自动驾驶是现在的样子。我想，那些专业投资机构在看纵目科技这个项目的时候，不会认为花十几亿请了几百个工程师做研发，就开发一个价值2000.00元人民币、毛利率21.00%的产品。恐怕需要设想宏伟的自动驾驶未来，例如项目已经搞得有模有样的行泊一体的高速自动驾驶技术。

技术领域的发展是一个指数曲线。想象一下，你站在指数曲线上，在拐点来临前，向后看，那是水平的，变化缓慢。而向前看，是完全向上看，几乎是垂直向上，垂直的视野与水平的视野完全不同。

如果逻辑是这样,纵目科技的财务账就不能这么算,不能用之前的趋势做水平线性外推。需要思考之前累计投入的研发费用将形成未来盈利能力的资产基础,未来的收入盈利建立在一种我们现在还不能预测和理解的创新突破基础上。

第二,生意就是这样。

我深信自动驾驶具有宏伟的前景,但是,我们还是要回到现实。从公司角度看,这是一个生意,按照纵目科技目前的商业模式,定位于整车厂的一级供应商,这种生意模式决定了这是一个薄利多销的规模经济模式。

在这种商业模式和目前的技术水平下,自动驾驶是整车厂提供给客户的一种实用功能,由客户买单。在汽车行业激烈的竞争环境下,整车厂既要好的功能也要更低的成本。这就意味着,只要市场上有竞争性技术,只要这种技术不是垄断性的,尽管质量持续稳定性和汽车行业的认证壁垒都限制了行业进入,这些一级供应商最终将表现为成本竞争,谁能在同样的条件下提供更低价格才能构成竞争优势。因此,从这个角度看,除非纵目科技能有技术独创,才能获得超额利润,否则只能靠规模效应,量大摊薄固定成本参与价格竞争。

到此,我们可以把纵目科技的未来财务可能性想象成一个概率连续体,上述两种可能构成了纵目科技未来盈利能力的两端,代表着从财务分析角度,观察创新业务企业未来可能的两个极端。由此,我们再次体会到对于创新业务,财务分析这种以后视镜为参考的技术工具的局限性。

总结一下:第一,创新性技术未来发展的指数曲线特征与财务分析线性外推的思维模式存在内在张力;第二,认识到自己能力圈的边界,防止过度自信尤为重要;第三,在某些阶段,仍然需要用生意逻辑去理解高技术企业。

本章小结

* ROE 是关键指标,但不能静态来用,需要在历史和对比中使用。理解 ROE 变动背后的要素是用好 ROE 的关键。
* 净资产和杠杆率是理解企业金融战略的有效窗口。负净资产也可以是有效增加股东利益的金融决策。
* 经营净现金流与净利润背离是重要财务分析信号,具体企业具体情况具体

分析。
* 读出字里行间没有披露的信息也是财务分析的基本功。
* 不同的业务模式对应不同的财务后果，企业业务模式转换可以在财务数据中找到印证，财务数据异动也可以用业务模式转换来解释。

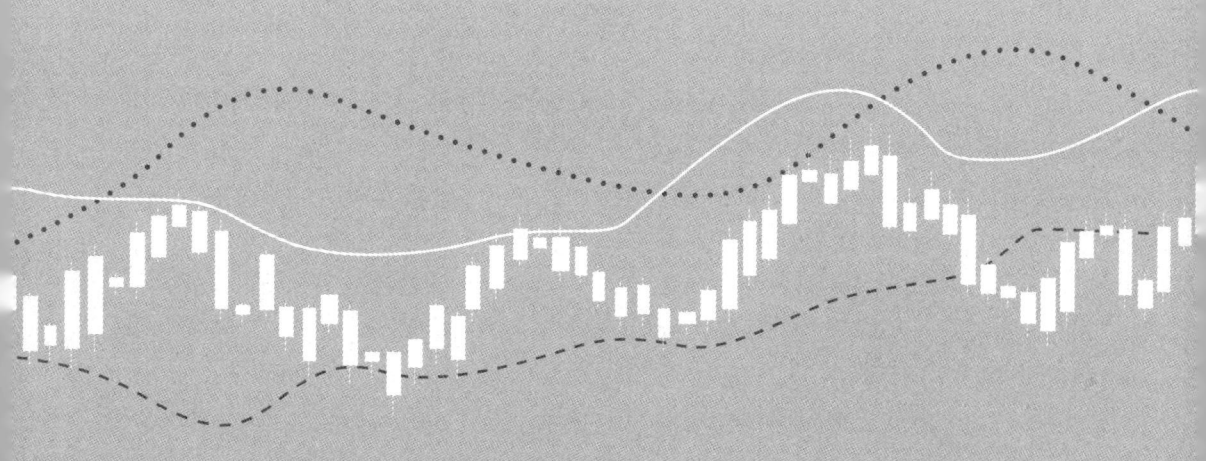

后　记

回到场景之中

审核老师在看书稿的过程中，反馈要将书中关于泡泡玛特案例的财务数据更新到2022年。原稿中这个案例是在2022年9月分析的，当时会计数据截至2022年上半年。审稿老师看的时候是2023年8月，2022年全年数据已经出来了，所以他好心帮我更新了一下。你们觉着怎么样？我当然很感谢审核老师的用心。

不过，我坚持书中案例的分析数据不能更新。我的理由是，任何财务分析案例都是在特定时间、特定场景下进行的，并不需要在事后更新数据。这是我对财务分析案例的基本认识，即在特定信息环境下进行的分析。如果事后更新数据，相当于在新的信息环境下进行新的案例分析，就不仅需要更新一个数据，而且需要更新全部分析，这相当于案例跟踪研究。如果仅更新一个数据而不去更新全部分析，相当于利用了未来数据，这是不妥的做法。财务分析不能采用上帝视角，因此案例分析不需要更新数据，请保持原样。

看案例的朋友，也需要牢记这一点：回到具体场景之中。要假想自己也处于作者那个特定信息环境中，思考在这样的信息条件下，作者的判断与自己的判断的异同。

卓越新能案例复盘

2023年10月31日，我参加益研究的晨会，研究员报告了几家上市公司三季报跟踪情况，其中卓越新能2023年前三季度业绩出现大幅下滑，较2022年同期前三季度，收入同比下降30%，归母净利润同比下降64%，经营净现金流同比下降79%。看财务数据就可以感受到卓越新能的经营情况严重恶化。

卓越新能案例在本书中被用作动态估值案例，分析时间点是2022年9月。卓越新能2022年上半年的业绩延续了之前的持续高速增长，我认为这是一家看得懂的好公司，核心逻辑是欧洲市场碳减排强制添加生物柴油，我国废油脂（地沟油）加工的生物柴油在欧洲法规中是双倍减排积分，受到市场欢迎。卓越新能在取得欧洲认证后的几年时间里一直保持很高的增长水平，其产能、产量和出口量都是国内生物柴油的龙头。预计卓越新能2022年产能50万吨，与欧洲市场整体产能相比很少，也与国内年产出1000万吨地沟油原料相比很少，市场空间至少在未来3年内不会有大问题。采用分析师一致预期，预计卓越新能2022年净利润为5.14亿元人民币，2023年净利润为6.18亿元人民币，动态估值PE取20倍，最终给出估值范围为91亿—144亿元人民币。

简明财务分析：
数据背后的商业模式与投资价值

时隔13个月，卓越新能的实际经营结果与当时的预期大相径庭。过去四个季度卓越新能的合计归母净利润只有1.75亿元人民币，而2022年仅二季度归母净利润就有1.65亿元人民币。

实际上，这种不良迹象早有体现。卓越新能于2023年3月30日公布年报，2022年归母净利润为4.51亿元人民币，较分析师半年前的一致预期5.14亿元人民币少。仔细看季度数据就会发现，2022年四季度出现收入、利润大幅环比下滑，导致全年预期落空。业绩断崖式下滑预示着企业经营出现了重大不利因素。到了2023年4月24日，卓越新能一季报公布，连续两个季度下滑，情况很严重了。2023年9月底，分析师预测2023年和2024年的净利润分别为2.51亿元人民币和3.46亿元人民币。12个月前分析师一致预期分别为6.18亿元人民币和7.57亿元人民币，业绩预期腰斩。

事后复盘，总体逻辑没有变化，但是有很多地方是我在2022年9月分析时没有认识到的，或者认识到但没有理解。有分析师认为业绩下滑有三点原因：第一，生物柴油价格周期性波动，废油脂价格挂钩原油价格导致成本上升。第二，2021—2022年的生物柴油出口量大增，诱使很多生产商进入市场，欧盟在许可方面管制很松，我国生物柴油出口到欧洲的数量大增，导致竞争加剧，价格下跌。第三，由于废油脂生物柴油的减排积分较高，因而价格较高，不良厂家用植物油混合，欧盟国家严查原产地导致量价齐跌。公司方面并没有给出更详细的解释，只是说业绩下滑主要因为销售价格下跌和废油脂采购成本上升。

这些对业绩下滑的解释仅仅是解释，我不太能理解其中的逻辑，以及这些因素对未来的影响，例如生物柴油价格到底受什么因素影响。业绩下滑的事实让我再次思考卓越新能的核心竞争力：价格和成本波动是暂时的吗？产销量第一是结果还是竞争优势？等等。我不在此展开。总之，当时我没看明白却以为自己看明白了，如果现在来看卓越新能，我可能会将其归入没看懂的公司，需要继续观察。

那么问题来了，2022年9月我对卓越新能的财务分析结论是错的吗？对，也不对，这就是我想写在本书最后的问题：财务分析的局限性。

财务分析的局限性

我们根据现有的信息理解企业商业模式和驱动力，据此预测企业未来。

一个外部研究者所能收集到的信息，在很大程度上取决于他当时的知识情境。我们是在一个特定时刻观察企业的，在有限的时间内收集了有限的信息，并利用我们有限的

后 记

能力去理解这些信息，最终得出分析结论。这个分析结论是我们对世界认识的一部分。我们对世界的认识总是局部的、有限的，理解成盲人摸象绝不过分。因而，我们的分析结论是我们理解的世界而非世界本身。分析结论是我们的观点，观点与事实不是一回事。理解这一点对于怎样看待我们的分析结论非常重要。看待财务分析结论最不可取的是爱上自己的结论，很多时候，知道自己不知道比知道什么更重要。

那么，怎样解决财务分析的局限性？或者说，我们怎样解决个人认知的局限性？瑞·达利欧说过，找到最聪明的人，反复测试自己的想法。

找人聊聊，找比你聪明的人聊聊，尝试把你的分析结论分享给对方。关注那些与你的观点不同的观点，好好想想他们是不是对的，为何他们想的与你想的不一样，自己是不是忽略了什么。

财务分析结论仅仅是开始

财务分析是指在特定场景下，在有限的时间、有限的信息和有限的能力下做出的主观判断，错误不可避免。估值大师达摩达兰说过，所有的估值都是错误的。

同时，不能因为这种局限性而放弃认识世界，我们要相信这是在特定场景下，根据有限的信息和当时的能力做出的最佳判断，不能因为事后的错误而放弃。

我们应当持一种温和的怀疑主义，对财务分析结果保持足够的警惕与怀疑，同时在没有得到更好的理解，或者对现在的理解没有找到相反的证据时，将其认定为当时的最佳判断。

既然有了这个认识，我们该怎么办就很清楚了，财务分析的结论并非终局，仅仅是理解企业商业活动的开始。

随着时间的推移，我们的预判有的证实，有的证伪，我们又获得了更多的信息，我们需要持续不断地跟踪。在卓越新能的案例中，持续跟踪，很快就发现了问题。在跟踪的过程中，我们得以提升财务分析的能力，提升认识世界的能力。

财务分析是一个过程，财务分析结论是我们理解企业商业活动的起点，而非终点。

饶钢

2023年11月9日于上海